中国禅宗典籍丛刊　第二辑

从容庵录

主编　杨曾文　黄夏年
〔宋〕正觉　颂古　〔元〕万松行秀　评唱
李辉　点校

中州古籍出版社
·郑州·

整理说明

《从容庵录》又作《评唱天童从容庵录》《万松老人评唱天童和尚颂古从容庵录》《万松老人评唱天童觉和尚颂古从容庵录》等①,是由元代曹洞宗大禅师万松行秀评唱、侍者离知记录整理的禅宗典籍,与《碧岩录》同为禅门双璧,为僧俗各界学习、修行佛法的必备书籍,向为历代禅师所重视。

一 公案、语录、颂古、评唱

佛祖拈花,迦叶微笑,禅宗虽以"不立文字,教外别传"为宗旨,认为禅不可言说、心印不能以语言文字来表达,然而传道明心,又不可无语言文字为载体,故自唐代始,许多祖师言行和修行经验,就被弟子们记录下来,以公案、语录、颂古、评唱等形式保存下来,成为禅宗典籍中重要的一部分。

那么,什么是禅宗公案呢?明代僧人袾宏云:"又有邪师密

---

① 以万松行秀《评唱天童从容庵录寄湛然居士书》及耶律楚材《万松老人评唱天童和尚颂古从容庵录序》来看,《评唱天童从容庵录》应是最早的书名,刊行于世后正式书名作《万松老人评唱天童和尚颂古从容庵录》。

付邪功,学徒得之,谓为领公案、传话头,此讹也。公案者,公府之案牍也,所以剖断是非。而诸祖问答机缘,亦只为剖断生死,故以名之。总其问答中紧要一句,则为话头。如'一归何处''因甚道无''念佛是谁'之类是也,千七百则,乃至多种,皆悉如是。"① 人们认为历代宗门祖师典范性的言行,正如官府判别是非之案牍,不仅具有启发思想的意义,更可以作为后代修行开悟之法式,故称公案。

"公案"被视为禅门传法的"血脉",祖师"直指"的法门,例如:清源米价、百丈野狐、台山婆子等公案成为禅师们领悟修行的法门。公案中的文字多婉转艰涩,为了便于学人领会公案之妙旨,有些禅师又将公案用简洁的韵语进行赞誉、解释,此则为颂古。现存最早的颂古为汾阳善昭之《汾阳无德禅师颂古》,此结论已为大多数学者所赞同。善昭之《颂古》见于《汾阳无德禅师语录》卷中,选择了百则公案,每则先举公案,然后用七言或五言偈诗赞颂解释,发明宗旨。例如:"二祖问达磨:请师安心。磨云:将心来与汝安。祖云:觅心了不可得。磨云:与汝安心竟。九年面壁待当机,立雪齐腰未展眉。恭敬愿安心地法,觅心无得始无疑。"②

颂古集流传至今者颇多,除汾阳善昭之《颂古》外,著名者有雪窦重显(980~1052)《雪窦显和尚颂古百则》等诸家颂古。宋代有四部著名的禅宗颂古集,即天童正觉(1091~1157)《天童觉和尚颂古》,雪窦重显《雪窦显和尚颂古》,投子义青《投子

---

① 袾宏:《云栖法汇》,《嘉兴藏》第33册,第78~79页。
② 善昭:《汾阳无德禅师语录》卷中,《大正藏》第47册,第607页。

青和尚颂古》和丹霞子淳《丹霞淳禅师颂古》，合称《四家录》。

后人复对四家录进行评唱：如圆悟克勤作《碧岩录》，评唱雪窦重显颂古百则，开启了后世评唱之风。① 万松行秀作《从容庵录》，评唱天童正觉颂古百则。② 万松行秀的弟子从伦著《空谷集》《虚堂集》，分别对投子义青及丹霞子淳的颂古进行评唱。此为四家评唱语录集，其中《碧岩录》与《从容庵录》最为重要，被称为禅门双璧。

二 作者生平及作书缘起

万松行秀（1166~1246），自号万松野老，时人尊称万松老人，俗姓蔡氏，生于洺州永年县（今河北永年），祖籍河内解州（今山西运城）。行秀之父名真，喜好佛法，因此他在十五岁时在邢州（今河北邢台）净土寺出家，二十一岁时具足戒。行秀受戒后，先参学胜默圆光，后入磁州大明寺参学雪岩善满，并接得善满之法衣。行秀得法之后首先在邢州净土寺担任住持，后历任仰山栖隐禅寺、万寿寺、报恩洪济寺住持，退居于报恩洪济寺，筑从容庵。宋理宗淳祐六年（1246）丙午示寂于从容庵，世寿八十一岁，其弟子在邢州净土寺及燕京报恩洪济寺两处建舍利塔供奉。

"从容庵"是万松行秀退居报恩洪济寺后在寺旁所筑之庵，

---

① 有关《碧岩录》的研究，可参阅杨曾文先生《宋元禅宗史》第393~416页，中国社会科学出版社2006年版。
② 杨曾文先生《宋元禅宗史》第八章第二节专门论述万松行秀及其禅法，内容完备，是研究万松行秀之集大成者，见第618~632页。

《从容庵录》乃万松行秀于癸未年（1223）在从容庵内完成，故以庵名录。正如行秀在《〈评唱天童从容庵录〉寄湛然居士书》中自云："拟诸天童老师《颂古》，片言只字，皆自佛祖渊源流出，学者罔测也。柏山《大隐集》出其事迹，间有疏阔不类者。至于拈提苟简，但据款而已。万松昔尝评唱，兵革以来废其祖稿，迩来退居燕京报恩，旋筑蜗舍，榜曰：从容庵。图成旧绪，适值湛然居士劝请成之。"可知，万松之作《从容庵录》，一方面是不满意前人评唱之作，另一方面是受湛然居士之请求。湛然居士即元代著名佛教居士耶律楚材。耶律楚材曾为《从容庵录》作序，其言曰："吾宗有天童者《颂古》百篇，号为绝唱。予坚请万松评唱是《颂》，开发后学。前后九书，间关七年，方蒙见寄。"耶律楚材在西域阿里马城看到《从容庵录》书稿时道："忽受是书，如醉而醒，如死而甦，踊跃欢呼。东望稽颡，再四披绎，抚卷而叹曰：'万松来西域矣。'"那种获书后欣喜之情难以言之。

三　《从容庵录》之版本流传

《从容庵录》是一部影响极大的禅宗语录著作，它的版本流传也非常广。耶律楚材在《〈万松老人评唱天童觉和尚颂古从容庵录〉序》中言："京城唯法弟从祥者，与仆为忘年交，谨致书，请刊行于世，以贻来者。"从其所言，我们知道《从容庵录》最初由万松行秀的弟子从祥受尚在西域的耶律楚材之托，于燕京刊刻《从容庵录》。耶律楚材作序之时在甲申年（1224），那么《从容庵录》大致在何时进行了刊刻呢？从相关材料中，还是可以找到蛛丝马迹的。耶律楚材在《〈评唱天童拈古请益后录〉序》中云："今《评唱颂古从容庵录》已大播诸方,《评唱拈古请益后录》时老师年已六十有五矣。"万松行秀作《请益录》时为庚寅年（1230），时六十五岁。可以推知至迟庚寅年（1230）之前，《从容庵录》已在燕京进行了刊刻。可惜这个初刻本，今已无传。

明代，《从容庵录》有两次刊刻：一次是万历三十五年（1607），云南楚雄府知府华亭徐琳募资刊刻，另一次亦在万历年间，由南京天界寺比丘性湛募缘梓刻。这一时期，《从容庵录》的流传也较广，不但有书目记载，也有当时人从书肆购买的记载。例如，明代文人李日华在《味水轩日记》中云："六日至漏泽寺，晤典藏僧省宗，购得万松老人《从容录》，林泉老人《空谷集》《虚堂集》，圆悟禅师《碧岩集》，万松老人《请益录》。五家纲宗尽是矣。"[1] 此外在《澹生堂藏书目》《万卷堂书目》中均见载，为三卷本[2]。

明、清两代《从容庵录》有单本刊刻流传，但令人奇怪的是未将其收入明、清刊刻的《大藏经》中，如《永乐南藏》《永乐北藏》《嘉兴藏》《龙藏》等均未见收入《从容庵录》，一直到20世纪20年代日本人所修《大正藏》，才将《从容庵录》收入在内。

今传世之《从容庵录》版本有如下数种：

---

[1] 李日华：《味水轩日记》卷六，民国嘉业堂丛书本。
[2] 见祁承爜：《澹生堂藏书目》，清宋氏漫堂钞本。朱睦：《万卷堂书目》卷三，清光绪至民国间观古堂书目丛刊本。

（一）明刻本

明刻本是今所见最早之刻本，万历三十五年丁未（1607）云南楚雄府知府华亭徐琳刊刻，现国家图书馆、上海图书馆等均有收藏。此本分上、中、下三卷，卷首有罗汝芳、徐琳二序，耶律楚材《〈万松老人评唱天童觉和尚颂古从容庵录〉序》及万松所撰《评唱天童从容录寄湛然居士书》。此本半页8行，行18字，白口，四周单边，单鱼尾。各卷首题"侍者离知录，后学性一校、生生道人梓"，次目录，卷末附有音义。生生道人即徐琳之号。

（二）清刻本

此本光绪七年钱塘许灵虚刻于姑苏刻经处，十卷，半页10行，行20字，黑口，左右双边。封签"从容录"，扉页题"万松老人从容录"，牌记"武林许氏重刊福缘莲社藏板"。每卷首题"侍者离知录，南岳山长曾凤仪校，天界比丘性湛梓"。无音义。卷首有《〈万松老人评唱天童觉和尚颂古从容录〉序》，卷末题"钱塘许灵虚居士施钱壹佰捌拾柒仟零陆文敬刻此语录十卷，连圈计字拾万捌仟叁佰拾玖个，光绪柒年冬十一月姑苏刻经处识"。

许氏之刻本当为明代刻本之覆刻本，何以知之？这个问题可以从卷首题"侍者离知录，南岳山长曾凤仪校，天界比丘性湛梓"考证而得。从卷首题名可知，此版由南岳山长曾凤仪校，天界寺比丘性湛刊刻。天界寺在今南京，比丘性湛生平无考，但校者曾凤仪则有迹可寻。《楞严经宗通》有作者题名为"南岳山长金简曾凤仪舜征父题"①，故知曾凤仪，字舜征，耒阳人（今湖南耒阳），万历十一年（1583）进士，曾任南京礼部郎中。曾凤仪是在家居士，万历年间助缘《嘉兴藏》的刊刻，是当时十位发起人之一，②其著作有《金刚般若宗通》二卷、《心经释》一卷、《楞严经宗通》十卷、《楞伽经宗通》十卷、《圆觉经宗通》四卷、《金简集》等，其中《楞严经宗通》十卷、《楞伽经宗通》八卷、《金刚经宗通》七卷存于《卍续藏》中。既然校者曾凤仪为明末人，则此本最初刻于明代，许氏于光绪年间覆刻，保留了明本的校刻人信息。

（三）《禅宗全书》本

台湾学者蓝吉富主编《禅宗全书》收入的《从容庵录》分卷上、卷中、卷下三卷，半页8行，行18字。各卷前有目录，卷末有音义，卷前无罗汝芳、徐琳二序。从版式来看，《禅宗全书》据以影印的底本是万历三十五年徐琳刻本，只是删去罗汝芳、徐琳二序。

（四）《大正藏》本

《从容庵录》自成书以来未收入大藏经，直到20世纪20年代日本编修《大正新修大藏经》时收在第48册，此本是以日本驹泽大学藏本为底本，六卷，卷前有总目录，无音义。

---

① 曾凤仪：《楞严经宗通》卷一，《续藏经》第25册，第1页。
② 冯桂芬：(同治)《苏州府志》卷五十三记载："曾凤仪，舜征，莱阳人，万历十一年进士，本年十月任调云。"清光绪九年刊本。而李富华、何梅《汉文佛教大藏经研究》第十章《关于〈嘉兴藏〉的研究》对曾凤仪的基本情况未进行研究，见李富华、何梅《汉文佛教大藏经研究》，宗教文化出版社2003年版，第474页。

(五) 哈佛燕京图书馆藏本

美国哈佛燕京图书馆藏本，一帙六册，六卷，封面题"万松老人从容录"，扉页有佛说法图，套印，版面周边有注文。版心白口，上部题"从容录"，中部标卷数，下部标页码。页8行，行18字，卷首有罗汝芳、徐琳二序。第二、四、六卷无音义。从版式来看，六卷本是从三卷音义本转化而来。

四 《从容庵录》内容及价值

《从容庵录》评唱公案一百则，每则分"示众、举、师云、颂、师云"五部分。第一部分"示众"是万松行秀引入本则公案的导入语，相当于"导言"。第二部分"举"有正文、有夹注。正文摘录天童正觉《颂古百则》中的公案，夹注则是万松行秀对公案的阐释、发扬。第三部分的"师云"是万松行秀对"公案"的评唱。第四部分"颂"亦有正文、夹注两部分。正文录自天童正觉的"颂古"，夹注是万松行秀对"颂古"的阐释、发扬。第五部分"师云"是万松行秀对天童正觉"颂古"的评唱。

《从容庵录》一书的价值不仅仅在于体现了万松行秀的佛教思想，还在于保存了珍贵的佛教史料，特别是金代的佛教史料。例如，《从容庵录》提及"咸平府大觉寺法庆禅师"时，曾征引一书《大定继灯录》，此书不见于其他记载。"大定"是金世宗年号，从书名可知，《大定继灯录》是金代大定年间所修的灯录，遗憾的是书不见于书目记载，我们依赖于万松行秀的记载，才知道金人亦有灯录的著述。除此之处，《从容庵录》还记载了不少金代僧人的事迹、诗作等，此不一一而论。

万松行秀自幼习儒,少年出家,精通内外之典,史书典故,信手拈出,因此《从容庵录》自成书以来受到僧俗各界人士的重视。耶律楚材赞道:"其片言只字,咸有指归,结款出眼,高冠今古,足为万世之模楷。"① 此言盖不谬也。

---

① 耶律楚材:《〈万松老人评唱天童觉和尚颂古从容庵录〉序》,载《从容庵录》卷首。

凡 例

一、本书以《禅宗全书》本为底本,以《大正藏》本、哈佛燕京图书馆藏本为校本。

二、底本原无子目,以《大正藏》本补录。

三、底本显误者,据校本改正,并出校说明。

四、底本、校本虽有差异,然两皆可通者,不改底本,于校记中录出异文。

五、底本中俗体、异体字,径据上下文改为正字,不出校记。

目 录

《重刻四家语录》序 …………………………………… 1
《重刻四家评唱》序 …………………………………… 2
《万松老人评唱天童觉和尚颂古从容庵录》序 ……… 3
《评唱天童从容庵录》寄湛然居士书 ………………… 5

从容庵录 卷上

第一则　世尊升座 ……………………………………… 1
第二则　达磨廓然 ……………………………………… 3
第三则　东印请祖 ……………………………………… 5
第四则　世尊指地 ……………………………………… 9
第五则　清源米价 ……………………………………… 10
第六则　马祖白黑 ……………………………………… 11
第七则　药山升座 ……………………………………… 14
第八则　百丈野狐 ……………………………………… 16
第九则　南泉斩猫 ……………………………………… 19
第十则　台山婆子 ……………………………………… 21
第十一则　云门两病 …………………………………… 24

第十二则	地藏种田	26
第十三则	临际瞎驴	29
第十四则	廓侍过茶	31
第十五则	仰山插锹	32
第十六则	麻谷振锡	34
第十七则	法眼毫厘	38
第十八则	赵州狗子	40
第十九则	云门须弥	43
第二十则	地藏亲切	46
第二十一则	云岩扫地	48
第二十二则	岩头拜喝	51
第二十三则	鲁祖面壁	54
第二十四则	雪峰看蛇	56
第二十五则	盐官犀扇	59
第二十六则	仰山指雪	61
第二十七则	法眼指帘	63
第二十八则	护国三懵	65
第二十九则	风穴铁牛	68
第三十则	大随劫火	71
第三十一则	云门露柱	75
第三十二则	仰山心境	77
音义卷上		80

从容庵录 卷中

第三十三则	三圣金鳞	88
第三十四则	风穴一尘	90
第三十五则	洛浦伏膺	92
第三十六则	马师不安	95
第三十七则	沩山业识	97
第三十八则	临济真人	99
第三十九则	赵州洗钵	102
第四十则	云门白黑	103
第四十一则	洛浦临终	105
第四十二则	南阳净瓶	107
第四十三则	罗山起灭	108
第四十四则	兴阳妙翅	111
第四十五则	觉经四节	113
第四十六则	德山学毕	115
第四十七则	赵州柏树	116
第四十八则	摩经不二	119
第四十九则	洞山供真	122
第五十则	雪峰甚么	124
第五十一则	法眼船陆	126
第五十二则	曹山法身	128
第五十三则	黄檗噇糟	131
第五十四则	云岩大悲	134
第五十五则	雪峰饭头	137

第五十六则　密师白兔 ………………………… 139

第五十七则　严阳一物 ………………………… 141

第五十八则　刚经轻贱 ………………………… 142

第五十九则　青林死蛇 ………………………… 145

第六十则　铁磨牸牛 …………………………… 147

第六十一则　乾峰一画 ………………………… 148

第六十二则　米胡悟否 ………………………… 150

第六十三则　赵州问死 ………………………… 153

第六十四则　子昭承嗣 ………………………… 155

第六十五则　首山新妇 ………………………… 158

第六十六则　九峰头尾 ………………………… 159

音义卷中 …………………………………………… 162

从容庵录　卷下

第六十七则　严经智慧 ………………………… 165

第六十八则　夹山挥剑 ………………………… 168

第六十九则　南泉白牯 ………………………… 170

第七十则　进山问性 …………………………… 173

第七十一则　翠岩眉毛 ………………………… 176

第七十二则　中邑猕猴 ………………………… 178

第七十三则　曹山孝满 ………………………… 180

第七十四则　法眼质名 ………………………… 182

第七十五则　瑞岩常理 ………………………… 185

第七十六则　首山三句 ………………………… 187

第七十七则	仰山随分	191
第七十八则	云门糊饼	195
第七十九则	长沙进步	197
第八十则	龙牙过板	200
第八十一则	玄沙到县	203
第八十二则	云门声色	205
第八十三则	道吾看病	206
第八十四则	俱胝一指	208
第八十五则	国师塔样	212
第八十六则	临济大悟	215
第八十七则	疏山有无	218
第八十八则	楞严不见	220
第八十九则	洞山无草	223
第九十则	仰山谨白	225
第九十一则	南泉牡丹	228
第九十二则	云门一宝	230
第九十三则	鲁祖不会	232
第九十四则	洞山不安	235
第九十五则	临济一画	238
第九十六则	九峰不肯	240
第九十七则	光帝幞头	243
第九十八则	洞山常切	246
第九十九则	云门钵桶	247
第一百则	琅琊山河	249

音义卷下 ………………………………………………… *251*

附录一　万松行秀年谱 ……………………………… *258*
附录二　万松行秀传记资料汇编 …………………… *269*
附录三　万松行秀弟子考 …………………………… *288*
附录四　万松行秀弟子塔铭资料汇编 ……………… *297*

《重刻四家语录》序①

自佛祖拈花，迦叶微笑，虽云默露宗风，殊觉浑沦透漏。更逢后来好事儿孙，不知重惜家宝，各各拼身失命，平地生尘，澄波动浪，乱散空华。欺摇捏目，讹传众口，公案多端。天童、雪窦残唾，既苦不收；圆悟、万松梦语，又多不醒。幸得清凉老人，久知祖祢不了之殃。今日门徒古颜，尽将骨董搬出，分化四家，从新翻刻。呜呼，赃私现在，真贼难逃。敢请宝剑金刚，便与一齐砍断，然后将他零碎评词，共四海苍生，作个太平歌唱也。

南城近溪罗汝芳题
丁未中秋长洲沈咸书②

---

① 《禅宗全书》本无罗汝芳序及徐琳序，两序从《大正藏》本补入。
② 罗汝芳（1515~1585），字惟德，号近溪。江西南城泗石溪（今南城天井源乡罗坊村）人，明中后期著名哲学家、教育家、文学家、诗人，泰州学派的代表人物。沈咸，万历时人，字稚咸，号脩斋，江苏长洲（今江苏苏州）人，工诗善画。

《重刻四家评唱》序

自夫佛祖拈花，迦叶微笑，机锋云变，宗旨渊停。盖教外别传，个中真谛，殆非人世语言可形容万一。然开发后学，说法利生，则此尤易于迎机入悟。旧刻《四家语录》，杀青者不甚工，规局隘陋，评注拘迫，阅者苦之。然已如登大宝山，入华藏海，尽力摸索不恤也。帝京禅伯，挥麈谈宗，往往而是，近且模糊莫辨矣。讲师觉虚，发大弘慈，欲重命枣人，而力不逮，谋于予。予实有夙愿，敢不毕力？于是鸠工梓其三，僧俗同志者梓其一。而当日顶针棒喝，扬眉竖指之机，更自透漏洞朗，则觉公之意满，而功德亦无边。予惟无能为役是惧，又何思议之有？

万历丁未岁菊月吉旦
云南楚雄府知府华亭徐琳书

《万松老人评唱天童觉和尚颂古从容庵录》序

昔予在京师时,禅伯甚多。唯圣安澄公和尚,神气严明,言辞磊落,予独重之。故尝访以祖道,屡以古昔尊宿语缘中所得者叩之澄公,间有许可者,予亦自以为得。及遭忧患以来,功名之心,束之高阁,求祖道愈亟。遂再以前事,访诸圣安。圣安翻案,不然所见。予甚惑焉。圣安从容谓予曰:"昔公位居要地,又儒者多不谛信佛书,惟搜摘语缘,以资谈柄。故予不敢苦加钻锤耳。今揣君之心,果为本分事以问予,予岂得犹袭前愆,不为苦口乎?予老矣,素不通儒,不能教子。有万松老人者,儒释兼备,宗说精通,辩才无碍,君可见之。"

予既谒万松,杜绝人迹,屏斥家务,虽祁寒大暑,无日不参,焚膏继晷,废寝忘餐者,几三年。误被法恩,谬膺子印,以湛然居士从源目之。其参学之际,机锋罔测,变化无穷。巍巍然若万仞峰,莫可攀仰;滔滔然若万顷波,莫能涯际。瞻之在前,忽焉在后。回视平昔所学,皆块砾耳。噫,登东山而小鲁,登泰山而小天下者,岂虚语哉?其未入阃域者,闻是语,必谓予忘本好异也。唯屏山、闲闲,其相照乎!

尔后奉命赴行在，扈从西征，与师相隔，不知其几千里也。师平昔法语、偈颂，皆法兄隆公所收。今不复得其稿。吾宗有天童者《颂古》百篇，号为绝唱。予坚请万松评唱是《颂》，开发后学。前后九书，间关七年，方蒙见寄。

予西域伶仃数载，忽受是书，如醉而醒，如死而甦，踊跃欢呼。东望稽颡，再四披绎，抚卷而叹曰："万松来西域矣。"其片言只字，咸有指归，结款出眼，高冠今古，足为万世之模楷。非师范人天权衡造化者，孰能与于此哉！予与行宫数友，旦夕游泳于是书，如登大宝山，入华藏海，互珍奇物，广大悉备，左逢而右遇，目富而心钦。岂可以世间语言，形容其万一耶？予不敢独擅其美，思与天下共之。京城唯法弟从祥者，与仆为忘年交，谨致书，请刊行于世，以贻来者。乃序之曰：佛祖诸师，埋根千丈，机缘百则，见世生苗。天童不合抽枝，万松那堪引蔓，湛然向枝蔓上更添芒索。穿过寻香逐气者鼻孔，绊倒行玄体妙底脚跟向去。若要脚跟点地，鼻孔撩天，却须向这葛藤里穿过始得。

甲申中元日。漆水移剌楚才晋卿叙于西域阿里马城。

《评唱天童从容庵录》寄湛然居士书

　　吾宗有雪窦、大童，犹孔门之有游、夏。二师之颂古，犹诗坛之李、杜。世谓雪窦有翰林之才，盖采我华，而不撼我实。又谓不行万里地，不读万卷书，毋阅工部诗，言其博赡也。拟诸天童老师《颂古》，片言只字，皆自佛祖渊源流出，学者罔测也。柏山《大隐集》出其事迹，间有疏阔不类者。至于拈提苟简，但据款而已。万松昔尝评唱，兵革以来废其祖稿，迩来退居燕京报恩，旋筑蜗舍，榜曰"从容庵"，图成旧绪，适值湛然居士劝请成之。老眼昏华，多出口占，门人笔受。其间繁载机缘事迹，一则旌天童学海波澜，附会巧便；二则省学人检讨之功；三则露万松述而不作，非臆断也。窃比佛果《碧岩集》，则篇篇皆有示众为备；窃比圆通《觉海录》，则句句未尝支离为完。至于著语出眼笔削之际，亦临机不让。壬午岁杪，湛然居士书至，坚要拈出，不免家丑外扬，累吾累汝也。癸未年上巳日。万松野老因风附寄。不宣。

万松老人评唱天童觉和尚颂古从容庵录卷上

侍者离知　录
后学性一　校
生生道人　梓

第一则　世尊升座[①]

示众云：闭门打睡，接上上机；顾鉴频申，曲为中下。那堪上曲觌木弄鬼眼睛。有个傍不肯底出来，也怪伊不得。

举：世尊一日升座。今日不着便。文殊白槌云："谛观法王法，法王法如是。"知它是何心行世尊便下座。别日再商量。

师云：圆收十号，出世独尊；抖擞眉毛，昂藏鼻孔。讲肆谓之升座，禅林号曰上堂。诸人未到法堂，万松未出方丈。向那时荐得，已是落三落四了也。不见雪窦道："众中若有仙陀客，何必文殊下一槌。"点检将来，雪窦不合索盐，万松那堪奉马。直饶七佛祖师道"谛观法王法，法王法如是"，也须眼里抽钉，脑后拔楔始得。至今开堂末后白槌云："谛观法王法，法王法如

[①]《禅宗全书》本每则之前原无标题，以《大正藏》本补。

是。"举此例也,世尊便下座去。且救得一半,那一半分付天童。

颂云:
一段真风见也么?莫教飘入眼,特地出还难。
绵绵化母理机梭。参差蹉了交络。
织成古锦含春象,大巧若拙。
无奈东君漏泄何?阴阳无曲狗,节气不相饶。

师云:天童道:"一段真风见也么?"为复世尊升座处,是一段真风;天童举颂处,是一段真风;万松请益处,是一段真风。怎么则却成三段了也?如何是一段真风?况诸人各各有分也好参详。又道:"绵绵化母理机梭。"化母,化工造物之别号。儒道二教,宗于一气;佛家者流,本乎一心。圭峰道:"元气亦由心之所造,皆阿赖耶识相分所摄。"万松道:此曹洞正宗,祖佛命脉。机纽衔于枢口,转处幽微;绵丝吐于梭肠,用时绵密。何得与邪因无因同日而语哉?向下颂世尊蕴藉将来,道:"织成古锦含春象。"虽是如虫御木,偶尔成文,其奈闭门造车,出门合辙,末后文殊与折倒,却道:"无奈东君漏泄何?"文殊白槌,世尊便下座。及至迦叶白槌,便现百千万个文殊。一等是怎么时节?为甚么收放不同?你道:"那个是东君漏泄处?"①殷勤为解丁香结,放出枝头自在春。

---

① "你"字,《大正藏》本作"尔",下同。

第二则　达磨廓然

示众云：卞和三献，未免遭刑；夜光投人，鲜不按剑。卒客无卒主，宜假不宜真。差珍异宝用不著①，死猫儿头拈出看。

举：梁武帝问达磨大师：清旦起来不曾利市。"如何是圣谛第一义？"且向第二头问。磨云："廓然无圣。"劈腹剜心。帝云："对朕者谁？"鼻孔里认牙。磨云："不识。"脑后见腮。帝不契。方木不入圆窍。遂渡江至少林面壁九年。家无滞货不富。

师云：般若多罗尝嘱达磨大师曰："吾灭后六十七载，当往震旦设大法药，直指上根，慎勿速行，衰于日下。又汝到时，南方勿住。彼唯好有为功德，不见佛理。汝纵到彼，不可久留。"果有游梁涉魏，钝滞九年之事。近代磁州衣法付人山。山曰："某甲不是怎么人。"州曰："不是怎么人，自不殃及伊。"山以法乳情深，俛仰而受。州复曰："汝既如是，第一不得容易出世。若躁进轻脱，中间必有辙轲。"此与多罗三嘱，达磨九年，彼此一时也。

雪溪颂云："不惜过秋霜，图教滋味长。纵然生摘得，终是不馨香。"可以为来者之诫。若是本色道人，出处自知时节。武帝虽不契，置个问端，不妨剧剖。至今诸方开堂白槌，尚云法筵

---

① "差"各本同，疑为"羞"。

龙象众,当观第一义。只如第一义谛,还许观么?还许武帝、达磨问答么?

万松道:"第一义且置。你要圣谛作么?"天皇道:"但尽凡情,别无圣解。"《楞严》道:"若作圣解,即受群邪。"只这达磨道:"廓然无圣。"石火电光中,不妨手亲眼办。武帝顽涎不退,更问:"对朕者谁?"于他梁王分上,也是好心。殊不知达磨分上,劈面被唾相似,不免更奉个不识。早是花娇易谢,那堪雪上加霜。达磨见伊眼目定动,即时转身,别行一路。① 古人或出或处,或默或语,皆为佛事。后来武帝果然过后思君子,自撰碑文云:"见之不见,逢之不逢,今之古之,悔之恨之。朕虽一介凡夫,敢师之于后。"自武帝蒙尘之后,达磨西归以来,第一义谛,无人举著。赖有天童,为众拈出。

颂云:

廓然无圣,一回饮水一回著噎。

来机迳庭。面赤不如语直。

得非犯鼻而挥斤,好手手中夸好手。

失不回头而坠甑。已往不咎。

寥寥冷坐少林,老不歇心。

默默全提正令。犹自说兵机。

秋清月转霜轮,高著眼看。

河淡斗垂夜柄。谁敢承揽。

绳绳衣钵付儿孙,莫妄想。

---

① "即时",《大正藏》本作"实时"。

从此人天成药病。大行已过，使者须知。

师云：廓然无圣，来机迳庭，此语本出《庄子》"大有迳庭，不近人情"。初祖当时，也少些子方便。殊不知，药不瞑眩，厥疾弗瘳。起初便下霹雳手，而今已早私徇姑息。所以得非犯鼻而挥斤。庄子送葬，过惠子之墓，顾谓从者曰："郢人垩漫其鼻，端若蝇翼，使匠石斲之。匠石运斤成风，听而斲之。瞑目恣手，尽垩而鼻不伤，郢人立不失容。自夫子之死也，吾无以为质矣。""失不回头而坠甑"后汉孟敏客居太原，曾荷甑坠地，不顾而去。郭林宗见而问其意，对曰："甑已破矣，视之何益。"林宗以此异之，因劝令游学。意谓武帝若自肯，达磨未尝屈己从人。梁王若不契，拂袖便行而无恨。黄金殿上，放没面目，道得一半。少林九年，口挂壁上，始是八成。如秋清月转霜轮，暗用法眼到头。霜夜月任运落前溪，发明理极无喻之道。"河淡斗垂夜柄"天童上堂云："一点环中照极微，智无功处却存知。缘思净尽无余事，半夜星河斗柄垂。"此两句如哑人作通事，指似向人吐露不出，那堪师资传授。药病相治，转没交涉。如何得全提正令去？空花几费龟毛线，石女空拈兔礴针。咄。

第三则　东印请祖

示众云：劫前未兆之机，乌龟向火；教外别传一句，碓嘴生花。且道，还有受持读诵分也无？

举：东印土国王请二十七祖般若多罗斋。往往偿口债去也。王问曰："何不看经？"无功受禄，寝食不安。祖云："贫道入息不居阴界，出息不涉众缘。常转如是经百千万亿卷。"上来讲赞，无限胜因。

师云：二十七祖初名璎珞童子。因二十六祖不如蜜多与东印土坚固王同辇，问童子曰："能忆往事否？"对曰："我忆往劫与师同居，师演摩诃般若，我持甚深修多罗，以相代正化，故俟师于此。"祖告王曰："此非小圣，大势至之应身也。"王命登辇，至宫供养，以至披削。祖取般若修多罗事，命名般若多罗。梁朝以达磨为观音，西国以祖师为势至，唯阿弥陀佛至今无下落。

良久云：丰干饶舌，后因皇家展会，尊者主席。这老汉显异惑众，当时好与掀倒，打断葛藤，直待问尊者何不看经，果然放不过。这老汉也无大人相，把葫芦马杓，翻腾一上，王便礼拜，识甚痛痒？万松道：国王贪他一粒米，尊者失却万年粮。只知铁脊撑天，不觉脑门着地。若要扶起，除是天童。

颂云：

云犀玩月璨含辉，暗通一线，文彩已彰。

木马游春骏不羁。百花丛里过，一叶不沾身。

眉底一双寒碧眼，不曾趁蛇蚹队。

看经那到透牛皮。过也。

明白心起旷劫，威音前一箭。

英雄力破重围。射透两重关。

妙圆枢口转灵机，何曾动着。

寒山忘却来时路，暂时不住，如同死人。

拾得相将携手归。须是当乡人。

师云：破题两句，颂不居阴界，不涉众缘已了，且藏教法数，五阴、十二处、十八界唤作三科。尊者略举首尾，摄其中间。梵语"安那般那"，译云"出息入息"。其法有六：一数，二随，三止，四观，五还，六净，具如天台《止观》。预备不虞者不可不知。

沩山《警策》道："教理未尝措怀，玄道无因契悟。"《宝藏论》："可怜无价之宝，隐在阴入之坑。"① 何时得灵光独耀，迥脱根尘去？天童："云犀玩月璨含辉。"古诗有"犀因玩月纹生角"，好言语，可惜折合向文才情思上。"木马游春骏不羁"，此颂出息不涉众缘，可谓善行无辙迹也。"眉底一双寒碧眼。"洛浦道："单明自己，法眼未明，此人只具一只眼。"若要双眼圆明，除是不居阴界，不涉众缘，无影林中，高悬日月，不萌枝上，暗辨春秋始得。"看经那到透牛皮。"长庆云："眼有何过？"《楞严经》云："汝今谛观此会圣众，用目循历，其目周视。但如镜中，无别分析。"② 这里蹉过。药山道底"牛皮也须穿透"。万松道："却具金刚眼，明白心超旷劫。"三祖道："但不憎爱，洞然明白，一念万年，受持不尽。"鹿门道："遍大地是学人一卷经，尽乾坤

---

① 《宝藏论》原文为："如何以无价之宝，隐在阴入之坑。哀哉哀哉。"见《宝藏论》卷一《广照空有品第一》，《大正藏》第45册，第145页。

② 《楞严经》原文为："汝今遍观此会圣众，用目循历，其目周视但如镜中，无别分析……"载《大佛顶如来密因修证了义诸菩萨万行首楞严经》卷三，《大正藏》第19册，第119页。

是学人一只眼。"以这个眼，读如是经，千万亿劫，常无间断。

万松道：看读不易。"英雄力破重围"，后汉王莽遣弟王寻、王邑，至昆阳围光武数十重。光武兵弱而欲降寻、邑。邑不肯。光武乃益坚，诸将出兵却战。寻、邑大败。尊者文武双全，出将入相。阴界众缘，非但重围也。"妙圆枢口转灵机"，《尔雅》"枢"谓之"椳"。郭璞《注》云："门扉，枢也。"① 流水不腐，中枢不蠹，言其活也。尊者未点先行，不拨自转。这边，那边，无可不可。

天童披沙拣金，分星擘两，花判了也。末后两句，更有余才。道："寒山忘却来时路，拾得相将携手归。"此颂国筵海众钻纸穿窗，尊者老婆略与。"钩帘归乳燕，穴纸出痴蝇。"用寒山诗，若合符节。诗云："欲得安身处，寒山可长保。微风吹幽松，近听声愈好。下有斑白人，唠唠读黄老。十年归不得，忘却来时道。"闾丘胤访后，与拾得相携出松门，更不还寺。有本云："喃喃读黄老。"此颂弱丧忘归，与迷人指路也。后唐庄宗皇帝请华严休静禅师入内斋，大师大德总看经，唯师一众默然。帝问："何不看经？"静曰："道泰不传天子令，时清休唱太平歌。"帝曰："师一人不看即得，徒众何亦不看？"静曰："狮子窟中无异兽，象王行处绝狐踪。"帝曰："大师大德为甚么总看？"静曰："水母元无眼，求食须赖虾。"帝大悦。况祖师尊者从远劫来，号大势至，诵甚深修多罗，因此从师名般若多罗。元来习气也不除，输他华严，却有衲僧巴鼻。万松到此不觉失笑。且道，笑个

---

① 此句疑为注文参入。

什么？云居罗汉披襟处，巩县茶瓶接嘴时。

第四则　世尊指地

示众云：一尘才举，大地全收。匹马单枪，开疆展土。便可随处作主，遇缘即宗底是甚么人？

举：世尊与众行次，随他脚跟转。以手指地云："此处宜建梵刹。"太岁头上不合动土。帝释将一茎草插于地上云："建梵刹已竟。"修造不易。世尊微笑。赏罚分明。

师云：世尊因布发掩泥，献花于然灯佛。佛指布发处云："此一方地宜建一刹。"时有贤首长者，插标于指处，云："建刹已竟。"诸天散花，赞叹庶子有大智矣。天童举话，大同小异。万松道：世尊祖业转典与然灯，便有长者承头收后。如今交付与天童，须要出个合同文契。

颂云：
百草头上无边春，夹山犹在。
信手拈来用得亲。入荒田不拣。
丈六金身功德聚，不审。
等闲携手入红尘。逢场作戏。
尘中能作主，一朝权在手。
化外自来宾。看取令行时。

触处生涯随分足，不从人得。

未嫌伎俩不如人。面无惭色。

师云：天童先以四句颂公案了，然后铺舒梗概，展演化风。赵州拈一茎草，作丈六金身用。世尊当风指出，帝释信手拈来，天童人境交加颂出。非但古圣，你即今尘中作得主，化外亦来宾。且道，风流刘驸马，起此报恩院。与帝释插草同别。师竖起拂子云："千年常住一朝僧。"

第五则　清源米价

示众云：阇提割肉供亲，不入《孝子传》；调达推山压佛，岂怕忽雷鸣？过得荆棘林，斫倒栴檀树。直待年穷岁尽，依旧孟春犹寒。佛法身在甚么处也？

举：僧问清源："如何是佛法大意？"小官多念律。源云："卢陵米作么价？"老将不论兵。

师云：吉州清源山行思禅师初参六祖便问："当何所务即得不落阶级？"祖云："汝曾作甚么来？"源云："圣谛亦不为。"祖云："落何阶级？"源云："圣谛尚不为，何阶级之有？"祖深器之。会下学徒虽众，师居首焉。亦犹二祖不言，少林谓之得髓矣。据这僧问佛法大意，也是本色乍入丛林底人，要随文殊游铁围山。清源是圣谛亦不为底人，却只作寻常相见，顾问道："卢陵米作么价？"有者道："卢陵米价不许商量。"殊不知，已入斛斗行铺了也。要得不入这保社，问取天童。

颂云：
太平治业无象，旄头星现也未？
野老家风至淳。争如我这里种田博饭吃。
只管村歌社饮，穷鬼子快活不彻也。
那知舜德尧仁。始成忠孝。

师云：唐文宗太和六年时，牛僧孺为相。上曰："天下何时太平？"孺对曰："太平无象。今四夷不致交侵，百姓不致离散。虽非至治，亦谓小康。陛下若别求太平，非臣所及。"退而累表请罢，出为淮南节度使。万松道："已是起模画样，所以野老家风击壤讴歌，礼乐文章翻成特地，卢陵米价可晒深玄。舜德尧仁，淳风自化，村歌社饮，得其所哉！月白风清，各安其分。还会么？"逐便归堂。

第六则　马祖白黑

示众云：开口不得时，无舌人解语；抬脚不起处，无足人解行。若也落他彀中，死在句下，岂有自由分？四山相逼时，如何透脱？

举：僧问马大师："离四句，绝百非，请师直指某甲西来意。"若识这僧问头,省人多少心力?大师云:"我今日劳倦,不能为汝说,已有船中月。问取智藏去。更添帆上风。"僧问藏,却受人处分。藏云:"何不问和尚?"好本多同。僧云:"和尚教来问。"可晒灵利。藏云:"我今日头痛,不能为汝说,问取海兄去。"我不可,作马师弟子不得也。僧问海,苦瓠连根苦。海云:"我到这里却不会。"甜瓜彻蒂甜。僧举似大师。索取草鞋钱。大师云:"藏头白,海头黑。"更参三十年。

师云:六祖谓让和尚曰:"西天二十七祖谶,汝足下出一马驹,踏杀天下人。病在汝心,不须速说。"后磨砖打牛,神驹入厩,号为马祖。牛行虎视,引舌过鼻,足下有轮文,法嗣一百三十九人,各为一方法主。智藏、海兄,乃西堂、百丈也。看来这僧,也是个学佛法人,将四句百非勘当教外别传宗旨。《摄大乘论》说:有是增益谤,无是损减谤,亦有亦无相违谤,非有非无戏论谤。四句若离,百非自绝。

黄檗道:"欲要直捷会,一切总不是。"万松道:"端的委细会,一切无不是。翻覆看来,不离四句,不绝百非,西来祖意,于何不明?"龙树大师道:"般若如大火聚,四面不可入。"却道:"般若如清凉池,四面皆可入。"这僧道:"离四句,绝百非,请师直指西来意。"诸方谓之锁口问。马祖不忙,只道:"我今日劳倦,不能为汝说,问取智藏去。"惜得自己眉毛,穿却那僧鼻孔。那僧不免被他驱使,真个去问。智藏亦不谋而合,道:"何不问和尚?"这僧不开眉眼道:"和尚教来问。"藏云:"我今日头痛,不能为汝说。问取海兄去。"可谓非父不生其子也。僧问海。海云:"我到这里却不会。"将谓侯白,更有侯黑。这僧虽无血性,却有首尾,还来举似马祖。祖云:"藏头白,海头黑。"这句疑杀天下人。东林照觉颂云:"百非四句绝无言,黑白分明定正偏。"万松道:"暮四朝三,妄生喜怒。"

一日,三人与南泉玩月次。祖云:"正当恁么时如何?"丈云:"正好修行。"藏云:"正好供养。"南泉拂袖便行。祖云:"经入藏,禅归海。唯有普愿独超物外。"这里却宜缁素分明。万松道:"藏头白,海头黑。鸭头绿,鹤头赤。十影神驹立海南,五色祥麟步天北。诸方且莫假狐灵,天童自有真消息。"

颂云:

药之作病,胡人饮乳,返怪良医。

鉴乎前圣。师多脉乱。

病之作医,以药下药,以毒去毒。

必也其谁。莫是天童么?

白头黑头兮克家之子,一窑烧就。

有句无句兮截流之机。更使沩山笑转新。

堂堂坐断舌头路,一死不再活。

应笑毗耶老古锥。只得一橛。

师云:四句为四谤,如大火聚,四面不可入。四句为四门,如清凉池,四面皆可入。万松昔年在大明作书记,时潭柘亨和尚过大明,昏夜扣门,告侍者烧香结缘,潭柘便放相见。万松请益:"如何是活句?如何是死句?"柘云:"书记若会,死句也是活句;若不会,活句也是死句。"当时自念,老作家手段终别。

今日看这僧问，矻矻要离四句百非之外，别指出祖意。三个老汉头脑相似。若便作离四句绝百非会，好与这僧一坑埋却。后来天童颂"仰山梦中白槌"道："离四句，绝百非，马师父子病休医。"万松道："是何心行？"

"白头黑头兮克家之子"，《周易·蒙卦九二》："子克家"，能荷家业也。"有句无句兮截流之机"，万松道："只有湛水之波，且无滔天之浪。""堂堂坐断舌头路，应笑毗耶老古锥"，梵语"毗耶离"，译云"广严"，维摩所居城名。文殊问不二法门，维摩默然。这僧问马师父子，葛藤遍地。且道，那里是应笑处？但能莫触当今讳，也胜前朝断舌才。

第七则　药山升座

示众云：眼耳鼻舌各有一能，眉毛在上；士农工商各归一务，拙者常闲。本分宗师如何施设？

举：药山久不升座。动不如静。院主白云："大众久思示诲，请和尚为众说法。"便重不便轻。山令打钟，众方集。聚头作相，那事悠悠。山升座，良久，便下座，归方丈。一场话霸。主随后问："和尚适来许为众说法，云何不垂一言？"大海若知足，百川应倒流。山云："经有经师，论有论师。争怪得老僧？"可惜龙头蛇尾。

师云：饥者易为食，渴者易为饮，是以三家五请。菩萨上堂，半偈全身；夜叉升座，岂惜法哉？黄龙南禅师云："盖今之人容易轻法者众。欲如田夫时时干之，令其怙渴，然后溉灌，方得秀实也。"药山久不升座，又且不然。觉范道："一庵深藏霹雳舌，从教万象自分说。"永嘉道："默时说，说时默。大施门开无壅塞。"院主头头蹉过，白云："大众久思示诲，请和尚为众说法。"仁义道中，主宾分上，也未为分外。山令打钟，只见雷霆施号令，众方集，岂知星斗焕文章？山升座良久，下座归方丈。一上神通，不同小小。主随后问云："和尚适来许为众说法，云何不垂一言？"翠岩芝云："药山下座，院主当初怪不为众说法，可谓误他三军。"万松道："正是将头不猛。"山云："经有经师，论有论师，争怪得老僧。"琅琊觉云："药山下座，不妨疑著，及乎院主拶著，失却一只眼。"万松道："再得完全能几个，而不知换得两只眼？"雪窦道："可惜药山老汉，平地吃交，尽大地人扶不起。"万松道："和尚也须出只手无余？"颂云："丈室未离已吃交，悄然归去转无憀。经师论师犹相告，一款分明便自招。"万松道："曹司易勘，公案未圆。解与天童，如何判断？"

颂云：

痴儿刻意止啼钱，堪作何用。

良驷追风顾影鞭。踢起便行。

云扫长空巢月鹄，树下底一场懡㦬。

寒清入骨不成眠。开眼作梦。

师云：《涅槃经》说："婴儿啼时，母将黄叶云：'与汝金。'儿即止啼。"此颂"久思示诲"与"云何不垂一言"。外道问佛：

"不问有言,不问无言。"世尊良久,外道便作礼云:"世尊大慈,开我迷云,令我得入。"外道去后,阿难问佛:"外道见何道理而言得入?"佛言:"如世良马,见鞭影而行。"药山与世尊,一等举鞭。院主率众僧,礼赞有分,却怪不垂一言。可谓东土衲僧不如西天外道。天童怎么颂,万松怎么说,尽是止啼黄叶,只为诸人热梦未醒。睡轻者一呼便觉,睡重者摇撼方惊。更有一等,榞抄起来犹自瞪睙,比他药山"睛巢月鹤,清不成眠",云泥有隔。虽然如是,睡语不少。

第八则 百丈野狐

示众云:记个元字脚在心,入地狱如箭射。一点野狐涎,咽下三十年,吐不出。不是西天令严,只为呆郎业重。曾有误犯者么?

举:百丈上堂,常有一老人听法,随众散去。闹中取静。一日不去,从来疑着这汉。丈乃问:"立者何人?"事不解交,客来须待。老人云:"某甲于过去迦叶佛时,曾住此山,元是当家人。有学人问:'大修行底人还落因果也无?'但行好事,莫问前程。对他道:'不落因果。'一句合头语,万劫系驴橛。堕野狐身五百生。你道不落因果。今请和尚代一转语。著甚来由。"丈云:"不昧因果。"一坑埋却。老人于言下大悟。狐涎犹在。

师云:洪州百丈山大智禅师,每至升座,常有一老人听法。

迦叶佛时曾住此山，错对学人一转语，至今堕野狐身。良由自己倚墙贴壁，送人堕坑落堑。见大智有抽钉拔楔手段，便舍己从他，请大智代一转语。大智施无畏辩，轻轻拨转道："不昧因果。"老人言下大悟。

据实而论，不落因果是拨无断见；不昧因果是随流得妙。稍解教乘者，举著便见。要且虽脱毛衣，犹披鳞甲。不见道圆禅师在南禅师会中，闻二僧举此话。一僧曰："只如不昧因果，也未脱得野狐身。"一僧应声曰："便是不落因果，亦何曾堕野狐身耶？"师悚然异其语，急上黄檗积翠庵头，过涧，忽大悟。见南公叙其事，未终，涕交颐。南公令就侍者榻热寐，忽起作偈曰："不落不昧，僧俗本无忌讳。丈夫气宇如王，争受囊藏被盖。一条柳栗任纵横，野狐跳入金毛队。"南公大笑。

怎么看来，当初见道，今请和尚代一转语，只乐道不落因果，免使初心堕在解阱。百丈至晚上堂，举前因缘。黄檗便问："古人错答一转语，堕五百生野狐身。转转不错，合作甚么？"丈云："近前，与你道。"檗近前，与丈一掌。丈拍手笑云："将谓胡须赤，更有赤须胡。"仰山道："百丈得大机，黄檗得大用，名不虚得。"沩山举问仰山："黄檗常用此机，为复天生得？从人得？"仰云："亦是禀受师承，亦是自性宗通。"沩云："如是，如是。"看他百丈父子，游行无畏，如师子王，岂向野狐窠里作活计？万松已是尾骨弥露，更放天童开爪牙看。

颂云：

一尺水，一丈波，幸自河清海晏。

五百生前不奈何。早知今日事，悔不慎当初。

不落不昧商量也，顽涎不断。

依前撞入葛藤窠。缠腰缴脚。

阿呵呵，堪笑，堪悲。

会也么？按牛头吃草。

若是你洒洒落落，如虫御木。

不妨我哆哆和和，偶尔成文。

神歌社舞自成曲，拍拍是令。

拍手其间唱哩啰。细末将来。

师云：立修证，分因果。一尺水，一丈波，堕在五百生野狐精魅。积翠庵下二僧，纵有逸群之辩，点检将来，未免撞入葛藤窠里。天童此句有两字未稳，何不道"依前撞入野狐窠"？"阿呵呵"，此颂明百丈悟处，露自己胸襟，道：会也么？但问天童会也未？"若是你洒洒落落，不妨我哆哆和和"，幸有一阴地，何劳不为人？"哆哆和和"，婴儿言语不真貌。又《法华释签》云："多跢，学行之相。噢和，习语之声。"《涅槃经》有病行婴儿行。有本云"婆婆和和"。① 石室善道禅师云："《涅槃》十六行中，婴儿行为最。""哆哆和和"时喻学道人离分别取舍心，与下神歌社舞皆一意也。且道，是何曲调？万籁有心闻不得，孤岩无耳却知音。

---

① 此句疑为注文。

第九则　南泉斩猫

示众云：踢翻沧海，大地尘飞。喝散白云，虚空粉碎。严行正令，犹是半提。大用全彰，如何施设？

举：南泉一日东西两堂争猫儿。人平不语，水平不流。南泉见，遂提起云："道得即不斩。"谁敢当锋。众无对。直待雨淋头。泉斩却猫儿为两段。抽刀不入鞘。泉复举前话问赵州。再来不直半文。州便脱草鞋，于头上戴出。好与一刀两段。泉云："子若在，恰救得猫儿。"心斜不觉口喝。

师云：法云圆通秀禅师，见二僧并立说话，将挂杖到连卓数下云："一片业地。"何况两堂众首，因猫致诤。南泉也不与解劝，亦不与惩罚，本色道人，以本分事为人，遂提起猫儿云："道得即不斩。"正当恁么时，尽十方界，有情无情，一齐向南泉手中乞命。当时有个出来，展开两手，不然拦胸抱住云："却劳和尚神用？"纵南泉别行正令，敢保救得猫儿。这一窟死老鼠，既无些子气息。南泉已展不缩，尽令而行。

辽朝殿上人作《镜心录》①，诃南泉辈杀生造罪。文首座作《无尽灯》辨误，救云："古本以手作虚斫势，岂直一刀两段，鲜血淋迸哉？"这两个批判古人，文公罪重，殿公罪轻。南泉依旧

---

① "辽朝殿上人"，《大正藏》本作"辽朝上人殿"，哈佛燕京图书馆藏本与《禅宗全书》本同。

水牯牛队里摇头摆尾。不见佛日禅师与众茶座次，见猫来，袖中掷鹁鸽与之，猫接得便去。日云："俊哉！不可也。"是假作虚用。南泉自念曲高和寡，举前话问赵州，州便脱草鞋于头上戴出。果然敲唱俱行，节拍成就。泉云："子若在，恰救得猫儿。"这些子用处，虽难会却易见。你但向拈匙举箸处觑破，便见斩猫儿、戴草鞋更无两样。不然更看天童别作甚么伎俩。

颂云：
两堂云水尽纷拏，有理不在高声。
王老师能验正邪。明镜当台，物来斯鉴。
利刀斩断俱亡像，消得龙王多少风。
千古令人爱作家。有一人不肯。
此道未丧，死猫儿头堪作何用？
知音可嘉。不道无，只是少。
凿山透海兮唯尊大禹，功不浪施。
炼石补天兮独贤女娲。阙一不可。
赵州老有生涯，信手拈来无不是。
草鞋头戴较些些。且信一半。
异中来也还明鉴，衲子难谩。
只个真金不混沙。是真难灭。

师云：两堂云水尽纷拏，至今不曾定交。若非天童会南泉，例验出端倪，往往邪正不分。邪正分明时如何判断？便好利剑斩断，一坑埋却，非但剿绝一期不了公案，亦使千古之下，风清寰宇。南泉当时师胜资强，见众无语，却举似赵州，表显众中有人。赵州脱草鞋头上戴出。果然此道未丧，知音可嘉。孔子云："天将未丧斯文也。"看他师资道合，唱拍相随，无以为喻。《谥法》："泉源流通曰禹，又受禅成功曰禹。"《尚书·禹贡》："导河积石，至于龙门。"《淮南子》："共工氏兵强凶暴，而与尧帝争功，力穷，触不周山而死，天柱为之折。女娲炼五色石，补天。"《列子》："阴阳失度名缺，炼五常之精名补。"云盖本拈洞山，掇却泰首座，果棹话云："洞山虽有打破虚空底钻锤，要且无补缀底针线。"南泉如大禹凿山透海，显出神用。赵州如女娲炼石补天，圆却话头。

万松道："赵州十八上，解破家散宅。不知有多少生涯？草鞋头戴较些些。咄咄，没去处，作这个去就。"保福展云："虽然如是，也只是破草鞋。"南泉平高就下道："子若在，恰救得猫儿。"翠岩芝云："大小赵州只可自救，放过一著。"天童道："异中来也还明鉴，只个真金不混沙。"只能顺水推船，不解逆风把柁。而今你这一队上来，猫又无，争甚狗？以拄杖趁下。

第十则　台山婆子

示众云：有收有放，干木随身。能杀能活，权衡在手[①]。尘劳魔外，尽付指呼。大地山河，皆成戏具。且道，是甚么境界？

[①] "权衡"，《大正藏》本作"冲"，误。

举：台山路上有一婆子，傍城庄家夹道兔。凡有僧问："台山路向什么处去？"一生行脚，去处也不知。婆云："蓦直去。"未当好心。僧才行，著贼也不知。婆云："好个阿师，又恁么去也。"你早侯白。僧举似赵州。人平不语。州云："待与勘过。"水平不流。州亦如前问。陷虎之机。至来日上堂云："我为汝勘破婆子了也。"我更侯黑。

师云：台山路上婆子，惯随无著出寺入寺，饱参文殊前三后三。凡见僧问台山路向什么处去，便当阳指出长安大道，云："蓦直去。"其僧不作疑阻便行。婆云："好个阿师，又恁么去也。"这婆子也钩锥在手，从来触误多少贤良。这僧既不奈伊何，拈来举似赵州。州云："待与勘过。"疑杀天下人。这老汉老不歇心，图个甚么？也要定个宗眼。州依前怎么问，婆依前怎么答。有底便话作两橛。前段点这僧扶婆子，后段点婆子扶赵州。唯玄觉云："前僧也恁么问答，后来赵州也恁么问答。且道，甚处是勘破处？"万松道："勘破了也。"又云："非唯被赵州勘破，亦被这僧勘破。"万松道："非但累及玄觉，亦乃累及万松。"琅琊云："大小赵州，去这婆子手里丧身失命。"虽然如是，错会者多。万松道："切忌以己方人。"沩山哲云："天下衲僧只知问路老婆，要且不知脚下泥深。"若非赵州老人，争显汗马功高，虽然须假天童歌扬始得。

颂云：
年老成精不谬传，切忌魔魅人家男女。
赵州古佛嗣南泉。镇州端的出大萝卜。

枯龟丧命因图象，灵鬼灵神，返遭罗网。
良驷追风累缠牵。骤风骤雨，不免羁缰。
勘破了老婆禅，几个男儿是丈夫。
说向人前不直钱。知根不圣。

师云：鬼魅以妖通成精，咒药以依通成精，天龙以报通成精，贤圣以神通成精，佛祖以道通成精。南泉、赵州乃佛祖向上人，那堪年老。所以道，年老成精也。

"赵州古佛嗣南泉"马祖道："经入藏，禅归海，唯有南泉独超物外。"赵州以长沙为友，以南泉为师，故勘辨中，非得失胜负之可品格。天下谓之"赵州关"，也不妨难过。虽然仲尼有言，神龟能现梦于元君，而不能免余且之网。智能七十二钻而无遗策，而不能避剖肠之患。如是则智有所困，神有所不及也。《庄子》云："宋元君梦人被发曰：'予自宰路之渊，予为清江使河伯之所，渔者余且得予。'觉占之，神龟也。渔者果有余且，网得白龟，其圆五尺。君欲活之。卜之曰：'杀龟以卜，吉。'及剖龟。""七十二钻而无遗策"，乃其事也。洛浦曰："欲知上流之士，不将佛祖言教贴在额头，如龟负图，自取丧身之兆。凤紫金网，趋霄汉以何期？"周穆王八骏，有乘云而趋，行越飞鸟者，故曰"良驷追风"也。此颂婆子能勘僧，而不免赵州勘破。赵州虽能勘婆，而不免琅琊点检。参禅谓之金屎法，不会，如金；勘破，如屎。所以道"说向人前不直钱"，汝但离却得失胜负情量，自然平欺婆子，下视赵州。若到万松门下，不得点胸檐板。

第十一则　云门两病

示众云：无身人患疾，无手人合药，无口人服食，无受人安乐。且道，膏肓之疾，如何调理？

举：云门大师云："光不透脱有两般病。还觉口干舌缩么？一切处不明，面前有物是一。白日见鬼，莫是眼花。透得一切法空，隐隐地似有个物相似，亦是光不透脱。早是结胸，那堪喉闭。又法身亦有两般病。祸不单行。得到法身，为法执不忘，已见犹存，堕在法身边是一。不唯邪祟，更有家亲。直饶透得放过即不可。养病丧躯。子细点检将来，有甚么气息，亦是病。医博未离门，又早痾病发。"

师云：越州乾峰和尚，法嗣洞山悟本。云门遍参，曾见师与曹山、疏山。此则公案先有来源。乾峰示众云："法身有三种病，二种光，须是一一透得，更须知有向上一窍。"云门出众云："只如庵内人，为甚不知庵外事？"峰呵呵大笑。门云："犹是学人疑处。"峰云："子是甚么心行？"门云："也要和尚相委悉。"峰云："直须恁么始得稳坐地。"门云："喏喏。"乾峰道："法身有三种病。"云门道："法身有两种病。"

万松行脚时，诸方商量道，未到走作，已到住着，透脱无依，是三种病。今言二种，少未到走作，后二种病显然大同。佛眼和尚道："骑驴觅驴是一。骑驴了不肯下，亦是病。"乃前二病，少后一种。师家一期应病施方，各垂方便。其二种光，与光不透脱有两般病无别。且一切处不明，面前有物是一者。洞山道："分明觌面别无真，争奈迷头还认影。若具把定乾坤眼，绵绵不漏丝毫，方得少分相应。"又道："透得一切法空，隐隐地似有个物相似，亦是光不透脱。"沩山所谓："无一法可当情，见犹在境。"《楞严经》云："纵灭一切见闻觉知，内守幽闲，犹为法尘分别影事。"南院颙道："我当时如灯影里行相似。"所以道，亦是光不透脱。洞上宗风，静沉死水，动落今时，名二种病。你但出不随应，入不居空，外不寻枝，内不住定，自然三病、二光一时透脱。然后透脱不透脱，拈放一边。子细点检将来有甚么气息，亦是病。如何得安乐去？更请天童诊候。

颂云：

森罗万象许峥嵘，听他何碍，汝识得不为冤。

透脱无方碍眼睛。闪捧着栿榱。

扫彼门庭谁有力？拂迹成痕，欲隐弥露。

隐人胸次自成情。心疑生暗鬼。

船横野渡涵秋碧，死水浸却。

棹入芦花照雪明。住岸却迷人。

串锦老渔怀就市，着本图利。

飘飘一叶浪头行。随流得妙。

师举：《法句经》云："森罗及万象，一法之所印。"一即万，万即一。即此物，非他物，一任峥嵘磊落。荒田不拣草，净地却迷人。直饶透脱无方，正是碍眼睛处。《圆觉经》道："于诸妄心,亦不息灭。"洞山道:"灵苗瑞草,野父愁耘。何必扫彼门庭,空一切法。"云门道:"一切处不明面前有物是一。"不是教你除幻境,灭幻心,别觅透脱处。三祖道:"六尘不恶,还同正觉。"与《圆觉经》"知幻即离,不作方便,离幻即觉,亦无渐次",便见作止任灭,如金刚与泥人揩背也。又道"隐人胸次自成情",此颂隐隐地似有个物相似,正是《圆觉》存我觉我,潜续如命,细四相病。故普觉云:"大悲世尊快说禅病。"

"船横野渡涵秋碧",此颂得到法身,缆船于澄源湛水。疏山以法身为枯桩,此真系驴橛也。直待拨转船子,未免棹入芦花照雪明处。到此清光照眼似迷家,明白转身还堕位。此颂直饶透得,放过即不可。到此云门道尽,天童颂彻也。然后要见云门意旨,天童眼目,这里便是计利害处。如何是云门意旨?不见道,子细点检将来,有什么气息,亦是病。云门但指其病,不说治法。如何是天童眼目?述云门治方云:串锦老渔怀就市,飘飘一叶浪头行。云门大意在入塵垂手不避风波。可谓自病既除,复恂他疾,净名之心也。还知么?病多谙药性,得效敢传方。

第十二则 地藏种田

示众云:才士笔耕,辩士舌耕。我衲僧家,慵看露地白牛,不顾无根瑞草,如何度日?

举:地藏问修山主:"甚处来?"道不知来处得么?修云:"南方来。"好与下载。藏云:"南方近日佛法如何?"行说好话。修云:"商量浩浩地。"低声。藏云："争如我这里种田博饭吃。"少卖弄。修云："争奈三界何？"犹有这个在。藏云："你唤甚么作三界？"南方犹可，北方更晒。

师云：漳州罗汉院桂琛禅师，漳州牧王公于闽城西石山建地藏院，请师住，逾纪，迁漳州罗汉，故师又名地藏。修山主、法眼、悟空、进山主，结友之湖外。至漳州，阻雨雪溪涨，寓城西地藏院。围炉，视地藏若无人。藏欲验之，亦附火，乃曰："有事相借问得否？"修曰："有事请问。"藏曰："山河大地与诸尚座，是同？是别？"修曰："是别。"藏竖两指。修急曰："是同，是同。"藏亦竖两指，起去。法眼曰："院主竖两指，其意如何？"修曰："乱与。"眼曰："不得粗心欺他。"修曰："鼠口岂有象牙？"次日辞行，前至宿处，眼曰："兄辈前去，吾依地藏，或有长处，无则复来相寻。"眼既久参，修等三人亦至地藏。遂问："南方佛法近日如何？"当时只好道"与此方常日一般"，却云"商量浩浩地"，自领出头也不知。藏云："争如我这里种田博饭吃。"当时便好道，恁么则非但南方也。更道，争奈三界何？带累他南方禅客俗气也不除。藏为慈悲之故，有落草之谈，道，你唤甚么作三界？不如只道个老僧种田事忙，免得天童一状领过。

颂云：

宗说般般尽强为，今日不着便。

流传耳口便支离。众僧莫怪。

种田博饭家常事，不可别有。

不是饱参人不知。要知作么？

参饱明知无所求，更须请益天童一遍。

子房终不贵封侯。也是灵龟曳尾。

忘机归去同鱼鸟，随流得妙。

濯足沧浪烟水秋①。受用不尽。

师云：清凉道："宗通自修行，说通示未悟"本出《楞伽经》："佛告大慧，有二种通。宗通者，为缘自得胜进相，远离言说、文字、妄想，趣无漏界。缘自觉趣光明辉发，是名宗通相。云何说通相？谓说九部种种教法，离异不异，有无等相，以巧方便。如应说法，是名说通相。"讲徒云："说通宗不通，如日被云笼；宗通说不通，如蛇入竹筒②；宗通说亦通，如日处虚空；宗、说俱不通，如犬吠茅丛。"既分宗说，已是两岐。那堪禅分五派，教列三乘，个中一亦不立，皆强为也。何况出口入耳？请益拈颂：葛藤引蔓过新罗，巩县茶瓶汤不绝。非但南方商量浩浩地，若是道火不烧口底人，辩似悬河，元无一字。

种田博饭虽是家常，其奈不是饱参，不知其趣。古人深山里，镢头边，折脚铛中煮脱粟饭。富不过知足，一世不求人；贵不过清闲，何须印如斗？所以道，参饱明知无所求，子房终不贵封侯。《史记》：汉六年，封功臣，或谓张良未尝有战斗功。高帝曰："运筹帷幄之中，决胜千里之外，子房功也。"使自择齐三万户。良曰："始臣下邳与上会留，此天以臣授陛下，用臣计而幸

---

① "烟水秋"，《大正藏》本作"烟木秋"。
② "竹筒"，《大正藏》本作"竹个"。

时中。臣愿封留，足矣，不敢当三万户。"此颂不必开堂演法校南方也。《离骚经·渔父歌》曰："沧浪之水清兮，可以濯我缨。沧浪之水浊兮，可以濯我足。"此乃猿鹤共处，鱼鸟同游。且道，是甚么人？本色檐板汉。

第十三则　临际瞎驴

示众云：一向为人，不知有己；直须尽法，不管无民。须是拗折木枕恶手脚。临行之际合作么生？

举：临际将示灭，嘱三圣：老婆临死三回别。"吾迁化后，不得灭却吾正法眼藏。"着甚死急。圣云："争敢灭却和尚正法眼藏。"佯小心故大胆。际云："忽有人问汝，作么生对？"虎口里横身。圣便喝。当机不让父。际云："谁知吾正法眼藏向这瞎驴边灭却。"重赏之下必有勇夫。

师云：临际嘱三圣，"不得灭却吾正法眼藏"，此与兴化谓克宾维那"汝不久为唱道之师"，罚馂饭出院，机用一般。其实此事，千佛出世不增，千圣入灭不减。岂一三圣能兴灭哉？古人临终显发此事，亦表众中有人。果然三圣出云："争敢灭却和尚正法眼藏。"如人被骂不甘者承头，当时便与本分草料，正法眼藏未到灭却。却道，忽有人问汝作么生对？当断不断，返招其乱。圣便喝。上代下世，门里出身。耳聋三日以来，不似而今这喝。际云："谁知吾正法眼藏向这瞎驴边灭却。"当时临际门风，自有正令，可惜放过。不知天童如何判断？

颂云：
信衣半夜付卢能，贼儿贼智。
搅搅黄梅七百僧。上梁不正。
临际一枝正法眼，半明半暗，全在今朝。
瞎驴灭却得人憎。心甜口苦。
心心相印，贩私盐汉。
祖祖传灯。凿壁偷光。
夷平海岳，拳倒黄鹤楼，踢翻鹦鹉洲。
变化鲲鹏。翻手是云，覆手是雨。
只个名言难比拟，犹嫌少在。
大都手段解翻腾。正法眼藏犹在。

师云：黄梅密付，二十年南北纷争；临际明传，至今有人不荐。这般手段，直得鲲鹏变化，海岳夷平。大沩秀云："古者忍死待来，因何正法眼藏，却向瞎驴边灭却？临际行计速速，三圣又却匆匆。因斯父子情忘，遂使后人失望。若不得流水，还应过别山。"《本录》："三圣便礼拜。"未当好心。临际乃付偈曰："沿流不止问如何？真照无边说似他。离相离名人不禀，吹毛用了急须磨。"偈毕，俨然而逝。此公案天童拈到恰好处便休。三圣礼拜，临际说偈，大有放过轻舍处。还有与古人出气底么？险。

第十四则　廓侍过茶

示众云：探竿在手，影草随身。有时铁裹绵团，有时锦包特石。以刚决柔则故是，逢强即弱事如何？

举：廓侍者问德山："从上诸圣向什么处去也？"在你鼻孔里。山云："作么，作么。"迅雷不及掩耳。廓云："敕点飞龙马，跛鳖出头来。"家富儿娇。山便休去。饶人不是痴。来日山浴出，廓过茶与山，山抚廓背一下。断送上竿头。廓云："这老汉方始瞥地。"覆车同辙。山又休去。虎头虎尾一时收。

师云：德山寻常敲风打雨，呵佛骂祖。这僧过犯弥天，为甚却放过？殊不知扑牛不用索，杀人不用刀。几曾放过来？老黄龙道："德山持聋作哑，虽然暗得便宜。廓公掩耳偷铃，争奈傍观者丑。"万松道："岂止偷铃，如九重渊底，骊龙颔下抉珠。正值龙睡，若觉时必为齑粉。"大沩喆云："若不登龙门，焉知沧海宽？直饶浪击千寻，争奈龙王不顾。"万松道："纤鳞片甲，不足为怪。"佛果道："德山直是恶手脚。见这僧不是受钻锤底人，所以便休去。"万松道："古人遇物临机，各有方便。"山谓岩头曰："你已后向老僧头上屙去在。"岩头后来果谓大小德山不会末后句。古人抑扬纵夺，岂得失胜负可拘？黄龙、大沩只举大纲，更看天童颂出深细。

颂云：

觌面来时作者知，昧者不觉。

可中石火电光迟。已过新罗。

输机谋主有深意，埋兵掉斗。

欺敌兵家无远思。深入房庭。

发必中，惯得其便。

更谩谁？并赃捉获。

脑后见腮兮，人难触犯。曾经蛇咬。

眉底著眼兮，渠得便宜。佯打不知。

师云：从上诸圣向什么处去也？大似当面蹉过。德山道："作么，作么。"德山影草藏身，拈出曜眼镜。昔七贤女游尸多林。一女云："尸在这里，人在什么处？"一女云："作么，作么。"诸女相顾，悉皆悟道，感得天帝散花供养。德山用此一机，借路经过，决不得恁么会。所以道："可中石火电光迟。"德山岂不知侍者放伊不过？下媒求鸽，著本图利。果然出他彀中不得。忽有人问万松："甚么处去也？"拦腮掌云："在这里。"直教飞龙、跛鳖缩项攒蹄，侍者、德山亡锋结舌。还识德山老汉么？少年曾决龙蛇阵，潦倒还听稚子歌。

第十五则　仰山插锹

示众云：未语先知，谓之默论。不明自显，谓之暗机。三门前合掌，两廊下行道，有个意度。中庭上作舞，后门外摇头。又作么生？

举：沩山问仰山："甚处来？"不是不知来处。仰云："田中来。"你为甚落草。山云："田中多少人？"只父子两个。仰插下锹子，叉手而立。放去较危。山云："南山大有人刈茆。"打草惊蛇。仰拈锹子便行。收来太速。

师云：师资合道，父子投机。沩仰家风，千古龟鉴。沩山问仰山："甚处来？"沩山岂不知仰山田中来？垂此一问，要与仰山相见。仰山不负来问，只道个田中来。且道：还有佛法道理也无？沩山深入虎穴，更问："田中多少人？"仰山插锹子，叉手而立，便衲僧相见。玄沙云："我当时若见，便与踏倒锹子。"万松道："忍俊不禁。"投子青禅师颂云："沩山问处少知音，插地酬他佛祖沉①。踏倒玄沙傍不肯，免教苍翠带春深。"万松道："草枯鹰眼疾。"南岳法轮平禅师颂云："狭路相逢避不及，插下锹时叉手立。过得桥来岸上行，始觉浑身泥水湿。"万松道："不堪回首月明中。"二老宿颂处，只有千尺寒松。更看天童放出抽条石笋。

颂云：
老觉情多念子孙，婆心太切。
而今惭愧起家门。三十年不少盐醋。

---

① "沉"，《大正藏》本作"沈"。

是须记取南山语，贵人多忘。
镂骨铭肌共报恩。恨心不舍。

师云：此颂如韩文《毛颖传》，理事双彰，真俗并举。一往观来，沩山为老觉，仰山以下为子孙，就里即不然。僧问长沙岑大虫："本来人还成佛否？"山云："你道大唐天子还割茅刈草否？"是知刈茆乃臣子边事，而今惭愧起家门。千年无影树，今时没底靴。住持千嶂月，衣钵一溪云。皆是得力儿孙，绍承家业。是知君臣父子，非特曹洞创立，沩仰父子已行此令。若不是沩山点破，一向光影门头，弄粥饭气，驴前马后，以当平生，甚为可惜。所以天童教记取南山刈茆一转语，镂骨铭肌报恩不尽。法灯云："野老负薪归，催妇连宵织。看他家事忙，且道承谁力？问渠渠不知，特地生疑惑。伤嗟今古人，几个知恩德？"知有后如何？断臂不觉痛，立雪不敢倦。所以万松老来住报恩院。

第十六则　麻谷振锡

示众云：指鹿为马，握土成金。舌上起风雷，眉间藏血刃。坐观成败，立验死生。且道，是何三昧？

举：麻谷持锡到章敬，绕禅床三匝，振锡一下，卓然而立。可晒有禅。敬云："是，是。"且信一半。谷又到南泉，绕禅床三匝，振锡一下，卓然而立。来朝更献楚王看。泉云："不是，不是。"也且信一半。谷云："章敬道是，和尚为什么道不是？"棺木里睁眼。泉云:"章敬即是,是汝不是。雪上加霜。此是风力所转,终成败坏。杀人须见血。"

师云:昔日仰山到中邑谢戒。邑于禅床上拍手云:"阿哪,阿哪。"仰从西过东,从东过西,复向中心立,然后谢戒。邑云:"甚处得此三昧?"仰云:"于曹溪脱印子学来。"邑云:"汝道曹溪三昧接甚么人?"仰云:"接一宿觉。"仰复问:"和尚甚处得此三昧?"邑云:"马大师处得此三昧。"蒲州麻谷宝彻禅师,恰如永嘉初见六祖,持锡到章敬,绕禅床三匝,振锡一下,卓然而立,也如曹溪脱印子学来。此名三昧王三昧,一切三昧皆从此生。章敬道:"是,是。"万松道:"有何不可?"胜默光和尚道:"是无可是,非无真非。是非无主,万善同归。枭鸡昼夜,徒自支离。我无三寸,鳖得唤龟。迦叶不肯,一任攒眉。"万松道:"多愁早老。"

麻谷要与诸方勘同。麻谷又曾到忠国师处,绕禅床三匝,振锡而立。国师云:"既能如是,何用更见贫道?"谷又振锡。国师云:"这野狐精出去。"看他宾主相见,有照有用,有首有尾。良由熟处难忘,惯得其便。又到南泉,绕床振锡,依前而立。南泉却道:"不是,不是。"便似曾与章敬厮计会来。大沩喆云:"章敬道是,落在麻谷殻中。南泉道不是,亦落在麻谷殻中。大沩即不然。忽有人持锡,绕禅床三匝,卓然而立,但向伊道,未到这里,好与三十棒。"万松道:"不可口行人事便打。"谷云:"章敬道是,和尚为什么道不是?"不妨疑着。泉云:"章敬即是,是汝不是。"见机而作,临险推人。圆通善国师道:"麻谷即是,南泉不是。"此语正如邓峰永庵主问僧审奇："汝久不见，何所为？"奇曰："近见伟藏主，有个安乐处。"永曰："试举似我。"奇因叙其所得。永曰："汝是，伟未是。"奇莫测，归语于伟。伟大笑曰："汝非，永不非也。"奇走质于积翠南禅师。南亦大笑。永闻之作偈曰："明暗相参杀活机，大人境界普贤知。同条生不同条死，笑倒庵中老古锥。"

觉范云："观其语言，想见当时法喜游戏之逸韵。"万松道："麻谷、章敬、南泉，此兴亦不浅。若闻此是风力所转，终成败坏，更是好笑。这王老师，不唯把定乾坤，兼有出身之路。"保宁勇和尚颂云："颜色规模恰似真，人前抖弄越光新。及乎入火重烹炼，到了终归是假银。"麻谷到此，瓦解冰消。若要冰河发焰，铁树花开，须得天童别下一转语。

颂云：

是与不是，细腰鼓子两头打。

好看桊襆。刺头在里许了也。

似抑似扬，手抬手捺。

难兄难弟。头高头低。

纵也彼既临时，翻手是云。

夺也我何特地。覆手是雨。

金锡一振太孤标，脱尘离俗。

绳床三绕闲游戏。因行掉臂。

丛林扰扰是非生，矮子看戏。

想象髑髅前见鬼。家有白泽之图，必无如是妖怪。

师云：此个公案全在是与不是处。时人尽道："麻谷被章敬、南泉调弄。"① 唯大沩喆道："章敬道是，也落在麻谷彀中；南泉道不是，亦落在麻谷彀中。"如金刚宝处于日中，光色无定。天童道："好看橛襫。"且麻谷落橛襫，南泉落橛襫，似抑似扬，难兄难弟。天童道："一往观来，似抑似扬，点检将来，难兄难弟。"东汉陈元方子长文，即陈群也，与季方子孝光，各论其父功德，争之不决，咨于太丘。太丘即陈寔，元方、季方父也。太丘曰："元方难为兄，季方难为弟。"此谓章敬左眼半斤，南泉右眼八两。金锡一振太孤标。《永嘉证道经》亦云："不是标形虚事治，如来宝杖亲踪迹。"雪窦道："古策风高十二门，门门有路空萧索。"《锡杖经》云："十二环者，用念十二因缘，修行十二门禅。"十二缘易知。十二门：四禅、四无量、四无色定。古策风高，即太孤标也。六祖亦云，夫沙门具三千威仪、八万细行。大德何方而来？生大我慢。天童意道："不是标形，亦非我慢。绳床三绕闲游戏。"章敬道是，南泉道不是。丛林扰扰，是非里走作。若无把定乾坤眼，尽是髑髅前见鬼。不见僧问九峰："如何是把定乾坤眼？"峰云："乾坤在里许。"僧云："乾坤眼何在？"峰云："正是乾坤眼。"僧云："适来为什么道乾坤在里许？"峰云："若不恁么，髑髅前见鬼无数。"万松这里有个禁。师卓拄杖一下，云："急急如律令。"

---

① "章敬"，《大正藏》本作"草敬"，误。

第十七则　法眼毫厘

示众云：一双孤雁搏地高飞，一对鸳鸯池边独立。箭锋相拄则且致，锯解秤锤时如何？

举：法眼问修山主："毫厘有差，天地悬隔。汝作么生会？"谁敢动着。修云："毫厘有差，天地悬隔。"斗百草有甚么难？眼云："恁么又争得？"铁山横在路。修云："某甲只如此，和尚又如何？"掀转鼻头。眼云："毫厘有差，天地悬隔。"将谓别有。修便礼拜。将错就错。

师云：修山主与法眼同参地藏，深得傍参切磋之力。这个公案如折倒则监院悟头一般。金陵报恩玄则禅师。法眼问："曾见什么人来？"恩云："见青峰和尚。"眼云："有什么言句？"恩云："某甲曾问：'如何是学人自己？'峰云：'丙丁童子来求火。'"①眼云："上座作么生会？"恩云："丙丁属火，将火求火，如将自己求自己。"眼云："与么会又争得？"恩云："某甲只如此，未知和尚尊意如何？"眼云："你问我，我与你道。"恩云："如何是学人自己？"眼云："丙丁童子来求火。"恩于言下顿悟。法眼钩锥在手，去则印住，住则印破。打破则监院情关，抽开修山主识锁。

---

① "丙丁"，《大正藏》本作"丙了"，误。

三祖《信心铭》："全道无难，唯嫌拣择。但不憎爱，洞然明白。毫厘有差，天地悬隔。"法眼将此问修山主，作个敲门瓦子。今时问着一千个，一千个作道理会。不然一向打在无事界里，是他不落寻思，只道个毫厘有差，天地悬隔，也大晒有蕴藉。法眼方复不许，道："怎么又争得？"此所以为法眼一派之源也。万松到此，常令学人分身两下。看前段修山主怎么道，为甚不许？后段法眼却为甚怎么道？其间修山主道："某甲只如此，和尚又如何？"望个斩新日月，别作生涯，是他不蹉一丝，依前只道个毫厘有差，天地悬隔。东禅齐云："山主怎么祇对，为甚么不肯？及乎再请益，法眼亦只怎么道，便得去。且道，诵讹在什么处？若看得透，道上座有来由。"万松道："怎么又争得？"所以道，只是旧时行底路，逢人说着便诵讹。修便礼拜。得即得，情理难容。五祖戒代法眼，劈脊便打。万松道："果然。"有本出法眼语云："山主彻也。"万松道："弄泥团汉，二俱不了。万松当时见法眼道，怎么又争得。向道：久闻和尚有此机要，不然，摆手便行，管取一时坐断。待伊不信，试问天童。"

颂云：
秤头蝇坐便欹倾。谩他一星不过。
万世权衡照不平。斗满秤锤住。
斤两锱铢见端的，莫错认。
终归输我定盘星。领取钩头意。

师云：天童破题一句便颂"毫厘有差，天地悬隔"。庐山远公云:"本端竟何从?起灭有无际。一微涉动境,状此颓山势。"三祖道个"嫌"字,先自憎爱了也,却道"但不憎爱,洞然明白"。诸人退步,就己子细点检看。

梵语"三摩地",此云"等持",不沉不掉,平等任持也。此可以为万世权衡,照不平者也。《尚书治要图说》:"秤有三义,准者系也,衡者平也,权者锤也。"《楞严经》云:"于其自住三摩地中,见与见缘并所想相,如虚空花本无所有,此见及缘,元是菩提妙净明体,云何于中有是非是?"到此正恁么时,不须嫌拣择,离憎爱,尚无毫厘之差,岂有云泥之隔?斤两锱铢者,八铢为锱,三锱为两,十六两为斤。是他权衡在手底人。你将一斤来,我也一移教平。将一两来,也一移教平。稍似锱铢增减,便欹倾也。诸方道,领取钩头意,莫认定盘星。盖定盘星上,本无斤两。又如北辰镇居其所,钩头加减,计在临时。万松道:"有心而平,未若无心而不平。所以无星秤上饶人卖,双陆盘中信彩赢。还会法眼道山主彻也么?秤锤移到彻梢头,忽然拶落翻斤斗。"

第十八则　赵州狗子

示众云:水上葫芦,按着便转。日中宝石,色无定形。不可以无心得,不可以有心知。没量大人,语脉里转却。还有免得底么?

举:僧问赵州:"狗子还有佛性也无?"拦街趁块。州云:

"有。"也不曾添。僧云:"既有,为甚么却撞入这个皮袋?"一款便招,自领出头。州云:"为他知而故犯。"且莫招承,不是道你。又有僧问:"狗子还有佛性也无?"一母所生。州曰:"无。"也不曾减。僧云:"一切众生皆有佛性,狗子为什么却无?"憨狗趁鹞子。州云:"为伊有业识在。"右具如前,据款结案。

师云:若道狗子佛性,端的是有,后来却道无;端的是无,前来却道有。若道道有道无,且是一期应机。拶着说出,各有道理。所以道:明眼汉没窠臼。这僧问处,要广见闻,不依本分。赵州道有,以毒去毒,以病医病。这僧又道,既有,为甚撞入这皮袋。不知自己生入狗腹中了也。州云:"为他知而故犯"。一槌两当,快便难逢。这僧将谓依因判果。若恁么会,作座主奴也未得。后来有僧再问,便却道无。是他得底人,道有也有出身处,道无也有出身处。这僧依文按本道:"一切众生皆有佛性,狗子为什么却无?"似这一拶,敢道拨天关底手,转身无路。是他款款道个:"为伊有业识在。"你且道,这僧皮下还有血么?天童不免向赤肉瘢上,更着艾燋。

颂云:
狗子佛性有,
狗子佛性无。打做一团,炼做一块。
直钩元求负命鱼,这僧今日合死。
逐气寻香云水客,穿却鼻孔也不知。
嘈嘈杂杂作分疏。竞啮枯骨,哩啰嗹吪。

平展演，没跷欺，休脲诼。

大铺舒，材高语壮。

莫怪侬家不慎初。一言出口，驷马难追。

指点瑕疵还夺璧，白拈巧偷。

秦王不识蔺相如。当面蹉过。

师云：狗子佛性有，狗子佛性无，两段不同，一并拈出。正如雪窦道："一有多种，二无两般。"天童要与赵州相见，故如是颂。应天真道："直钩钓狞龙，曲钩钓虾蟆。"后来逐气寻香，如猎犬相似。嘈杂分疏，枯骨上有甚汁？赵州虽大开铺席，要且只是平展商量。天童与赵州解腕，莫怪侬家不慎初。归宗问秀才："业何经史？"才云："会二十四家书体。"宗向空中一点，云："会么？"才云："不会。"宗云："又道会二十四家书体，永字八法也不识。"刺史李渤问："三乘十二分教即不问，如何是祖师西来意？"宗亦竖拳云："会么？"李云："不会。"宗云："这个措大拳头也不识！"万松道："翻身师子大家看。不唯狗子佛性，道有道无，只这知而故犯，业识性在也。大晒顾前盼后，慎初护末。"

《史记》：赵惠王得楚和氏璧，秦昭王以十五城易之。蔺相如奉璧入秦。王喜，传示美人及左右，左右皆呼万岁。相如视王无割城之意，乃前曰："璧有瑕，请示之。"王授璧。相如因持起立，倚柱，发上冲冠，曰："赵王斋戒五日，使臣奉璧送书于庭，严大国之威，以修敬也。今见王礼节甚倨，得璧传示美人，似戏弄臣，无割城意，故臣复取璧。必欲急臣，臣头与璧俱碎于柱矣。"王辞谢，按图割城，亦斋五日。相如使从者衣褐怀璧，径道归赵。

赵州先纵后夺，有相如手段。天童别曾有颂云："赵州道有，赵州道无。狗子佛性，天下分疏。面赤不如语直，心真必定言粗。七百甲子老禅伯，驴粪逢人换眼珠。"赵州心真语直，便是"直钩元求负命鱼"。周文王出猎，见姜子牙磻溪之谷，去水三尺，直钩钓鱼。王异之曰："直钩如何得鱼？"子牙曰："但求负命之鱼。"驴粪逢人换眼珠，此如相如夺璧也。佛鉴拈出槵子数珠云："诸人还见么？"良久云："此是老僧来京师换得底。诸人各自归堂摸搽看。"佛鉴用槵子，赵州用驴粪。万松既无用处，不曾移换。诸人若信得及，依旧眼在眉毛下。

第十九则　云门须弥

示众云：我爱韶阳新定机，一生与人拔钉楔。为甚有时也开门掇出胶盆，当路凿成陷阱？试拣辨看。

举：僧问云门："不起一念还有过也无？"言清行浊汉。门云："须弥山。"险。

师云：圆通善国师道："此个公案诸方商量：或云，才恁么问，早是起念，过如须弥。或云，如须弥山，八风吹不动，千古镇常安。或云，为人难透，如须弥山。如此商量，要且未会云门意在。若是桶子底脱，红丝线断，方知总不恁么。不见道三句明一句，一句明三句。三一不相涉，分明向上路。"

佛果道："云门答话多惹人识情。"万松道："以识情遣识情，非大手段为人，不能拘副①。此须弥山，天不能盖，地不能载，风吹不入，水洒不着。唯金刚眼睛，一觑觑透，便见七穿八穴，直得碎如微尘，然后却向眉毛眼睫上，孤迥迥峭巍巍。"

白云端禅师颂云："须弥山兮塞宇宙，千手大悲看不透。除非自解倒骑牛，一生不着随人后。"万松道："仰面独扬眉，回头自拍手。"其山寘和尚颂云："无事投人觅罪名，即时擒下丧全身。未招情款驱驱者，门外知他多少人。"②唯有天童不在此限。

颂云：

不起一念须弥山，一句便了。

韶阳法施意非悭。天童也不少。

肯来两手相分付，只恐你承当不下。

拟去千寻不可攀。徒劳斫额。

沧海阔，涵天浴日无涯岸。

白云闲，伴鹤随风得自由。

莫将毫发著其间。已太多生。

假鸡声韵难谩我，真不掩伪。

未肯模胡放过关。西天令严。

师云：你问我不起一念有过无过，我便掇出一坐须弥山，在你面前相似，其法施之利，固非悭悋。永嘉道："大施门开无壅

---

① "拘副"，《大正藏》本作"构副"。
② "即时"，《大正藏》本作"实时"。

塞"，非但今日也。梵语"须弥"此云"妙高"，"四宝所成"曰"妙"，"独出众峰"曰"高"。四天下山中，须弥最为第一。你若自肯，我便两手分付。古诗道："待伊心肯处，是我命通时。"其实此事常显露。如须弥山嵯峨峥嵘，谁能盖覆？未分付时，你岂无分。分付与你，岂是新得？不见长庆道："万象之中独露身，唯人自肯乃方亲。"天童颂到这里，大有含蓄功夫。你若拟议不来，千里万里，仰望不及。璨源道："此事如崖颓石裂，壁立千仞，不可攀揽。"其实你亦不曾离，我亦不曾夺。此与上句迷悟相反，对偶分明。

教中说，须弥山入水八万瑜缮那，出水八万瑜缮那，非娑竭海不能涵容。山既古今不动，云亦出没常闲。洞山道："青山白云父，白云青山儿。白云终日倚，青山总不知。"天童余才颂须弥山，如海阔云闲，曲尽奇妙。这里容得一念起灭么？所以道："沧海阔，白云闲，莫将毫发著其间。"此又与雪窦道眼里著沙，不得同参。若论韶阳不悭法施，却又眼里著得须弥山也。此须弥山颂中，筑著，磕著，血脉贯通，拍拍是令。非妄生穿凿，增长识情也。其实不起一念底人，岂可更问有过无过？直饶常在不起一念处。点检将来，堪作什么？所以道："假鸡声韵难谩我，未肯模胡放过关。"

孟尝君入秦为相。人或说王："孟尝君贤，又齐族也。今相秦，必先齐而后秦，秦其危矣！"王囚君欲杀。君因幸姬求解。姬曰："妾愿得君狐白裘。"此时裘已献王。下客能为狗盗者，取裘献姬。君得出。夜半至函谷关。关法，鸡鸣而出客。下客冯谖，善为鸡鸣，群鸡皆鸣，君脱秦难。师拈拄杖云："万松今日把关也。有学鸡鸣者,出来。"复靠却拄杖云:"放过一著。"

第二十则　地藏亲切

示众云:入理深谈,嘲三撅四。长安大道,七纵八横。忽然开口说破,举步踏着,便可高挂钵囊,拗折拄杖。且道,谁是其人?

举:地藏问法眼:"上座何往?"罗织人作么。眼云:"迤逦行脚。"索草鞋钱去也。藏云:"行脚事作么生?"果然放不过。眼云:"不知。"何不早恁么道。藏云:"不知最亲切。"就身打劫。眼豁然大悟。险费盘缠。

师云:杨无为问芙蓉楷和尚:"相别几年?"蓉云:"七年。"公云:"学道来?参禅来?"蓉云:"不打这鼓笛。"公云:"恁么则空游山水,百无所能也。"蓉云:"相别未久,善能高鉴。"公大笑。南泉道:"道不属知,不属不知。知是妄觉,不知是无记。"今人见道:"不知最亲切",更是法眼悟头。便一向不知不会,只这是也。殊不知,古人一句子,如天普盖,似地普擎。既不知最亲切,荷泽道:"知之一字,众妙之门",又作么生?你但是则总是,莫坐在是处;不是总不是,莫坐在不是处。兼通五位正偏,岂可死在句下?只这法眼悟处,也是偶尔成文。柏山大隐和尚道:"因祸致福也在地藏接人手段。钩在不疑之地,蓦下一钩,法眼猛省,元来却在这里。"磁州老师道:"你但行里坐里,心念未起时，猛提起觑见，即便见不见，且却拈放一边，怎么做功夫，休歇也不碍参学，参学也不碍休歇。"投子青和尚道："既金龙失水，妙翅急提。地藏时节因缘，丝毫无间。"天童笔端有舌，更为重宣。

颂云：
而今参饱似当时，吾犹昔人非昔人也。
脱尽帘纤到不知。犹有这个在。
任短任长休剪缀，枉费工夫。
随高随下自平治。不劳心力。
家门丰俭临时用，阙盐醋不得。
田地优游信步移。要行即行。
三十年前行脚事，没可思量。
分明辜负一双眉。依旧在眼上。

师云：《宗镜》道："从来迷悟似迷，今日悟迷非悟。"所以道，悟了还同未悟人。地藏问时，要知发足道理；法眼答处，亦非谦让推辞。地藏就便一提道："不知最亲切。"法眼大悟。元来这不知却亲切。临济问洛浦："甚处来？"浦云："栾城来。"济云："有事相借问得否？"浦云："某甲不会。"济云："打破大唐国，觅个不会底不得。"临济常用杀人刀，亦有活人剑，不似地藏杀人见血，为人为彻。这个不知不会，脱体迥别。直须脱尽帘纤，方到不知不会处。沩山普请开田。仰山问："这头得恁么低？那头得恁么高？"沩曰："水能平物，但以水平之。"仰曰："水也无凭，和尚但高处高平，低处低平。"沩然之。①

肇公《般若无知论》曰："诸法不异者，岂曰续凫截鹤，夷岳盈壑，然后为无异哉？"所以道，任短任长休剪缀，随高随下自平治。张无尽道："万般支准费工夫，一切顺随成善巧。"只么信口便道，信手便用，信脚便行。春月花开，秋时叶落。恁么会得？行甚驴脚！所以玄沙不出岭，保寿不渡河。不出门知天下事。

觉范颂云："一个面如楪子大，眼耳鼻舌分疆界。髑髅里头都不知，听汝外边争捏怪。"口问鼻曰："饮食在我，言语在我，汝有何功在吾之上？"鼻曰："五岳之中，中岳居尊。"鼻复问眼："汝何在上？"眼曰："吾同日月，寔有照鉴之功。敢问眉，有何功处于吾上？"眉曰："我寔无功，惭居上位。傥容在下，眼在眉上，看你甚么面孔？"是以宝月明禅师上堂云："古者道，在眼曰见，在耳曰闻。且道，在眉毛，唤作什么？"良久云："忧则共戚，乐则同欢。人皆知有用之用，不知无用之大用。"且道，宾头卢尊者两手拨眉，意旨如何？师拨眉云："猫。"

第二十一则　云岩扫地

示众云：脱迷悟，绝圣凡，虽无多事；立主宾，分贵贱，别是一家。量材授职即不无，同气连枝作么生会？

---

① "沩然之"，《大正藏》本作"沩然云"。

举：云岩扫地次。沙弥、行童不得气力。道吾云："太区区生。"埋兵挑斗。岩云："须知有不区区者。"可惜话作两橛。吾云："恁么则有第二月也。"岂止第二，百千万个。岩提起扫帚云："这个是第几月？"水晶宫里出头来。吾便休去。尽在不言中。玄沙云："正是第二月。"一人传虚，万人传实。云门云："奴见婢殷勤。"随邪扑簸箕。

师云：道吾屈折云岩，如佛果激励佛鉴，所谓不愤不启，不悱不发。是他云岩扫地，道吾闲点检他。云岩道："须知有不区区者。"好诸仁者，你吃饭、煎茶、把针、扫地时，识取个不区区底，便得世法、佛法打成一片。洞上谓之兼带去，时中自不虚过。道吾便见破绽，道："恁么则有第二月也。"雪窦别云："泊合放过。"二老人恐人离却色身，别立法身。

忠国师谓南方禅客曰："我此间佛性全不生灭。汝南方佛性半生半灭，半不生灭。"客曰："如何区别？"师曰："此则身心一如，心外无余，所以全不生灭。汝南方身是无常，神性是常，所以半生半灭，半不生灭。"到这里须知有个转身就父底时节，岩遂竖起扫帚云："这个是第几月？"此语本出《首楞严经》。《经》云："如第二月，谁为是月？又谁非月？文殊！但一月真，中间自无是月非月。"① 道吾便休去。有本云："道吾拂袖便行。"万松道："勘破了也。"且道，是云岩勘破道吾？道吾勘破云岩？明眼

---

① 语出《大佛顶如来密因修证了义诸菩萨万行首楞严经》卷二："佛言：'此见妙明与诸空尘亦复如是，本是妙明无上菩提净圆真心，妄为色空及与闻见，如第二月，谁为是月？又谁非月？文殊！但一月真，中间自无是月非月。是以汝今观见与尘，种种发明名为妄想，不能于中出是非是，由是精真妙觉明性，故能令汝出指非指。'"《大正藏》第19册，第112页。

底试点检看。

玄沙云："正是第二月。"此老子口里有雌黄，舌上有利剑。长庆云："被他倒转扫帚拦面摵，又作么生沙休去？"罗山云："噫！两个老汉不识好恶。云岩个汉缚手脚，死来多少时也。"万松道："德山门下，不道不得。洞山门下，要且未在。"雪峰行脚时，三到投子，九上洞山。一日淘米次，洞山问："淘砂去米？淘米去砂？"峰云："砂米一时去。"山云："大众吃个什么？"峰乃覆却盆。山云："得即得，须见别人始得。"后果嗣德山。玄沙、长庆嗣雪峰，罗山嗣岩头，皆出德山门下。故一抑一扬，言逆意顺。而今云门、洞上两派齐行，岂有优劣者哉？云门云："奴见婢殷勤。"保福云："云岩大似泥里推车，步步区区。"二老宿亦嗣雪峰，自然言气相合。意谓，云岩不能用扫帚摵打断葛藤。殊不知，烂泥中有刺。万松披玩拈提未遍，不觉失笑云："云岩、道吾发明洞上机缘。这一队老汉，众口销金，无一人为渠雪屈。赖有天童拔剑相助。"

颂云：
借来聊尔了门头，_{当处发生。}
得用随宜即便休。_{随处灭尽。}
象骨岩前弄蛇手，_{欲道他人。}
儿时做处老知羞。_{先治自己。}

师云：若论此事，如石火电光。云岩提起示人，长庆拦面便摵。用处虽殊，同归变灭。洞上所以贵回机转位也。雪峰有象骨岩。雪峰曾示众云："南山有一条鳖鼻蛇，汝等诸人切须好看。"云门以拄杖，撺向面前，作怕势。此岂不是奴见婢殷勤也。云岩扫地，提起扫帚云："这个是第几月？"尽与从良变为得力儿孙了也。云门至今在篱檐下，所以天童放伊不过，道："象骨岩前弄蛇手，儿时做处老知羞。"胜默和尚道："这个颂子有搜人短处，有为人长处。"此天童、胜默点罚云门。万松今日翻案去也。不见天童颂弄蛇话，褒奖云门全机大用云中不下？为甚如此？抑扬皆在我，杀活更由谁？

第二十二则　岩头拜喝

示众云：人将语探，水将杖探。拨草瞻风，寻常用底。忽然跳出个焦尾大虫，又作么生？

举：岩头到德山，跨门便问："是凡？是圣？"这贼。山便喝。裂破髑髅。头礼拜。未当好心。洞山闻云："若不是豁公，大难承当。"厚币甘言。头云："洞山老汉不识好恶。却又着忙。我当时一手抬，一手捺。我岂不知。"

师云：德山寻常打风打雨。一日岩头展坐具，德山以拄杖挑向阶下。头下阶收坐具，便行。次日上德山侍立。山云："那里学得这虚头来？"头云："某甲终不敢自谩。"山云："汝已后向老僧头上屙去在。"父闻子健，恨不杀身。见过于师，方堪传授。此问诸方谓之跨门之机，未必当初真跨门问来。

昔有外道，手中藏活雀儿，问世尊曰："手中雀儿为活为死？"世尊以足跨门云："汝道吾欲出欲入？"问是凡是圣，真有此理。昔日普化曾指圣僧问临济："且道，这个是凡是圣？"济便喝。化云："河阳新妇子，木塔老婆禅。临济小厮儿，却具一只眼。"济云："这老贼。"化出僧堂云："贼，贼。"首山云："这两个贼，有个正贼。且道，那个是正贼？"代云："刘盆子。"岩头问："是凡？是圣？"德山便喝，便是与临济商榷勘同来相似。头礼拜，亦与临济小厮儿却具一只眼一般。

雪窦道："当时才礼拜，劈脊便打。非唯剿绝洞山，亦乃把定豁老。"此又与临济道"这老贼"同参。洞山闻举云："若不是豁公，大难承当。"佛果著语云："傍人具眼。"又云："只知其一，不知其二。"万松见处即不然。佛果道："洞山傍人虽具眼，只见锥头利。"万松道："佛果和尚虽具眼，不见凿头方。"洞山故将承当，赃诬岩头，要发明当初礼拜，有权有实。果然岩头火到头上，急忙扑撒道："洞山老汉不识好恶，我当时一手抬，一手捺。"方始点灯吃饭，两家分明也。不见保宁勇和尚颂云："平川走兔放苍鹰。"此颂跨门之问也。"一捺便唉双眼睛"，此颂德山喝岩头拜；"毒手夺来人买去"，此颂洞山著价利；"奈何斤两未分明"，正是万松道底。欲得斤两分明么？其实佛果、万松不争头高头低，更看天童称盘一上。

颂云：

挫来机，风行草偃。

总权柄。符到奉行。

事有必行之威，佛手遮不得。

国有不犯之令。谁敢当头。

宾尚奉而主骄，下以风刺上。

君忌谏而臣佞。上以风化下。

底意岩头问德山，虽然父子兴师。

一抬一搽看心行。未免干戈相待。

师云：此颂三人皆挫来机，各总权柄。唯岩头、德山有必行之威，有不犯之令。宾奉主骄，在洞山、岩头；君忌臣佞，在岩头、德山。末后两句，在洞山、岩头。此个榜样，诸方唤作拣诂。

"水中择乳，须是鹅王"，便见天童针线功夫。岩头知德山有"必行威、不犯令"，故不夺机，且顺情礼拜。洞山知岩头不受探拔，不受点罚，子承父业，亦有"必行威、不犯令"，故钩头著饵道："不是豁公，大难承当。"岂非"尚奉主骄，忌谏臣佞"？临济宗风，唤作红线套索，碧玉阱坑，陷虎之机，埋兵掉斗。诸方尽谓：岩头一抬一搽，洞山错下名言。殊不知，洞山一抬一搽，更甚分明。此非久参作者，决难领略。今时一等脱白沙弥，见天童颂道"一抬一搽看心行"，便道怪得禅家不肯为人说破，元来都是心行，故作机巧，诳赚学人。

万松道："一分心行，是一分慈悲。不吃一交，不学一便。"可谓果从花里得，甘向苦中来。岩头抬搽，洞山赚出。洞山抬搽，万松说破。忽有个出来礼拜，万松却放过不打。何也？为伊皮下无血。

第二十三则　鲁祖面壁

示众云：达磨九年，呼为壁观。神光三拜，漏泄天机。如何得扫踪灭迹去？

举：鲁祖凡见僧来，便面壁。相见了也。南泉闻云："我寻常向他道，空劫以前承当，不考自招。佛未出世时会取，和尚会也未？尚不得一个半个。只为漏栓索。他怎么驴年去。忙者不会。"

师云：池州鲁祖山宝云禅师，凡见僧来，便面壁。自达磨九年之后，无人再行此令。且教诸方问佛问祖，向上向下底，大家识些痛痒。南泉是他同参，见人针锥不动，便与打傍通注破："我寻常向他道：空劫以前承当，佛未出世时会取，不得一个半个"，意似放开一线，其实替他侍者传法旨了也。又道："他怎么驴年去"，意似责他太孤峻生，其实赏他亲面分付。不见道，直饶说得十分，争似一回亲到？所以灵山如画月，曹溪如指月，争似鲁祖在水晶宫中、广寒殿里，披襟相见。

保福见南泉、鲁祖破绽，问长庆道："只如鲁祖节文在什么处，被南泉恁么道？"万松道："保福如何道'节文'二字来？若非不萌枝上解辨春秋，难置此问。"长庆对云："退己让人，万中无一。"万松道："古人得恁么眼明？"玄觉云："南泉为复是唱和语，不肯语？"万松道："半遮半掩，谩渠一点不得。"翠岩芝云："何劳如此？"万松道："已是起模画样了也。"又云："若有僧来见个什么?"万松道:"犹嫌少在。"复云:"知时好。"万松道:"若是陶渊明,攒眉便归去。"又云:"我即不然,未具胞胎不得会。会得,则打折你腰。"万松道:"和尚棒教谁吃?"罗山云:"王老师当时若见,背上与五火抄,为伊解放不解收。"万松道:"五更侵早起,已有夜行人。"玄沙云:"我当时若见,也与五火抄。"万松云:"恼乱春风卒未休。"云居锡云:"罗山、玄沙总怎么道,为复一般,别有道理?"万松道:"共计十火抄。"又云:"若拣得出,许尚座佛法有去处。"万松道:"好与五火抄。"诸仁者,你看,南泉怎么贬屈鲁祖。长庆却道:"正是退己让人。"鲁祖把断关津,罗山却道:"解放不解收。"尽是鱼前布网,贼过张弓。更看天童别作甚么向当。

颂云:
淡中有味,谁教你添盐着醋?
妙超情谓。别日再商量。①
绵绵若存兮象先,已落第二。
兀兀如愚兮道贵。无人著价。
玉雕文以丧淳,和尚手高。
珠在渊而自媚。少卖弄。
十分爽气兮清磨暑秋,体露金风。
一片闲云兮远分天水。好事多魔。

---

① "别日再商量",《大正藏》本作"别尔商量"。

师云：昔徒单二驸马赴南京任，道过磁州大明，入堂随喜，见僧面壁而坐。驸马曰："一个好淡汉。"诠大师曰："淡中有味。"水性本淡，加之以茶蜜，甘苦生焉。性亦恬憺，派之以迷悟，则凡圣立焉。虽曰"淡中有味"，斯乃无味之味。其味恒然，"妙超情谓"。情字从心，谓字从言。到此言语道断，心行处灭。法眼道："理极忘情谓，如何有喻齐？"《道德经·谷神不死章》云："玄牝之门，是为天地根，绵绵若存。"又曰："吾不知谁子，象帝之先。"衲僧为言，绵绵若存，不可一向断绝去也。象帝之先者，空劫以前，佛未出世时也。如愚道贵，暗用雪窦《道贵如愚颂》云："雨过云凝晓半开，数峰如画碧崔嵬。空生不解岩中坐，惹得天花动地来。"此颂，空生宴坐，天帝雨花。今鲁祖不能省事，惹得南泉、玄沙一队老汉点检。此正是玉雕文以丧淳，不若他珠在渊而自媚。《晋书》：陆机《崇文赋》曰："石蕴玉以山辉，水怀珠而川媚。"石中蕴玉而为南泉辈琢开，水中怀珠而为玄沙辈漉出。幸自十分爽气，清磨暑秋；刚为一片闲云，远分天水。万松不曾面壁，你这一队来觅什么节文？自代云："听说天童颂古。"

第二十四则　雪峰看蛇

示众云：东海鲤鱼，南山鳖鼻。普化驴鸣，子湖犬吠。不堕常涂，不行异类。且道，是什么人行履处？

举：雪峰示众云："南山有一条鳖鼻蛇，汝等诸人切须好看。"提起坐具云：这个不是倩来底。长庆云："今日堂中大有人丧身失命。"闻风便扬。僧举似玄沙。至不过三。沙云："须是我棱兄始得。狐朋狗党。然虽如是我，即不恁么。别有一条长，便请拈出。"僧云："和尚作么生？"毒虫头上揩痒。沙云："用南山作么？"只者鳖鼻，犹为分外。云门以拄杖撺向峰面前作怕势。何得自伤己命。

师云：南山鳖鼻虽是死蛇，象骨岩前解弄也活。雪峰拈来示众，本要以毒去毒。长庆只解顺水推船，道："今日堂中大有人丧身失命。"若解逆风把柂，雪峰须入涅盘堂始得。玄沙闻举云："须是我棱兄始得。"这里有些子诮讹。若道玄沙许长庆，为甚么却道："我即不恁么。"不唯顺水推船，更解逆风把舵。这僧不顾危亡，便问："和尚作么生？"① 玄沙只道个："用南山作么？"这里便见弄活蛇手。云门便撺拄杖作怕势，用得最亲。云岩扫地话颂中，曾举："象骨岩前弄蛇手，几时做处老知羞。"为云门道"奴见婢殷勤"，便骑贼马趁贼，也不妨恶手脚。今日再颂弄蛇话，夸拏龙手，看他大斧斫了手摩挲。

颂云：

玄沙大刚，当机不让父。

长庆少勇。见义不为。

南山鳖鼻死无用，担条断贯索。

风云际会头角生。时来蚯蚓作蛟龙。

---

① "问"，《大正藏》本作"间"。

果见韶阳下手弄，忍俊不禁。

下手弄，弄不出即休两回三度。

激电光中看变动。眨眼丧身失命。

在我也能遣能呼，少卖弄。

于彼也有擒有纵。七寸在手。

底事如今付阿谁？万松老汉。

冷口伤人不知痛。阿耶，阿耶。

师云：玄沙专使驰书上雪峰，峰拆开，乃见三张白纸，示其僧云："会么？"僧云："不会。"峰云："不见道，君子千里同风。"僧回举似沙。沙云："山头老和尚蹉过也不知。"玄沙承嗣雪峰，寻常证父攘羊，当仁不让，道："要南山作么？"此又果毅无前，太刚之甚。长庆随邪便道："大有人丧身失命。"不解师子返掷，此真见义不为，是无勇也。"风云际会头角生，果见韶阳下手弄"，此颂云门觌面，拈出一条活蛇，不同诸师弓杯现影。"能遣能呼"者，俚谚有云："呼蛇即易，遣蛇即难。""有擒有纵"者，此颂既挥向面前，复作怕势，已能擒纵，必解遣呼。天童末后道："底事如今付阿谁？冷口伤人不知痛。"但凡拈颂归于自己，拈向面前，始是作家。雪窦亦云："如今藏在乳峰前，来者一一看方便。"师高声喝云："看脚下。"万松道："雪窦贪观脚下，不知穿过髑髅。天童冷口伤人，明人不作暗事。我当时若作云门，以拄杖挥向雪峰怀里。拟议不来，随后教伊自作自受，亲遭一口。为什么如此？今朝二月二，暂放龙抬头。"

第二十五则　盐官犀扇

示众云：刹海无涯，不离当处；尘劫前事，尽在而今。试教伊觌面相呈，便不解当风拈出。且道：过在什么处？

举：盐官一日唤侍者："与我过犀牛扇子来。"要且少他不得。者云："扇子破也。"未举时却完全。官云："扇子既破，还我犀牛儿来。"不见道"破也"，何不领话？者无对。扇子犹在，虽有如无。资福画一圆相，于中书一"牛"字。出巧新行，能做会卖。

师云：杭州盐官县镇国海昌院齐安禅师，本唐皇宗枝。宣宗在潜为僧，将谒师。师预知，告主事，大禁杂言，止约横事。帝住久，忽辞。师密谓曰："时至矣，无滞泥蟠。"兼嘱以佛法后事。武宗灭教六年，宣宗复兴，师有力焉。帝将诏师归宫供养，师化已久。帝恻怆，追谥"悟空禅师"。师一日唤侍者："与我过犀牛扇子来。"侍者道："扇子破也。"也是平实父子说话。师云："扇子既破，还我犀牛儿来。"此乃全身入草，养子之缘。侍者无对。却也因邪打正，只是自不知有。

投子代云："不辞拈出，恐头角不全。"万松道："善能修补。"雪窦拈云："我要不全底头角。"万松云："乃吾家之旧物。"石霜云："若还和尚，即无也。"万松道："当面讳却。"雪窦拈云："犀牛儿犹在。"万松道："明眼难谩。"保福云："和尚年尊，别请人好。"万松道："恩多怨深。"雪窦拈云："可惜劳而无功。"

万松道:"好心不得好报。"

据这一队老汉空说道理,扇子与牛儿,终拈掇不出。唯资福画一圆相,于中书一"牛"字。扇子犀牛,斩新不动。雪窦拈云:"适来为甚不拈出?"其实道扇子破也,何曾动着分毫?适来不拈出,又何曾少?而今拈出也不曾添。天童赏资福拈得出、用得亲,标名挑请,特为煎点一上。

颂云:

扇子破,索犀牛,一不做,二不休。
桼挛中字有来由。强如说道理。
谁知桂轂千年魄,埋根千丈。
妙作通明一点秋。现世生苗。

师云:诸方谓"扇画犀牛玩月",或云"犀角为扇",或云"以犀为柄",皆得名为犀牛扇也。盐官当时开个铺席,各人拈出一柄。独资福亲手新样,脱体偏别。师尝示众云:"隔江见资福刹竿便回,后脚跟下好与三十棒,岂况过江来时?"有僧才出,师云:"不堪共语。"大抵讲肆贵说到,宗门贵用到。以"桼挛中字"最有来由。

玄沙示众云:"吾有正法眼藏,付嘱摩诃迦叶,犹如画月,曹溪竖拂子,犹如指月。""桂轂"乃月也。《涅槃经》:"世尊放月爱光,阿阇世王热恼清凉。"所以道:"谁知桂轂千年魄,妙作通明一点秋。"可谓大柄若在手,清风常及身。犀牛扇话,拈颂最多,要且端的不曾与盐官相见。万松若作侍者,见道"与我过犀牛扇子来",有甚羽、蒲、纸、竹、绫绢、棕牦,信手拈来便与一柄。何者?纵有千般巧,终无两样风。

第二十六则　仰山指雪

示众云:冰霜一色,雪月交光。冻煞法身,清损渔父。还堪赏玩也无?

举:仰山指雪师子云:"还有过得此色者么?"仰山不觉平地吃交。云门云:"当时便与推倒。"不奈船何,打破屏斗。雪窦云:"只解推倒,不解扶起。"路见不平,拔剑相助。

师云:古人临机遇物,发明空劫以前一段大事。《法华经》云:"纯一无杂,具足清白梵行之相。"说者以谓白是众色之本,一乘是诸乘之源,而不说白色向上更有事在。故仰山指雪师子示众云:"还有过得此色者么?"且白是众色之本,雪色至白,如何更有过此色者?万松道:"既称为色,必与眼对。过白之色,唯无色者,不与眼对。"云门所以道:"当时便与推倒。"若便向至白无白处认着,正是堕在无色界中。雪窦所以别指出一条活路,向推倒处,却教扶起。佛眼云:"若向这里扶持起来,甚生次第事。"万松道:"若是他宗异派,不道不得。更须知有洞上宗风,正倒时便起,正起时便倒底时节,然后起倒同时,起倒不立。更买草鞋,行脚三十年。"不见佛觉颂云:"一色无过指示人,白银世界里频申。超然推倒还扶起,争似东风煦日新。"万松道:"日出后一场懡㦬。"一等学人见云门推倒，雪窦扶起，便作机锋转换，大用无方会，见向一色边不得色边会，以为宗旨血脉。已有佛觉为证。如或不信，更问天童。

颂云：

一倒一起，雪庭师子。恰似个活底。
慎于犯而怀仁，识法者恐。
勇于为而见义。路见不平。
清光照眼似迷家，东西不辨。
明白转身还堕位。更上一层楼。
衲僧家，了无寄，且过一生。
同死同生，何此何彼？刀斧斫不开。
暖信破梅兮春到寒枝，收得返魂香。
凉飙脱叶兮秋澄潦水。来挝涂毒鼓。

师云：云门一倒，雪窦一起，仰山指师子，要过此色，三个鼎足，阙一不可。三玄三要，尽在于兹。仰山恐人坐在明白里，岂非慎犯怀仁也？指似于人令过此色，岂非勇为见义也？《鲁语》曰："见义不为，无勇也。"云门又恐坐在一色边也，岂非慎犯怀仁？便与推倒，亦勇为见义也。雪窦恐人只解推倒，乃慎犯怀仁也。更能扶起，勇为见义也。不见赵州道："老僧不在明白里。"良以清光照眼，犹自迷家。明白转身，未免堕位。只解推倒，不解扶起，而堪作什么？本色衲僧如珠走盘，虽同死同生，而不居生死，虽无彼无此，而权立彼此。末后两句，有时太阳门下，有时明月堂前，万古长空，一朝风月。朝菌蟪蛄，且道而今是什么时节？且随老木同寒瘠，将逐春风入烧瘢。

第二十七则　法眼指帘

示众云：师多脉乱，法出奸生。无病医病，虽以伤慈；有条攀条，何妨举话？

举：法眼以手指帘，莫道不知，莫道不见。时有二僧同去卷帘，同行不同步。眼云："一得一失。"剑下分身。

师云：法眼斋前上参，以手指帘，二僧同去卷帘，眼曰："一得一失。"东禅齐云："上座作么生会？"有云："为伊不明旨，便去卷帘。"亦有道："指者则会，不指而去者则失。"恁么会还可不可？既不许恁么会，且问上座阿那个得？阿那个失？万松道："泥里洗土块，此非但法眼。"南泉一日谓僧曰："夜来好风。"僧亦曰："夜来好风。"泉曰："吹折门前一株松。"僧亦曰："吹折门前一株松。"泉次谓一僧曰："夜来好风。"僧曰："是什么风？"泉曰："吹折门前一株松。"僧曰："是什么松？"泉曰："一得一失。"

指帘话极有为人作略。二僧卷帘，在当人分上，自有两条路子。法眼先与一印，印定更无移改。在法眼分上，明暗相参杀活机，大人境界普贤知。诸方皆以离得失、忘是非为上。法眼走入是非海里、得失坑中作活计。盖无得失人，可以定天下之得失。

万松恁么提唱，也有得有失。诸人恁么上来，也有得有失。唯深明利害之端者，可以较其损益。这个唤做现成公案①，不劳再勘。为伊不能倒断，不免天童引惹词讼。

颂云：
松直棘曲，鹤长凫短。不得动着。
羲皇世人，俱忘治乱。葫芦提鏊得肥。
其安也，潜龙在渊。佛眼觑不见。
其逸也，翔鸟脱绊。斫头望不及。
无何祖祢西来，上梁不正。
里许得失相半。下柱参差。
蓬随风而转空，业识茫茫，无本可据。
船截流而到岸。顺水张帆，难逢快便。
个中灵利衲僧，骂街醉汉，谁敢承头。
看取清凉手段。我这里也有，只是罕遇其人。

师云：古人不得已，强名本分事。"松直棘曲，鹄白乌玄"，本出《楞严经》，天童点化"鹤长凫短"。《庄子》云："长者不为有余，短者不为不足。是故凫胫虽短，续之则忧；鹤胫虽长，断之则悲。"俗谚云："要不闷，依本分。"岂直羲皇世人，俱忘治乱？孔子谓："西方有大圣人，不治而不乱。治乱者，得失也。"三祖云："得失是非，一时放却。"《周易·乾卦》："初九潜

---

① "这"，《大正藏》本作"孙"。

龙勿用""九四或跃在渊"。《秦台记》:"王次仲年弱冠,变苍颉古文为隶书。秦始皇征之不起。上怒,槛车囚之赴国,路化作鸟,脱羁绊,飞至西山,落二翮。今妫川县有大翮碛,即其处也。"此颂上古之风,出处行藏,各安其分。佛未出世,多少经论公案。及至祖师西来,便有得有失。何不向未指帘时会取?"随风转空,截流到岸",此二句点出二僧得失。天童大有功夫,不易怎么道:"若无活人手,争能杀得人?"是故又道:"个中灵利衲僧,看取清凉手段。"且道据什么令,便得如此?待你吃棒了,向你道。

第二十八则　护国三憝

示众云:不挂寸丝底人,正是裸形外道;不嚼粒米底汉,断归焦面鬼王。直饶圣处受生,未免竿头险堕。还有掩羞处么?

举:僧问护国:"鹤立枯松时如何?"步步登高易。国云:"地下底一场懡㦬。"心心放下难。僧云:"滴水滴冻时如何?"法身无被不禁寒。国云:"日出后一场懡㦬。"雪消露出死人来。僧云:"会昌沙汰时,护法善神向甚么处去也?"点即不到。国云:"三门头两个一场懡㦬。"到即不点。

师云:隋州隋城山护国净果大师,讳守澄,与二世演化大师,讳知远,同在湖南报慈。慈升座,师问:"如何是真如佛性?"慈曰:"谁无?"参退。首座问:"汝适来问和尚话还会么?"

师曰:"不会。"座曰:"和尚恁么慈悲,汝为什么不会?真如佛性谁无?乃至四生六道,悉皆具足。"师曰:"感谢首座为某说破。"净果在傍咬齿曰:"这老汉自家无眼,更瞎他人。"乃召师问:"首座适来说个什么?"师曰:"某当时不会,得他说破。"具如前举。净果曰:"上座,佛法不是这个道理。汝若不信,去问取堂头。"师上堂头,具说前解。慈亦曰:"佛法不是这个道理。"师曰:"适来问第三座,他亦不肯,故教来问。且望慈悲,为某决破。"慈曰:"汝去问取第三座去。"师下来礼问。净果曰:"汝但问来。"师便问:"如何是真如佛性?"净果曰:"谁有?"师于言下契悟,再拜谢了,乃曰:"首座或在众,或出世,某誓愿佐助。"后遂相继住持。

此话诸方谓之"护国三懡㦬",与保福四谩人为对。未透关者,极难奔凑。不见僧问云居简禅师:"孤峰独宿时如何?"居云:"九间僧堂里不卧,谁教你孤峰独宿?"此话虽无玄妙,甚有开发。举此一隅,三隅可见。洞山《玄中铭》:"峰峦秀异,鹤不停机。灵木迢然,凤无依倚。"这僧却问:"鹤立孤松时如何?"这僧痴坐功夫既到,将这些子本地风光贴在额头,逢人呈似。殊不知,孤危不立道方高。天台教中谓之"顶堕"。所以护国道:"地下底一场懡㦬。"这僧不向孤危处作活计,又将冰枯雪老处呈上。又不知干曝曝时还生津润,冷清清处却要温和。所以道:"日出后一场懡㦬。"这僧戈甲两翻上来,两被护国格下。① 既没奈何,却问教门兴废疑难,道:"会昌沙汰时,护法善神向什么

---

① "甲",《大正藏》本作"中"。

处去也?"

唐武宗好仙,沙汰僧尼二十六万五百人,会昌五年八月下旬,勒令归俗。帝服方士丹药,性加躁急,喜怒不常。至六年三月初,才及半年,以丹毒死。宣宗即位,佛寺复增三倍之多。以神道为论,不假武宗小废,何致宣宗大兴?善神权巧之方,断非凡下可及。若以衲僧见处,法门本无兴废,善神岂有去来?所以道:"三门头两个一场㦬㦬。"万松恁么道,错为人下注脚了也?又不见僧问:"心法双忘时如何?"国云:"不洗面。"僧云:"月落寒潭时如何?"国云:"不洗面。"僧云:"光境俱忘时如何?"国云:"不洗面。"不可总从头注解将去也。不注解时如何?自有天童颂古:

壮士棱棱鬓未秋,恨天不到。
男儿不愤不封侯。贪程太速。
翻思清白传家客,已太多生。
洗耳溪头不饮牛。末后太过。

师云:三祖道:"大道体宽,无易无难。小见狐疑,转急转迟。"昔有二僧同行。性急者在前,呼在后者云:"光阴迅速,疾走上来。"后僧云:"大道广阔,忙作甚么?"万松尝见圆通善国师手书二颂云:"光阴迅速,疾走上来。路头踏着,优钵花开","大道广阔,忙作什么?放开肚皮,一时包裹"。此圆通善国师二颂,如这僧恁么问,护国恁么答,各具一只眼。

天童《颂》中前两句,如锐气贪荣,后两句如退身致仕。后汉班超家贫，常佣写书，乃投笔曰："大丈夫当效张骞、傅介子立功异域，以取封侯万里之外，焉能久事于笔砚间乎？"后讨西国，封定远侯。此喻这僧三问，探头太过也。后汉杨震任荆州太守，性公廉，不受私谒，子孙蔬食步行。故旧长者欲开产业，震不肯曰："传后世，称为清白吏子孙，以此遗之，不亦厚乎。"①《史记》："许由隐于箕山，依山而食，就河而饮。尧让帝位。由闻之，临河洗耳。巢父饮牛，问曰：'凡人洗面，公独洗耳。'由曰：'闻尧请我为九州长，故洗是非。'父曰：'豫章之木生于高山，工人莫得。子欲避世，何不深藏？今游人间，苟求名誉。行待下饮，恐污牛口。'乃牵上流饮之。"天童以杨震、许由、巢父三人颂三憃憀，却被同安道："浊者自浊，清者清，菩提烦恼等空平。"这僧与护国放下了也，不干诸人事，各请逐便。

第二十九则　风穴铁牛

示众云：迟棋钝行，烂却斧柯。眼转头迷，夺将杓柄。若也打在鬼窟里，把定死蛇头。还有变豹分也无？

举：风穴在郢州衙内上堂云："祖师心印，状似铁牛之机。针劄不入。去即印住，拽回鼻孔。住即印破。截断脚跟。只如不去不住，印即是？不印即是？泥里洗土块。"时有庐陂长老出问云："某甲有铁牛之机，请师不搭印。"宛有逆水之波。穴云："惯钓鲸鲵澄巨浸，

---

① "传"，《大正藏》本作"使"。

却嗟蛙步骤泥沙。"引魂幡子搋气袋。陂广思。已过鬼门关。穴喝云:"长老何不进语?"已临崖岸,更与一推。陂拟议。许多时节甚处去来。穴打一拂子云:"还记得话头么?试举看。"为人为彻,杀人见血。陂拟开口,犹自不伏烧埋。穴又打一拂子。仍少三十棒。牧主云:"佛法与王法一般。"不会做官看傍州例。穴云:"见个什么?"却好与一拂子。牧云:"当断不断,返招其乱。"自骂自招。穴便下座。得意浓时正好休。

师云:无尽居士举:临际辞沩山,仰山侍其傍。沩曰:"此人他日法道如何?"仰曰:"他日法道大行吴越,遇风即止。"又问其嗣之者何人。仰曰:"年代深远,未可言耳。"沩固问之曰:"吾亦欲知。"仰云:"《经》不云乎:将此深心奉尘刹。是则名为报佛恩。"居士曰:"吾以此知,风穴,仰山之后身也。"穴初参雪峰五年。一日请益,临际会下两堂上座,举头相顾,各下一喝。僧举问际:"未审具宾主眼否?"际曰:"虽然如是,宾主历然。"雪峰叙与岩头、钦山,进途,而值临际已逝,不及参,则曰:"汝欲会,当问取他子孙。"穴举似南院颙。院云:"雪峰古佛也。"

师后住汝州风穴山广慧禅院,五代离乱,郢州牧主请师衙内住夏。一日,牧主请升座。示众云:祖师心印,状似铁牛之机。不同石人木马,玄唱玄提,直下如铁牛,无你近傍处。你才去钩回,才住打教百杂碎。只如不去不住,印即是,不印即是。可谓钩头有饵。卢陂长老亦是际下儿孙,便拈转他话头,置问不妨奇特,道:"某甲有铁牛之机,请师不搭印。"其奈风穴据令而行,便道:"惯钓鲸鲵澄巨浸,却嗟蛙步骤泥沙。"

"鲲鲵"，横海大鱼也。《庄子》：任公子五十犗为饵，曾得此鱼。"蛙步骊泥沙"，有说汉武帝时有暴利长，渥洼水傍见群野马中有奇者来饮水。因作土人持勒绊于傍，习以为常，以人代之，收得其马。欲神异其马，谓从水出，遂传为龙种。穴谓"马出清水，反偃骊泥沙中"。此说迂回。风穴《众吼集》明作"蛙步"。不见雪窦颂犀牛扇话了，复云："若要清风再振，头角重生，请禅客下转语，乃云：'扇子既破，还我犀牛儿来。'"时有僧出云："大众参堂去。"窦喝云："抛钩钓鲲鲵，钓得个虾蟆。"① 以此两句对风穴上下两句，"蛙"字无疑也。陂伫思，问话呈机，要与风穴相见，而忽遭点要，别寻出长投至你，施呈枪法，一樾檐打倒也。此不解夺机行令，宾主互换之过也。牧主久参风穴，不无见处，道："佛法与王法一般。"风穴收得安南，又忧塞北，便问牧主道："见个什么？"这里便好与卢陂雪屈，却只道："当断不断，反招其乱也。"不妨说到，风穴为伊是俗官，饮气吞声便下座。二尊宿，一龙一蛇，做刚做柔。篁鼓临际宗风，更着天童断和。

颂云：

铁牛之机，哮吼也未。

印住印破。钩锥在手。

透出毗卢顶预行，将上不足。

却来化佛舌头坐。匹下有余。

---

① "虾蟆"，《大正藏》本作"虾蟆"。

风穴当衡，世情看冷暖。

卢陂负堕。人面逐高低。

棒头喝下，岂容分说。

电光石火。不待消停。

历历分明珠在盘，不拨自转。

眨起眉毛还蹉过。和声便打。

师云：铁牛之机，印住印破。闽王遣使送朱记到，保福上堂曰："去则印住，住则印破。"僧曰："不去不住，用印奚为？"保福打之。僧曰："恁么则山鬼窟里全因今日也。"保福默然。万松道："可惜龙头蛇尾。风穴若不超证无住无依大解脱门，不能透出毗卢顶𩕳行也。"唐肃宗问忠国师："如何是无诤三昧？"国师云："檀越踏毗卢顶上行。"此明法身向上，非枯桩边事。风穴先据此令，却来佛事门中，掌莫大威权，断不了公案。扫除凡圣情量，坐断报化佛头。临际《广语》云："山僧见处，坐断报化佛顶。"恁么当衡，直饶卢陂作家，亦有时负堕也。西天外道，立义不成者谓之"负堕"。斩头截臂，以谢不敏。此棒头喝下钻锤，电光石火机变，皆暂时光境，慎勿以定夺得失，决断胜负，如珠走盘，眨眼蹉过也①。师以拂子击禅床云："了。"

第三十则　大随劫火

示众云：绝诸对待，坐断两头。打破疑团，那消一句。长安

---

① "钻锤"，《大正藏》本作"𨰸锤"。

不离寸步，太山只重三斤。且道，据甚么令，敢怎么道？

举：僧问大随："劫火洞然，大千俱坏。未审这个坏不坏？"愁人莫向愁人说。随云："坏。"早是那堪。僧云："恁么则随他去也。"目前可验。随云："随他去。"下坡不走，更与一推。僧问龙济："劫火洞然，大千俱坏。未审这个坏不坏？"同病相忧。济云："不坏。"打破契头，揿转鼻孔。僧云："为甚不坏？"又怎么来。济云："为同大千。"生铁铸成。

师云：益州大随法真禅师，或云福州西院，亦曰长庆，大安之子，百丈大智之孙，参见六十余员尊宿，在沩山会中，作火头。沩问："子在此数年，不解致个问头？"随云："教某甲问个甚即得？"山云："你不解问道：'如何是佛？'"随以手掩沩山口。山云："你以后有片瓦盖头，觅个扫地人也无。"后于棚口路煎茶，接待往来。三年，开山住大随。

僧问："劫火洞然，大千俱坏。未审这个坏不坏？"此问本出《仁王护国经》。斑足王信外道罗陀语，杀千王头，淫祀冢间摩诃迦罗大黑天神，冀延国祚。普明王请一日假，依七佛法斋百法师。第一法师为王说偈："劫火洞然，大千俱坏。"此偈凡三十二句。王赴死，转为诸王说。斑足疑问，亦闻此偈，心开悟解。以国付弟，出家得忍。

据教中说，三千大千世界同一成坏。汉武帝凿昆明池，得灰，问东方朔。朔曰："请问西域道人。"至后汉明帝，摩腾、竺法兰来。问之曰："劫灰也。"云庵问讲师："火灾起时，世间虚空,许多灰烬将置何处?"罕有答者。《止观》:"罗汉如炭,辟支如灰,菩萨如余少灰,佛如劫火,无炭无灰。"① 此问"这个坏不坏?"佛果道:"这僧元来不知话头落处?"且道:"这个是甚么?"随云:"坏。"此语反常合道,极难咬嚼。僧云:"恁么则随他去也。"这僧也好笑,不知执鞭坠镫多少时也。随云:"随他去。"万松道:"僧随大随去,大随随僧去?"

雪窦与修山主同时,未见修山主答后段"不坏""为同大千"话,单颂大随话云:"劫火光中立问端,衲僧犹滞两重关。"这句人多错会道:"大随道'坏'是一重关;修山主道'不坏',是两重也。"你不看前话,单颂大随。雪窦未见修山主《语录》。但以问头"这个坏不坏?"已是两重关也。"可怜一句随他语,万里区区独往还",此颂这僧不会大随语,直往舒州问投子。子云:"西川有古佛出世。汝速回。"彼僧回,随已化。

唐僧景遵题云:"了然无别法,唯道印南能。一句随他语,千山走衲僧。"雪窦用此联意,道颂后一联也。"寒蛩鸣砌叶,静夜礼龛灯。吟罢孤窗月,徘徊恨不胜。"天童颂古,更添修山主话,道:"不坏为同大千。"有本道:"为他不同大千。"这话最好看。道同也得,不同也得。将错就错,无可不可。修山主又云:"坏也碍塞杀人,不坏也碍塞杀人。"万松道:"大随道'坏',也有出身处。修山主道'不坏',也有出身处。不是一向无意度,不可一向情识会。"不见江西志彻禅师问六祖:"《涅槃经》中常无常义?"祖曰:"无常者,佛性也。有常者,善恶一切诸法分别

---

① "如余少灰",原作"余少灰",以《大正藏》本补。

心也。"彻曰："《经》说佛性是常，和尚却言无常。善恶诸法乃至菩提心，皆是无常，和尚却言是常。此即相违，令学人转生疑惑。"祖曰："佛性若常，更说甚善恶诸法？吾说无常，正是佛说真常之道也。又一切诸法，若无常者，则物物皆有自性，容受生死，而真常性有不遍处。吾说常，正是佛说真无常义也。"今时初心，见大随道坏，随他去，未免訾惑。傍参六祖，可以无疑也。况大随，百丈亲孙。修山主，地藏嫡子。超情离见，曲为今时。雪窦当时只颂一半，天童今日始得完全。

颂云：
坏不坏，佛手拣不出。
随他去也大千界。没量大人语脉里转却。
句里了无钩锁机，粘牙带齿亦不少。
脚头多被葛藤碍。谁教你生枝引蔓。
会不会，心忙手急。
分明底事丁宁瞩。是盲者过，非日月咎。
知心拈出勿商量，牙人见贩子。
输我当行相买卖。堂屋里贩扬州。

师云：雪窦颂这僧问"这个坏不坏"，道"衲僧犹滞两重关"，天童颂首言"坏不坏"其意不同。双举二僧问端，双收二师答处，一时拈向面前。唯"随他去也大千界"就大随语出二师钩线，点二僧趁块。云居示众云："言语如钻如挟，如钩如锁，须教相续不断，始得。"今颂二师答处，直捷便与不涉廉纤。争奈诸方已被葛藤绊倒也。真点胸尝客南昌漳江寺政禅师席下，一日抠衣露胫，缓步而过。政怪问之，真曰："前廊后架皆是葛藤，真恐绊倒耳。"政为大笑。天童道：我恁么分明颂出，你会那不会？若是久参上士，如当行买卖，不索商量。万松今日只諕得离家。

第三十一则　云门露柱

示众云：向上一机，鹤冲霄汉。当阳一路，鹞过新罗。直饶眼似流星，未免口如匾檐。且道，是何宗旨？

举：云门垂语云："古佛与露柱相交，是第几机？"落七落八了也。众无语。却与露柱同参。自代云："南山起云，北山下雨。"张翁吃酒李翁醉。

师云：《本录》：云门问僧："古佛与露柱相交，是第几机？"僧无语。门云："你问，我与你道。"僧遂问，门云："一条绦三十文。"僧云："如何是一条绦三十文？"门云："打与。"代前语云："南山起云，北山下雨。"唐宋开府璟善羯鼓歌，有云"南山起云，北山下雨"，借用。如观世音菩萨将钱来买糊饼，放下手，元来却是馒头。全似睦州机锋，盏子落地，楪子成七片。岂容诠注话会？天童能向诠注不及处诠注，话会不到处话会。

颂云：

一道神光，上柱天，下柱地。

初不覆藏。净裸裸，赤洒洒。

超见缘也是而无是，烈火焰中休眨眼。

出情量也当而无当。剑轮锋外莫回头。

岩华之粉兮蜂房成蜜，神通广大。

野草之滋兮麝脐作香。变化无方。

随类三尺一丈六，主山高，案山低。拄杖长，拂子短。

明明触处露堂堂。拶破面门，无处回避。

师举①：云门云："人人尽有光明在，看时不见暗昏昏。"又道："虚空包不尽，大地载不起。"《楞严》："此见及缘皆是菩提妙净明体，云何于中有是非是？"肇公《般若无知论》云："夫无当则物无不当，无是则物无不是。物无不是，故是而无是；物无不当，故当而无当。故《经》云：'尽见诸法而无所见也。'"此《颂》明依一经一论，暗指超情离见，人境交参。古佛既与露柱相交，自然南山起云，北山下雨。蜂采花而成蜜，麝食草而作香。高低岳渎，共转根本法轮；大小鳞毛，普现色身三昧。劬尸罗长者睹三尺而无尽，无边身菩萨穷上界而有余。无一时不现，无一处不遍。故云："明明触处露堂堂。"师复云："还见么？瞎。"

---

① "师举"，《大正藏》本作"师云"，哈佛燕京图书馆藏本同《大正藏》本，以本书书写格式，应为"师云"。

第三十二则　仰山心境

示众云：海为龙世界，隐显优游；天是鹤家乡，飞鸣自在。为甚么困鱼止泺，钝鸟栖芦？还有计利害处么？

举：仰山问僧："甚处人？"闭门刷会。僧云："幽州人。"公验明白。山云："汝思彼中么？"恰待忘了。僧云："常思。"熟处难忘。山云："能思是心，所思是境。元来更立能所。彼中山河大地、楼台殿阁、人畜等物，反思思底心还有许多般么？仁者自生分别。"僧云："某甲到这里总不见有。"犹有这个。山云："信位即是，人位未是。"庭前残雪日轮消，室内红尘遣谁扫？僧云："和尚莫别有指示否？"便恁么来。山云："别有别无，即不中。射透两重关。据汝见处，只得一玄。已有船中月。得坐披衣，向后自看。更添帆上风。"

师云：仰山昔尝问僧："甚处来？"僧云："幽州来。"仰云："我恰要幽州信，幽州米作么价？"僧云："某来时，无端穿市中过，踏折他桥梁。"仰便休。仰山小释迦，接人非止一路。此个公案正是学人入门之势，下手得力处。山问幽州僧："汝还思彼中么？"当时被他道："不思。"又作么生？仰山必然别有长处。僧却云："常思。"实语当忏悔。山云："能思是心，所思是境，境则千差。能思底心有多黏么？"云门曾道："仰山为慈悲之故，有落草之谈。"果然僧也灵利，道："某甲到这里总不见有。"今时人万一不到这境界，若到即点胸担板。不知途路之乐，终不到家。仰山曾行山下路来，故别指一条活路。仰山昔年僧堂前三昧次，夜半，不见山河大地、寺宇人物，以至己身，全同空界。明晨举似大沩。沩曰："我在百丈时得此境，乃是融通妄想，销明之功。汝向后说法，有人过者无有是处。"

万松道："非仰山不证，非沩山不识。"《楞严经》云："若动念尽，浮想销除，于觉明心，如去尘垢。一伦生死，首尾圆照，名想阴尽。是人则能超烦恼浊。观其所由，融通妄想，以为其本。"此又见沩、仰父子妙契佛心也。仰山一日呈解云："若教某自看，到这里无圆位，亦无可断。"沩曰："据汝见处，犹是法在，亦未离心境。"仰曰："既无圆位，何处更有心境？"沩曰："适来汝作怎么解，是否？"仰云："是。"沩云："若怎么具足，是心境法，争得道无？"仰山见这僧有这个在，依理判断道："信位即是，人位未是。"① 别本云："信位即得，行位即未多。"举《金刚三昧经》：信位、思位、修位、行位、舍位。今言信位、人位，未必全同。竹庵珪和尚道："向开口合口处，分这边那边；有言无言处，分信位人位。"此又别一家也。沩山问仰山："寂子速道，莫入阴界。"仰云："慧寂信亦不立。"沩云："子信了不立，不信不立。"仰云："只是慧寂，更信阿谁？"沩云："若怎么则是定性声闻也。"仰云："慧寂佛亦不见。"

清居皓升禅师《牧牛图》至第六章云："信位渐熟，邪境觉疏。虽辨净秽，如剑利泥。犹存鼻索，未可凭信。故白黑相半。"《颂》曰："野牧虽云久，牵绳手渐离。行持非暗昧，进习不依

---

① 《袁州仰山慧寂禅师语录》卷一作："信位即得，人位未在。"《大正藏》第47册，第587页。

随。净地于于乐,长鞭每每持。青山香草细,一味日充饥。"至十二章《人位本空》:"身心无着,得失净尽。玄玄道路,邈无分别。向上一句,拟议即堕。"《颂》曰:"妄起劳看牧,牛非人亦非。正中妄想像,向上有玄微。大海纤尘起,洪炉片雪飞。相逢求解会,不堕汝心机。"万松道:"仰山信亦不立,清居人位本空。若向二师话中拣得出,信位、人位昭然可见。所谓退步就己,万不失一也。"僧云:"和尚莫别有指示否?"烂泥里有刺。仰云:"别有别无即不中。"有即雪上加霜,无即死在句下。所以指一玄,教伊自看。涌泉"空处为座,万行为衣"。有以坐谓安禅静虑,衣谓衲帔蒙头;有以坐谓开堂升座,衣谓法服严身。皆有理在。且道向后自看。看个什么?问取天童。

颂云:

无外而容,大无不包。

无碍而冲。细无不入。

门墙岸岸,莫探头好。

关锁重重。不消弹指。

酒常酣而卧客,唤醒来打。

饭虽饱而颓农。一坑埋却。

突出虚空兮风搏妙翅,穿开碧落天。

踏翻沧海兮雷送游龙。惊蛰二月节。

师云:天童先颂返思能思底岂有多般?云门道"会得,也目前包裹,会不得,也目前包裹",此"无外而容"也。山河、楼阁、人畜等物，一多无碍，人境交参，此"无碍而冲"也。韶国师道："通玄峰顶，不是人间。心外无法，满目青山。""通玄峰顶"，所思境也；"不是人间"，能思心也；"心外无法"，总不见有也；"满目青山"，只此一句，这僧与韶国师相隔信位、人位，一玄、三玄，直得"门墙岸岸""关锁重重"，卒难相见也。又颂这僧见处，如醉客颓农；仰山指处，如妙翅游龙。《法华经》："譬如有人至亲友家，醉酒而卧。是时亲友官事当行，以无价宝珠系其衣里。其人醉卧都不觉知。"赵州云："曾闻一饱忘百饥。今日山僧身便是。"① 赵州一饱忘百饥，合受人天妙供。这僧饭饱颓农，滴水难消，明眼人辨取。梵语"迦楼罗"此云"妙翅鸟"，搏风辟海，直取龙吞。孔子问礼于老聃，谓"见老子其犹龙也"。游龙云烟出没，非同潜蛰者。此颂人位未是，只得一玄。向后自看，教渠移身换步，何也？但有路可上，更高人也行。

音义卷上

锱铢　八铢为锱，二十四铢为两，见海勺。

磊落　上累，大人貌。

亟　棘，急也。

从容　上七容，宽也。

钻锤　上钤作，钳，非。

揣　初委，度量也。

---

① "赵"，《大正藏》本作"逍"。

晷　轨，日影也。

屏山　李之纯，号屏山居士。

闲闲　赵周臣，号屏山居士。

扈从　上户，下去呼，随驾。

稿　杲，草本。

伶仃　皆如字，独行貌。

饫　于去，饱也。

擅　善，专也。

阿里马　译云林禽城，多屯杲故。

摭　只。

毋阅　上无，禁止，下，悦，简也。

蜗　瓜，蜗牛也。

杪　渺，末也。

曲躬　录，不直貌。

仙陀　一名四实：盐、水、器、马。智臣奉王用宜适时也。

缁　柳，二十丝也。

阿赖耶　云含藏，第八识也。

邪因无因　外道不出二因，如云混沌一气，邪因也，道法自然、虚无等，无因也。

御木　上御，蠹文也。

躁　灶，动也。

轗轲　坎可，多屯也。

出处　上呼。

剚剞　掘奇。

泾庭　听，不近人情。

瞑眩　面悬眼花貌。

瘳　抽，《书》：药弗瞑眩，厥疾弗瘳。

郢人　婴，楚地。

垩　恶，白土。

斫　卓，斫削也。

茵荡　浪宕，毒草也。

阴界　上去呼，五阴也。

丰干　寒山谓闾丘胤曰："丰干、弥陀饶舌，汝复不识。"

㥧　恨。

腐　父，臭也。

蠹　妒，虫蚀。

擘　百，分，破。

唠　敕交，又音劳。

梗概　盖，大略也。

旄头　毛，昂宿也。

孺　而遇切。

谶　楚禁切。

厩　救，马舍。

砢　钉，去呼，石也。

拶　匝，逼也。

㤉　聊，赖也。

㦖㦖　么罗，羞也。

寱瞠　又矇，睡。

呆即　上五来，痴人也。

颐　怡，颔也。

阱　净，陷也。

哆哆　音路，小儿言不真貌。

万籁　赖，风声也。

口呙　若佳，口戾。

惩　澄，戒止也。

欯　士臻切，喜也。

女娲　瓜，女后。

剿　子小，绝也。

谥法　未易名也。

受禅　善让，传也。

羁缰　畸姜，绊也。

缰　墨，索也。

余且　子鱼，人名

荚　策。

痫　闲，瘨也。

觊　笛，见也。

颙　鱼容，仰也。

诊　疹，候脉也。

峥嵘　上士耕，下户葫，山峻貌。

榾柮　骨朵。

涵　含，泳也。

串　惯穿也。

耘　云，去苗荒。

闽　文旻，越国。

濯　独，洗。

胜进　上升，举也。

远离　皆去呼。

帷幄　韦握，帐也。

邳　丕。

拗折　上咬，折也。

馔饭　纂，和饭也。

鲲鹏　昆朋，大鱼化鹏。

抉　于悦，挑也。

喆　老智也。

屙　阿，上厕。

彀　拘，张弓也。

潦倒　上老，烂熟也。

枭鸡　上浇，不孝鸟。

棬　丘圆。

褙　丘畏。

事治　持，修理也。

谪讹　上户交，言不谨也。

攲　欺，侧也。

锱铢　缁铢，细貌。

积　徒回，堕也。

瘢　盘。

艾燋　醮，炬也。

嘈　曹，喧也。

蔺　吝，姓也。

磻　盘，溪名。

寘　志，置也。

磕　汤石声。

冯谖　喧。

扑簸　蒲木，下播。

愤悱　上风，下斐，心愤悱，口愤悱。

洎合　暨，洎合，几乎也。

㨋　沙获，捎拂也。

先治　持。

揗　上丸，撞也。

褒奖　上卜毛，下蒋，赞诵也。

捺　奴八，手按也。

挫　七卧，摧也。

套　他告。

栓索　上数还，贯也。

火抄　平呼火匙，去呼火杖。

贬　卜检，损也。

玄牝　牝。

倩　七正，假借也。

扬　羊，飘也。

把柂　徒可切，正舟木。

眨　仄洽，目动也。

攘　穰，窃也。

俚谚　里彦，俗言。

恻怆　测创，感伤也。

棕牦　宗毛，棕，榈，牦，尾。

戽斗　上呼故，出水器。

㰤呻　频申，奋迅也。

煦　香句，日光。

凉飙　憓。

瘠　籍，瘦也。

烧瘢　上少盘，野火过。

隶书　戾，八分书。

翩　覉，羽梢。

妫川　居为，县名。

碻　徒和，山名。

嚗　剥。

騸　扇马，土俗。

犗　介。

渥洼　握洼，水名。

檧檐　上聪，尖檐也。

蚕　邛。

抠　空侯，挈也。

璟　居永，玉光也。

止泺　粕，陂也。

常酣　含，中酒也。

风搏　团。

昂藏　不舒散貌。

霅　直甲切，地名也。

云泥　犹天地悬隔也。

端倪　犹端的也。

脱粟饭　《晏子春秋》：晏婴相齐，食脱粟饭也。

攮　音㮾，出也。

啿　徒感切，食啿也。

诂　姑五切，训故言也。

鲸鲵　勤倪。

万松老人评唱天童觉和尚颂古从容庵录卷中

侍者离知　录
后学性一　校
生生道人　梓

第三十三则　三圣金鳞

示众云：逢强即弱，遇柔即刚。两硬相击，必有一伤。且道如何回互去？

举：三圣问雪峰："透网金鳞未审以何为食？"不待垂纶自上钩。峰云："待汝出网来，向汝道。"逢人且说三分话。圣云："一千五百人善知识，话头也不识。"灵山授记也不似今日。峰云："老僧住持事繁。"脑后见腮。

近代长芦了和尚，天童同参，住一千七百众，与竹庵珪开粥过夏，分寮入室。雪峰、三圣，异世同风。大沩喆云："三圣可谓龙门万仞，惯曾作客。雪峰大似孟尝门启，岂惧高宾？"① 三圣置个问头，不妨向荆棘林中，拨出个胶盆子。雪峰先在三十步

---

①　"大沩喆"，《大正藏》本作"大沩哲"。

外，看你自沽自惹，道："待汝出网来，即向汝道奇怪。"正如国手下棋先见数着之前，三圣见这一段不分胜败，别行一路云："一千五百人善知识，话头也不识。"用法窟爪牙，生擒活捉。雪峰款款，只道个："老僧住持事繁。"保福云："争不足，让有余。"雪窦云："可惜放过，好与三十棒。"这棒，一棒也较不得，直是罕遇作家。此二老，一纵一夺，各有出身之路。高邮定和尚，有问："透网金鳞以何为食？"邮云："干屎橛。"雪岩先师闻云："谢供养。"此法喜禅悦，不减古人。天童分上，又作么生？

颂云：

浪级初升，云雷相送，恨天不到。

腾跃棱棱看大用。速礼三拜。

烧尾分明度禹门，急着眼看。

华鳞未肯淹甋瓮。更有侯黑。

老成人不惊众，妥妥帖帖，稳稳当当。

惯临大敌初无恐。受辱如荣，视死如生。

泛泛端如五两轻，远观不审。

堆堆何啻千钧重。近睹分明。

高名四海复谁同？天上拣月。

介立八风吹不动。恰似不曾。

师云：绛州龙门山，禹凿也，亦曰禹门，而有三级。《水经》云："鳣鲔出巩穴，三月则上度龙门，得度为龙，否则点额而回。""浪级初升"，三级浪也。《易·文言》曰："云从龙，风从虎。"云雷相送成龙也。二大士腾跃威棱。三圣如浪级初升,雪峰如云雷相送。三圣既度禹门,雪峰肯淹甋瓮?临际送洛浦云:"临济门下有个赤梢鲤鱼,摇头摆尾向南方去也,向谁家齑瓮淹杀也。"向下正颂雪峰"老僧住持事繁",兼颂三圣二问。"老成人不惊众","惯临大敌初无恐"。《光武纪》:王寻、王邑兵号百万,进围昆阳。光武自将作先锋,杀数十人。诸将皆喜曰:"刘将军平日见小敌怯,今日见大敌勇,甚可怪也。"乍看五两也不到,子细参详,千斤秤上打不动。后来雪峰门下出云门、法眼两派①,岂非源深流长耶?利衰、毁誉、称讥、苦乐,八风也。于他本分宗师,如耳边风过。潭柘性和尚谓庆寿颙和尚曰:"唤你作个爷,又作么生?"

第三十四则　风穴一尘

示众云:赤手空拳,千变万化。虽是将无作有,奈何弄假像真。且道还有基本也无?

举:风穴垂语云:"若立一尘,家国兴盛;得之本有。不立一尘,家国丧亡。失之本无。"雪窦拈拄杖云:是立不立。"还有同死同生底衲僧么?"不道无,只是少。

师云:雪窦举拄杖,意在立尘处,颂云:"野老从教不展眉,

---

① "云门",《大正藏》本作"零门"。

且图家国立雄基。谋臣猛将今何在？"此颂"还有同死同生底衲僧么"，万里清风只自知。"野老不展眉"，此话举不全。《录》中，风穴上堂云："若立一尘，家国兴盛，野老颦蹙；不立一尘，家国丧亡，野老安贴。"于此明得，阇梨无分，全是老僧；于此不明，老僧即是阇梨。阇梨与老僧，亦能悟却天下人，亦能迷却天下人。要识阇梨么？左边一拍云："这里即是要识老僧么？"右边一拍云："这里即是。"云门云："这里即易，那里即难。"琅琊觉云："杓卜听虚声。"万松道：云门矢上加尖，琅琊脑后拔楔。此亦一尘废立，家国兴亡也。其实中心树子，何曾少动？雪窦于佛事门中，不舍一法；天童兼实际理地，不受一尘。两法齐行，一并拈出。

颂云：
幡然渭水起垂纶，老不歇心。
何似首阳清饿人。少不努力。
只在一尘分变态，拈起挂杖云："看。"
高名勋业两难泯①。放下挂杖云："雪窦犹在。"

师云：西伯将出猎，卜之曰："所获非熊、非罴、非彪、非虎，霸王之辅。"果获吕尚于渭水之阳。与语，大悦，曰："自吾先君大公尝云：当有圣人适周。吾太公望子久矣。"故号"太公望"，立为师也。伯夷、叔齐，孤竹君二子，让国，俱亡。武王

---

① "泯"，《大正藏》本作"珉"。

伐纣,叩马谏曰:"父死不葬,爰及干戈,可谓孝乎?以臣弑君,可谓仁乎?"左右欲兵之。太公曰:"此义人也。"扶而去之。武王平殷,天下宗周。夷、齐耻之,不食周粟,采薇首阳,饿死。太公伐殷宗周,家国兴盛者也。夷、齐让位,饿死,家国丧亡者也。贤首国师,只立一尘变态,说《百门》义海,高名夷齐也,勋业太公也。洛浦云:"野老门前不话朝堂之事。"故安贴农桑,未尝颦蹙。何也?无用处成真用处,好因缘是恶因缘。

第三十五则　洛浦伏膺

示众云:迅机捷辩,折冲外道天魔;逸格超宗,曲为上根利智。忽遇个一棒打不回头底汉时如何?

举:洛浦参夹山,不礼拜,当面而立。相逢不下马,各自有前程。山云:"鸡栖凤巢,非其同类,出去。"一手推,一手拽。浦云:"自远趋风,乞师一接。"探竿在手。山云:"目前无阇梨,此间无老僧。"影草随身。浦便喝。尽筋截力。山云:"住住,且莫草草匆匆。"会者不忙,忙者不会。云月是同,溪山各异。斜街暗巷,生客头迷。截断天下人舌头即不无,只见锥头利。争教无舌人解语。不见凿头方。"浦无语。长蛇阵前,弓梢扑地。山便打。不意夹山却作临际。浦从此伏膺。艺压当行。

师云:祖灯诸录皆云:"夹山未见船子时,已出世,住润州京口竹林,而不著嗣法师名。"独佛果《击节》云:"传明初嗣石楼。"即汾州石楼也。传明即夹山谥号。

澧州洛浦山元安禅师,久参临济,为侍者。济尝曰:"临济门下一只箭,谁敢当锋?"一日辞济。济问:"何往?"曰:"南方去。"济拄杖一划云:"过得这个便去。"浦乃喝,济便打。浦作礼而去。游历罢,至夹山顶上卓庵。经一年,夹山知,遣侍僧驰书到。浦接得便坐却,再展手索。僧无语。浦便打云:"归去举似和尚。"僧回,举之。山云:"这僧看书,三日内必来。不看书,不可救也。"浦三日后来,不礼拜,当面而立。山云:"鸡栖凤巢,非其同类,出去。"各负拨草瞻风眼。浦见夹山遣,遣却是留。既来,岂可空回?又见门庭峻硬,各不相下,便软计就他道:"自远趋风,乞师一接。"山别有一副炉鞴,道:"目前无阇梨,此间无老僧。"山知久参,必行临济正令,然后别用超宗越格钻锤。浦果然便喝。你且道:"只这个更别有?"山云:"住住,且莫草草匆匆。"未要着忙,"云月是同,溪山各异",一般面草由人做造。"截断天下人舌头即不无",只有千尺寒松;"争教无舌人解语",更须要抽条石笋。山曾有语:"论门庭施设,入理深谈。"浦,门庭施设也;山,入理深谈也。浦贪观白浪,失却手桡,卒构不上;山也好,却将临济正令,为他生涩钥匙投旧锁。浦家常酽醋曾吃,知酸,于是伏膺。

兴化云:"但知成佛,愁甚么众生?"万松道:争奈独树不成林。雪窦云:"这僧可悲可痛,钝滞他临济。"万松道:养子不及父,家门一世衰。他既云月是同,我亦溪山各异。万松道:南山秋色气势相高,说甚无舌人不解语。万松道:犹是通事、舍人,坐具劈口搋。万松道:被他接住,烂殴一顿又作么生?夹山是个知方汉,必然明窗下安排。万松道:不如还他本分草料。五祖戒云:"更说道理,看便出去。"万松道:蛇蝎性灵生便毒。大阳延云:"也要和尚证明。"万松道:芝兰气味老终香。师复云:药山一宗,实难绍举;云岩扫地,尘埃亘天;洛浦伏膺,称冤不已。好在无舌解语,无手行拳。直饶棒喝交驰,只得傍提一半。扶持此道,分付天童。

颂云:

摇头摆尾赤梢鳞,口贪香饵,身挂网罗。

彻底无依解转身。今日拽在网底。

截断舌头饶有术,君方扫雪寻松子。

拽回鼻孔妙通神。我已开棒得茯苓。

夜明帘外兮风月如昼,不借三光势。

枯木岩前兮花卉常春。潜消一色功。

无舌人,无舌人,鼻孔里应诺。

正令全提一句亲。暗里抽横骨。

独步寰中明了了,真光不耀。

任从天下乐欣欣。纭纭自彼,于我何为?

师云:洛浦辞临济。济云:"临济门下有个赤梢鲤鱼,摇头摆尾,向南方去也。""彻底无依解转身",乃济下事,非转位转功全同也。《临济广录》云:"唯有听法无依道人,是诸佛之母,所以佛从无依生。若悟无依,佛亦无得。若如是见得者,是真正见解。"万松道:若是洛浦转身不得,如何解喝夹山?若道转得身，为甚末后无语？试定当看。天童许他具眼有术，夹山亦不无他截断天下人舌头，善能据令。只争教无舌人解语，撩天鼻孔，轻轻拽回。佛果见夹山念咒语相似，乃著语云："那里得这一落索来？"万松道：只这便是夹山教无舌人解语也。佛果无这一落索也，只能截断天下人舌头。直饶别有转身吐气处，未必是无舌人语。且道如何是此人境界？颂道："夜明帘外兮风月如昼，枯木岩前兮花卉长春。"此是无舌人受用也。汉明帝起光明殿，以珠玑为帘箔，金阤玉阶，昼夜长明。

同安察云："枯木岩前差路多。"洞山云："直须枯木上掺些花子。"此颂棒头喝下，不无孤峻，得到百尺竿头，更须进一步了，始得无舌人解语也。是知，无舌人出底语，方是正令全提一句亲切也。到这里眼高四海，独步寰中。后来洛浦云："任从天下人乐欣欣，我独不肯。"直饶天下人甘心被他截断舌头。夹山道："向上更有一窍在。"如何是向上窍？无舌人解语，即向你道。

第三十六则　马师不安

示众云：离心意识参，有这个在；出凡圣路学，已太高生。红炉迸出铁蒺藜，舌剑唇枪难下口。不犯锋铓，试请举看。

举：马大师不安。未必似维摩。院主问："和尚近日尊位如何？"常住事忙，少得问候。大师云："日面佛，月面佛。"莫是转筋霍乱么？

师云：古人病中犹为佛事。南岳思大病障忽生，便就病作一则因缘参云："病从业生，业从妄生，妄从心生，心本无生，病从何有？"作是念已，忽然平复。万松道：从如来禅得安乐处。

西京奉圣深禅师，有尼总持作略，病起作颂云："气绝绝情绪，举意无意路。瞬目尚无力，常年不出户。"虽是祖师禅，大似布袋里老鸦。芙蓉楷和尚道："只此一颂，自然绍得吾宗。"万松道：虽然已是太多，不妨更有事在。马大师又不然。院主不敢直问病体增损，微取覆"和尚近日尊位如何"。是他不说如来禅、祖师禅，只道个"日面佛，月面佛"。且道他意作么生？佛果云："如今多有人道：马大师接院主；有般底努眼云：在这里，左右眼是日面佛，月面佛；有底道：点平胃散来，有甚么巴鼻？"寿禅师道："无一名不播如来之号，无一物不阐遮那之形。"万松道：《佛名经》中有此二佛名，大师意旨毕竟如何？不见道：马驹踏杀天下人。天觉颂云："什邡驹子气生狞，蹴踏毗卢顶上行。正患脾疼指头痛，病来犹有巧心情。"① 万松道：本性难移，山河易改。此《颂》马祖虽病假中，亦以本分事为人。我辈色身强健，切莫辜负马祖，怠慢天童。

颂云：

日面月面，觑着即瞎。

星流电卷。已过新罗。

---

① 天觉，即张商英，字天觉，号无尽。此颂又见《禅宗颂古联珠通集》卷九："什邡驹子气生狞，蹴踏毗卢顶上行。正患脾疼却头痛，病来犹有巧心情。"《续藏经》第65页，第526页。

镜对像而无私，一点难谩。

珠在盘而自转。擎捉不住。

君不见钻锤前百炼之金，瓶盆钗钏券盂盘。

刀尺下一机之绢。衾被衣冠襟领袖。

师云：此日面、月面二佛，如星流电卷，不容拟议。昔秦宫以玉为镜，照群僚，肝胆脏腑皆现。又狐狸为人，镜中唯现本形，此无私隐也。《物类相感志》：阆风浦出珠，置器中自转，谓之走珠。此颂马祖心如古镜，机似走珠，不留影迹也。百炼之金，在作家钻锤；一机之绢，在工巧刀尺。僧问云岩："大保任底人，与那个是一？是二？"岩云："一机之绢，是一段？是两段？"洞山代云："如人接木。"此乃境与神会，智与理冥，天水同秋，君臣道合。绢得刀尺，则裁剪由人；金得钻锤，则锻炼在己。且道，衲僧分上，成得个甚么边事？日面佛，月面佛。

第三十七则　沩山业识

示众云：驱耕夫之牛，拽回鼻孔；夺饥人之食，把定咽喉。还有下得毒手者么？

举：沩山问仰山："忽有人问：一切众生，但有业识茫茫，无本可据，子作么生验？"马是官马不须印。仰云："若有僧来，即召云：'某甲'，脑后一椎，不知来处。僧回首，顶门上去却三魂。乃云：'是甚么？'趁炉灶热，更与一下。待伊拟议，脚板底钻了七魄。向道：

'非唯业识茫茫，亦乃无本可据。'生擒活捉。"沩云："善哉。"苦口出亲言。

师举：僧问云庵："《华严论》以无明住地烦恼，便为一切诸佛不动智。理极深玄，绝难晓达。"庵曰："此最分明，易可了解。"时有童子方扫除，呼之，回首。庵指曰："不是不动智。"仰山召僧回首，正是这个时节。云庵却问："如何是汝佛性？"童左右视，惘然而去。庵曰："不是住地烦恼。若能了之，即今成佛。"童子惘然，与拟议不别。无明住地烦恼，业识茫茫亦同。云庵、仰山勘僧验人，克的如此。万松见处即不然。童子与僧彻底皆不动智。云庵、仰峤从头业识茫茫。若人辨得，亲见天童。

颂云：

一唤回头识我不？真白拈贼，有甚难见。

依俙萝月又成钩。藏身露影。

千金之子才流落，惭风虽破，骨骼犹存。

漠漠穷途有许愁。小器不大量。

师举：百丈上堂，众方集，以拄杖一时打下。复召大众，众回首，丈云："是甚么？"诸方目为"百丈下堂句"，也好参详。王荆公曰："我得雪峰一句语作宰相。"人固请益。公曰："这老子常向人道：'是甚么？'"此一句颂"召僧回首"并"是甚么"。"识我不"者，"不"字，甫鸠切，弗也，意问："识我也无？"仰山用无义手，打不防家。这僧若石火光中瞥地，可谓闹市里识取天子也。忽若拟议不来，则依俙萝月又成钩也。

黄檗上堂，众方集，以拄杖一时打下。复召大众，众回首，檗云："月似弯弓，少雨多风。"颂意用此。石室善道与仰山玩月。仰问："月尖时，圆相甚么处去？圆时，尖相又甚么处去？"室云："尖时圆相隐，圆时尖相在。"云岩云："尖时圆相在，圆时尖相无。"道吾云："尖时亦不尖，圆时亦不圆，成钩尖相也。"骆宾王诗："既能圆似镜，何用曲如钩？"华严宗名"秘密隐显俱成门"。又教中说：十地菩萨见性，如隔罗縠观月。若作"萝月"亦可。然李白诗有："萝月挂朝镜，松风鸣夜弦。""萝"字义长。天童以朦胧新月，隐映烟萝，虽不圆明，已露圭角，颂出这僧半明半暗，若存若亡处。

万松大似盐铁判官，良以天童深细针线，若不丝头不断，难成织锦之文。密师伯与洞山行次，见白兔过。密曰："俊哉！"山曰："作么生？"密云："如白衣拜相。"山云："老老大大作这个语话。"密云："你又作么生？"山云："积代簪缨，暂时落薄。"司马相如《上林赋》：千金之子坐不垂堂。阮籍常坐以柴车，逢穷途，辄恸哭而回。万松道：若能就路还家，便得转身归父。不见道：一念回光，便同本得。既然如是，为甚么诸佛不动智到一切众生分上，唤作业识茫茫？早知灯是火，饭熟已多时。

第三十八则　临济真人

示众云：以贼为子，认奴作郎。破木杓岂是先祖髑髅？驴鞍鞒亦非阿爷下颔。裂土分茅时如何辨主？

举：临济示众云："有一无位真人，安基定脚了也。常向汝等面门出入。背后底瞾。初心未证据者看看。还具眼么？"时有僧问："如何是无位真人？"还解语么？济下禅床，擒住，你更讳。这僧拟议，钝滞他真人。济托开云："无位真人是甚干屎橛？"大似持钵不得。

师举：《临济广语》道："五蕴身田内，有无位真人，堂堂显露，无丝发许间隔。何不识取？心法无形，通贯十方。"既言通贯十方，不止在五蕴身田面门出入，初心未证据者看看。万松道：无位真人看众僧，众僧看真人。时有僧问："如何是无位真人？"诸方唤作和声送事，争奈骑驴者，不见坐下。济下禅床擒住，且道真人在那头？好与一掌。这僧拟议，真人不在，可惜许。济托开云："无位真人是甚干屎橛？"当面讳却。雪峰云："临济大似白拈贼。"万松道：败也。雪窦云："夫善窃者，鬼神莫知。既被雪峰觑破，临济不是好手。"复召大众："雪窦今日换你诸人眼睛了也。你若不信，各自归寮舍摸索看。"万松道：雪窦和眉毛失却。要解贼手中作贼，问取天童始得。

颂云：
迷悟相返，不隔丝毫。
妙传而简。已犯风烟。
春坼百花兮一吹，放去较危。
力回九牛兮一挽。收来太速。
无奈泥沙拨不开，我眼本正。

分明塞断甘泉眼。因师故邪。

忽然突出肆横流，掀倒禅床怪不得。

师复云：险。掷下拄杖云：放过一着。

师云：《圆觉》云："犹如迷人，四方易处，其实方本不移，悟时亦只依旧。"《宗镜》云："从来迷悟似迷，今日悟迷非悟。"此真妙传而简，惠而不费。荐得，则赤肉团便是无位真人；不荐，则真人依旧面门出入。这僧也有，只是拈不出，用不行，却与真人作奴，传言送语，问消问息。劳他临济降尊就卑，觌体全用。这僧既措手不及，临济亦抽身不顾。见得匙抄不上，便道："无位真人是甚干屎橛？"此能放能收，呼得聚，喝得散。终不系缀，死在句下，与人胸次作病。

天台云："吹一吹即世界成，喝一喝即世界坏。"更道："当吹时便喝，当喝时便吹。"《列子》：公仪子以力闻。周宣王备礼聘之。既至，懦夫也。王问："卿力何如？"对曰："臣能折春虫之股，堪秋蝉之翼。"王作色曰："吾力能裂犀兕之革，曳九牛之尾，犹憾其弱，你如是而以力闻，何也？"对曰："臣之名不以负其力者，以能用其力者也。"此颂临济收放力用。法眼开井，被沙塞却泉眼，问僧："泉眼不通，沙塞；道眼不通，被甚么物碍？"僧无对。自代云："被眼碍。"且道是这僧塞断泉眼？临济塞断泉眼？忽然突出时如何？师拈拄杖下座，大众一时走散。

第三十九则　赵州洗钵

示众云：饭来张口，睡来合眼。洗面处，拾得鼻孔；挽鞋时，摸着脚跟。那时蹉却话头，把火夜深别觅，如何得相应去？

举：僧问赵州："学人乍入丛林，乞师指示。"丛林于你亦不恶。州云："吃粥了也未？"浑金璞玉。僧云："吃了。"久惯衲僧，不如上座。州云："洗钵盂去。"不得左猜。

师云：直钩钓龙，已是不快；漆桶离钩三寸，已输①。船子、夹山占断。不道时人无分，大都贪饵吞钩。看他赵州亦不拗折钓竿，亦不蹋翻船子，石桥上闲坐，略彴边度时，自有上岸来入手底。《本录》中，有"其僧因此契悟"，可谓竿头丝线从君弄，不犯清波意自殊。赵州、任公得志于前，更看天童鸣榔于后。

颂云：
粥罢令教洗钵盂，快便难逢。
豁然心地自相符。非但今日。
而今参饱丛林客，依旧吃粥了洗钵盂去。
且道其间有悟无？一人传虚，万人传实。

---

① "输"，《大正藏》本作"轮"，误。

师举：灵云见桃花悟道，呈颂于沩山。山云："从缘入者，永无退失。"玄沙闻云："谛当甚谛当，敢保老兄未彻在。"云闻云："和尚彻也未？"沙云："恁么始得？"天童颂这僧契悟心地相符。这僧乍入丛林，称大悟大彻；饱丛林禅客，且道有悟无悟？此谓之征问。雪窦云："本无迷悟数如麻，独许灵云是作家。"玄沙道未彻，雪窦独许作家。徐六担板，各见一边。且道洗钵盂僧有悟也无？太平本是将军致，不许将军见太平。

第四十则　云门白黑

示众云：机轮转处，智眼犹迷。宝鉴开时，纤尘不度。开拳不落地，应物善知时。两刃相逢时，如何回互？

举：云门问乾峰："请师答话。"空头没顶颔。峰云："到老僧也未？"早个答汝了也。门云："恁么则某甲在迟也。"① 让则有余。峰云："恁么那？恁么那？"切忌恁么会。门云："将谓侯白，更有侯黑。"好手手中无好手。

师云：弥阑王问那先尊者："我将申问，师能答否？"先云："请王致问。"王曰："我已问竟。"先云："我已答竟。"王曰："师何所答？"先云："王何所问？"王曰："我无所问。"先云："我无所答。"此犹可寻究。云门问处，如晴空激电。乾峰答处，

---

① "则"，《大正藏》本作"别"。

如旱地奔雷。及乎双放双收，却见有头有尾。此所以非衲僧不知，非作家不见。天童和尚深入此门。

颂云：
弦管相啣①，高低普应。
网珠相对。左右逢原。
发百中而箭箭不虚，对扬有准。
摄众景而光光无碍。独耀无私。
得言句之总持，出语成章。
住游戏之三昧。举动合拍。
妙其间也宛转偏圆，如珠走盘。
必如是也纵横自在。看取令行时。

师云：矢在弦上②，不可不发，此颂云门问处，机锋不可触。"网珠相对"，此颂乾峰答处，宾主交参，问在答处，答在问处。百发百中颂云门"某甲在迟"。智觉道："如人射地，无有不中之理。"交光相罗，事事无碍，颂乾峰"恁么那"。《华严疏》：帝释殿贯珠成网，光影互现，重重无尽。此颂公案大意，不必句句配属，胶柱调弦也。云门道："将谓侯白，更有侯黑。"隋朝有侯白，字君素，滑稽辩给之士也，大将军杨素见知，撰《旌异记》，人神报应甚详，亦可尚也。唐朝有李白能诗，后有李赤效之，甚不类也，人传为笑。今言侯黑，亦其类也。有本云："我早侯白，

---

① "啣"，《大正藏》本作"衔"。
② "矢"，《大正藏》本作"失"。

伊更侯黑。"言吏甚也。总持有三，多字，一字，无字。总持一切法门，三昧正定也。天童"偏圆"犹事理也。观国师云："理圆言偏，言生理丧。"《天台止观》云："圆伊三点，非如点水之纵，亦非列火之横。又竖穷三际名高，横遍十方名广。"故《法华》云："其车高广。"天童傍通教海，洞贯义天。云门、乾峰立无字碑，天童歌咏入无言诗。可谓杨修见幼妇，一览便知妙。

第四十一则　洛浦临终

示众云：有时忠诚扣已，苦屈难申；有时殃及向人，承当不下。临行贱折倒，末后最殷勤。泪出痛肠，更难隐讳。还有冷眼者么？

举：洛浦临终示众云："今有一事，问你诸人。犹自说兵机。这个若是，即头上安头。怎么也不得。若不是，即斩头觅活。不怎么也不得。"时首座云："青山常举足，白日不挑灯。"语得分明出转难。浦云："是甚么时节，作这个说话？"失钱遭罪。有彦从上座出云："去此二途，请师不问。"易开终始口，难保岁寒心。浦云："未在更道。"诗到重吟始见功。从云："某甲道不尽。"不教人见转风流。浦云："我不管你道尽，道不尽。"放没底木，不得不休。从云："某甲无侍者祇对和尚。"影草随身。至晚，唤从上座："你今日祇对甚有来由。只管习粘头。合体得。先师道：目前无法，意在目前①。斫却月

---

① "目前"，《大正藏》本作"日前"。

中桂，清光应更多。他不是目前法，非耳目之所到。月落来相见。那句是宾？那句是主？切忌话作两橛。若拣得出，分付钵袋子。把棒唤狗。"从云："不会。"正合分付。浦云："汝合会。"将成九仞之山。从云："实不会。"不进一篑之土。浦喝云："苦哉，苦哉。"赚杀一船人。僧问："和尚尊意如何？"失火处拾肤炭。浦云："慈舟不棹清波上，剑峡徒劳放木鹅。"弄巧成拙。

师云：洛浦临终，婆心太切。首座尽情吐露，返责非时。彦从不出唇皮，许伊合会，直得再三捞漉。可怜一向沉埋①。克宾甘罚馈饭钱，瞎驴故灭正法眼。玄觉云："且道，从上座实不会，为复怕钵袋子沾着伊？"故《灯录》收从入法嗣之列。浦尝示众云："直须旨外明宗，莫向言中取则。"僧问："行不思议处如何？"浦云："青山常举足，白日不移轮。"以斯验之，首座从公皎然可见。洛浦分上还有人收后也无？百年之后却有天童。

颂云：

饵云钩月钓清津，不入惊人浪，难逢称意鱼。

年老心孤未得鳞。气急作么。

一曲《离骚》归去后，在甚么处？

汨罗江上独醒人。洛浦犹在。

师云：古人以长虹为竿，新月为钩，断云为饵。清津可以棹

---

① "沉"，《大正藏》本作"沈"。

慈舟，剑峡先须放木鹅。杭州五云和尚《坐禅箴》云："沿流剑阁，无滞木鹅。"盖剑水崄隘迅流，如二船相触必碎。故先斫木浮下，谓之木鹅。诸方异说难凭，莫若《禅箴》为良证也。"年老心孤未得鳞"，不知者以谓洛浦无嗣。浦凡得一十一人，乌牙、青峰等皆白眉老作。莫莫庵讷和尚诗："今古利名酒，沉醉皆豪英。憔悴泽畔者，未足为独醒。"屈原字平，仕楚怀王，为三闾大夫，靳尚所谮，贬长沙，独行江畔，谓渔父曰："举世皆醉，唯我独醒。举世皆浊，唯我独清。"沉汨罗江而卒。江在潭州罗县。《文选·离骚经》，屈原所作。洛浦临终，彦从钝滞。下钓未分文入手，抗衡终水米无交。还会么？不得封侯也是闲。

第四十二则　南阳净瓶

示众云：洗钵添瓶，尽是法门佛事；般柴运水，无非妙用神通。为甚么不解放光动地？

举：僧问南阳忠国师："如何是本身卢舍那？"汝岂是替名。国师云："与我过净瓶来。"莫忘了话头。僧将净瓶到。莫得错认。国师云："却安旧处着。"重宣此义。僧复问："如何是本身卢舍那？"甚处去来。国师云："古佛过去久矣。"离此不远。

师举：石霜问道吾："如何是触目菩提？"吾唤沙弥，弥应喏。吾云："添净瓶着。"良久，却问石霜："汝适来问甚么？"霜拟举，吾便归方丈，霜乃有省。道吾先用隔身句，后用抛身势。

若不伤锋犯手，石霜有省。国师慈悲之，故有落草之谈，只是知恩者少，天童所以采汲华水也。

颂云：
鸟之行空，筑着磕着。
鱼之在水。左使右使。
江湖相忘，这边那边。
云天得志。无可不可。
拟心一丝，只在此山中。
对面千里。云深不知处。
知恩报恩，念兹在兹。
人间几几。一子亲得。

师云：鸟之行空，鱼之在水。所托愈安，其生愈适。《庄子》："泉涸，鱼相与处于陆。相呴以湿，相濡以沫，不如相忘于江湖。"白兆通慧珪禅师道："譬如空中飞鸟，不知空是家乡。水底游鱼，忘却水为性命。"圭峰云："鱼不识水，人不识风。迷不识性，悟不识空。"寻常本身卢舍那，满净觉者，现相人中。才起问时，忽然影现。忘恩失行，背亲向疏。果能除却灵床，始解子承父业。且道，如何是父业？拈来无不是，用处莫生疑。

第四十三则　罗山起灭

示众云：还丹一粒，点铁成金。至理一言，转凡成圣。若知金铁无二,凡圣本同,果然一点,也用不着。且道是那一点?

举:罗山问岩头:"起灭不停时如何?"金刚与泥人揩背①。头咄云:星落云散。"是谁起灭?"识得不为冤。

福州罗山道闲禅师,先问石霜:"起灭不停时如何?"霜云:"直须寒灰枯木去,一念万年去,函盖相应去,纯清绝点去。"师不契,往问岩头。头喝云:"是谁起灭?"山于此有省。盖岩头只贵见地明白,石霜置枯木堂,要伊亲到一回始得。不见瑞岩问岩头:"如何是本常理?"头云:"动也。"岩云:"动时如何?"头云:"不见本常理。"岩伫思。头云:"肯即未脱根尘,不肯即永沉生死。"岩亦领悟。岩头英灵偶傥,打发学人克的精敏,不减德山。后来出罗山法宝,冰寒于水。沩山所谓:"只贵子见处,不问子行履也。"罗山问处,天下人榜样。而今初机往往在这里作活计,水上捺瓜相似,伏断烦恼。

智觉道:"莫与心为伴,无心心自安。若将心作伴,动即被心谩。"伴即伴妄心,无亦无妄心。祖师西来,直指人心,见性成佛,岂是教你普州人送贼,认奴作郎来?罗山问处,迷真执妄。岩头咄处,即妄即真。若是万松咄了便休。真妄向上有事在。《楞严经》:"阿难言:'如来见今征心所在。而我以心推穷寻逐,即能推者,我将为心。'佛言:'咄,阿难,此非汝心。'阿难矍然避座,合掌起立白佛:'此非我心,当名何等?'佛告阿

---

① "刚",《大正藏》本作"刖",恐误。

难：'此是前尘虚妄相想，惑汝真性。由汝无始，至于今生，认贼为子，失汝元常，故受轮转。'"此喝如金刚王宝剑也。岩头一喝，如踞地师子，全威大用，不欺之力。庞居士云："一群六个贼，生生欺杀人。我今识汝也，不与汝为邻。汝若不伏我，我即到处说。教人尽识汝，使汝行路绝。你若肯伏我，我即不分别。共汝一处住，同证无生灭。"岩头道："是谁起灭？"云岩提扫箒："这个是第几月？"同参天童贵伊善能点化，重说偈言。

颂云：
斫断老葛藤，转生枝蔓。
打破狐窠窟。更吐顽涎。
豹披雾而变文，脱却皮毛。
龙乘雷而换骨。别改躯壳。
咄！一喝万机罢，三朝两耳聋。
起灭纷纷是何物？好客无疏伴。

师云：截断话头，划却问意。照用同时，人境俱夺，岩头有超师之作。杨子云："圣人虎别，其文炳也。君子豹别，其文蔚也。辩人狸别，其文萃也。狸变即豹，豹变即虎。南山玄豹，隐雾而变文。"汉刘向《列女传》曰："陶答子治陶三年，名誉不兴，家富三倍，其妻抱儿而泣。姑怒，以为不祥。妻曰：'妾闻南山有玄豹，隐雾，而七日不食，欲以泽其衣毛，成其文章。至于犬豕，不择食，故肥，以肥取祸。'期年果被诛。"任昉《述异记》："汉惠帝七年夏，雷震南山。林木火然，地燋黄。暴雨后得龙骨一具。"罗山遭破家冤贼，陈词过状。岩头招安已后，变作得力儿郎。且道，那个是招安处？咄！起灭纷纷更是谁？

第四十四则　兴阳妙翅

示众云：师子击象，妙翅搏龙。飞走尚别君臣，衲僧合存宾主。且如冒犯天威底人，如何裁断？

举：僧问兴阳剖和尚："娑竭出海乾坤静，觌面相呈事若何？"披鳞曲鳝，带角泥鳅。师云："妙翅鸟王当宇宙，个中谁是出头人？"展翅崩腾六合云，搏风鼓荡四溟水。僧云："忽遇出头时，又作生？"许你破胆。阳云："似鹘捉鸠君不觉，御楼前验始知真。"好劝不听。僧云："恁么则叉手当胸，退身三步。"更待第二锤。阳云："须弥座下乌龟子，莫待重教点额痕。"再犯不容。

师云：郢州兴阳山清剖禅师，嗣大阳明安，凡一十五人皆先下世。后因浮山圆鉴，得投子青和尚。阳乃十五之一，青公之兄也。这僧问处，如牢度差与舍利弗创给孤独园时斗胜，差现狞龙，欲伤弗，弗现妙翅鸟，获裂食之。龙亦鳞虫之长，奈何妙翅唯龙为食。娑竭，梵语，此云"海"也。平原君赵胜，相赵惠文王及孝成王，家起重楼，临民家。民有躄者，美人笑之。躄者请美人之首，君诺而不行，宾客去半。君斩囚人代之，宾固不至。

遂枭美人首，悬御楼前，验其真也，周岁宾集①。此洞上家风，不贵棒喝亲行，要假傍来通信。这僧罪不重科，方能回互。还知么？蒲鞭示耻尤难犯，画地为牢不忍欺。官法如炉心似铁，天童从此费钻锤。

颂云：

丝纶降，听圣旨。

号令分。有违者斩。

寰中天子，君临万国。

塞外将军。独镇一方。

不待雷惊出蛰，五更侵早起。

那知风遏行云。已有夜行人。

机底联绵兮，自有金针玉线。难谩具眼。

印前恢廓兮，元无鸟篆虫文。字义炳然。

师云：敕遍天下，王不流行。《礼记·缁衣》：子曰："王言如丝，其出如纶；王言如纶，其出如綍。"故大人不倡游言也。娑竭出海，妙翅当权。号令既分，君臣定位。冯唐曰："上古王者遣将也，跪而推毂曰：'阃以内者，寡人制之；阃以外者，将军制之。'"韦昭曰："此郭门之阃也。""雷惊出蛰"，颂此僧探头太过，不待惊蛰。二月节早起龙头，不知浮云将随龙而行，而为妙翅威风遏绝，不觉头撞也。有谓不因僧话堕，争显兴阳机锋

---

① "枭"，原作"杲"，径改。

者。"不待""那知"四字，极不稳顺。"机底联绵"，此非机锋之"机"，谓锦机之下，必有巧妇针线。雪岩先师尝举："穴细金针才露鼻，芒长玉线妙投关。"此乃洞上血脉。非其中人，不易知也。当印不当风，如印印空，不彰文彩。苍颉仰观奎宿圆曲之势，俯察龟文鸟迹之象，博采众美，合而为文。后自蝌蚪为二篆：周宣王太史籀造大篆①，秦相李斯造小篆。今之印篆，号曰方填。且道兴阳还刻划也无②？皓玉本无瑕，雕文丧君德。③

第四十五则　觉经四节

示众云：现成公案，只据现今。本分家风，不图分外。若也强生节目④，枉费工夫。尽是与混沌画眉，钵盂安柄。如何得平稳去？

举：《圆觉经》云："居一切时不起妄念，不。于诸妄心亦不息灭，不。住妄想境不加了知，不。于无了知不辨真实。不。"

师云：圭峰料此一段，谓之"妄心顿证"，又名"忘心入觉"。⑤万松下四个"不"字，谓不起不灭，不知不辨。此四八三十二字，诸方皆为病，此处为药。且诸方病者，不起妄念，岂

---

① "周宣王"，《大正藏》本作"周宣主"。
② "且"，《大正藏》本作"旦"。
③ "文"，《大正藏》本作"丈"。
④ "强生"，《大正藏》本作"琼森"。
⑤ "料"，《大正藏》本作"科"。

非焦芽败种？不灭妄心，岂非养病丧躯？不假了知，岂非暂时不在，如同死人？不辨真实，岂非颟顸佛性，笼桶真如？且道，如何是四药？须是天童修合将来。

颂云：

巍巍堂堂，更穷须道邹搜字。

磊磊落落。撩天鼻孔。

闹处刺头，床窄先卧。

稳处下脚。粥稀后坐。

脚下线断我自由，信步过沧洲。

鼻端泥尽君休斫。彼此着便。

莫动着，已是跷手乱下。

千年故纸中合药。大有神效。

师云：黄檗初参百丈。丈云："巍巍堂堂，来为何事？"檗云："巍巍堂堂，不为别事。"巍堂、磊落，皆大丈夫相。干戈丛里横身直过，荆棘林中摆手便行，脚跟下无五色线，舌头上无十字关。鼻端无泥痕，眼中无金屑，岂不是安乐快活底汉？试将天童"莫动着"三字[①]，换万松四个"不"字，便见一字法门海，墨书而不尽。德山道："一大藏教，是拭不净故纸。"为已了者，恐透牛皮也。千年故纸中合药者，为未了者，不妨遮眼也。慈觉道："《圆觉》《楞严》恒为已伴。况世尊入灭，至庚辰岁已二千

---

① "动"，《大正藏》本误为"道"。

一百七十年，岂但千年故纸？"《仙传》：葛由能刻木羊，骑羊上绥山。后遇浮丘公，曰："若不脚下线断，你也不得自由。"暗合永嘉"放四大，莫把捉，寂灭性中随饮啄，诸行无常一切空，即是如来大圆觉"。虽然如是，犹欠作云何梵在。

第四十六则　德山学毕

示众云：万里无寸草，净地迷人；八方无片云，晴空赚汝。虽是以楔去楔，不妨拈空挂空。脑后一槌，别看方便。

举：德山圆明大师示众云："及尽去也，有这个在。直得三世诸佛，口挂壁上。留取吃被。犹有一人，呵呵大笑。且道是谁？若识此人，是何面目？参学事毕。与碗茶吃。"

师云：鼎州德山第九世圆明大师，讳缘密，云门嗣中，唯师传嗣最广。师创三句："函盖乾坤，截断众流，随波逐浪。"今传为"云门三句"者，检讨不审也。一日示众云："及尽去也，直得三世诸佛，口挂壁上。"此言"广长舌相话"会不及。"犹有一人，呵呵大笑"，且道是何人？笑个甚么？"若识得此人，参学事毕"，是真个更有事在。投子青和尚拈云："藏尽楚天月，犹存汉地星。"万松道：车也去了，藉甚油缸。此可与竿头进步者道。宝峰照和尚道："直须如大死底人，死了更死。"僧云："莫是死中却活么？"师云："你且死莫活。你但吃饭里急，自去屙屎。你饭也未吃，早问屙屎作么？"此乃贵大休大歇，亲到自证。说得一丈,不如行取一尺也。只如行不得处,作么生说?问取天童。

颂云:
收,向甚处着?
把断襟喉。正好转身吐气也。
风磨云拭,纤尘必去。
水冷天秋。打成一片。
锦鳞莫谓无嗞味,腥膻不少。
钓尽沧浪月一钩。不犯清波意自殊。

师云:圆明示众,不消天童下个"收"字,和圆明盛在布袋里也。思大云:"三世诸佛被我一口吞尽,何处更有众生可度?"此水泄不通,凡圣路绝也。正怎么时,尽空法界如一面古镜,用坏劫毗岚风磨莹,成劫金藏云揩拭,水天一色,云月交光,皆取纯清绝点边事。这里言淡而无味,如月钩云饵,鱼龙无可吞噉。成汤祝网从君意,吕望垂钩信我缘。不见道:山田脱粟饭,野菜淡黄齑。吃则从君吃,不吃任东西。

第四十七则　赵州柏树

示众云:庭前柏树,竿上风幡。如一华说无边春,如一滴说大海水。间生古佛,迥出常流。不落言思,若为话会。

举:僧问赵州:"如何是祖师西来意?"多罗闲管。州云:"庭前柏树子。"焦砖打着连底冻。

师举:赵州一日上堂云:"此事的的,没量大人出这里不得。老僧到沩山,僧问:'如何是祖师西来意?'沩云:'与我将床子来。'若是宗师,须以本分事接人始得。"僧便问:"如何是祖师西来意?"州云:"庭前柏树子。"僧云:"和尚莫将境示人。"师云:"不将境示人。"僧云:"然则如何是祖师西来意?"师云:"庭前柏树子。"

杨州城东光孝寺慧觉禅师到法眼处。眼问:"近离何处?"① 觉曰:"赵州。"眼曰:"承闻赵州有柏树子话,是否?"觉曰:"无。"眼曰:"往来皆谓:僧问:'如何是祖师西来意?'州曰:'庭前柏树子。'上座何得道无?"觉曰:"先师实无此语,和尚莫谤先师好。"诸方名为觉铁嘴。胜默和尚必须教人先过此话,淘汰知见,尝曰:"三玄五位,尽在其中。"真如方禅师悟此话,直入方丈,见琅琊广照觉禅师。照问:"汝作么生会?"如曰:"夜来床荐暖,一觉到天明。"广照可之。真如悟得此话最好,天童颂得此话亦不恶。

颂云:

岸眉横雪,吃盐多如吃米。

河目含秋。一点难谩。

海口鼓浪,有句非宗旨。

---

① "离",《大正藏》本误作"难"。

航舌驾流。无言绝圣凡。

拨乱之手，也是柏树。

太平之筹。也是柏树。

老赵州，老赵州，为甚不应？

搅搅丛林卒未休。天童第二。

徒费工夫也造车合辙，将来使用恰好。

本无伎俩也塞壑填沟。买尽风流不着钱。

师云：七百甲子，经事多矣，所以"岸眉横雪"。古人以眉目为岩电。天童用河眸海口故事，成四句偈，如见活赵州指柏树子相似。眉如芦花岸，眼如秋水碧。古句：野水净于僧眼碧，远山浓似佛头青。"海口鼓浪，航舌驾流"，浪即能覆航，航即能驾浪。一言可以兴邦，一言可以丧邦，故次之以"拨乱之手"，"太平之筹"。州尝云："有时将一茎草作丈六金身用；有时将丈六金身作一茎草用。"此话本与人决疑，而今多少人疑着。赵州岂欲搅丛林哉！人见赵州答话，应声便对，如不假功用。唯天童知，八十行脚，三岁孩童胜如我，我从他学。此乃闲时造下，忙时用着，不是苦辛人不知。"卧轮有伎俩，能断百思想。对境心不起，菩提日日长。"六祖道："慧能无伎俩，不断百思想。对境心数起，菩提作么长？"恁么看来，"塞壑填沟"底事，又作么生？如今抛掷西湖里，下载清风付与谁？

第四十八则　摩经不二

示众云：妙用无方，有下手不得处；辩才无碍，有开口不得时。龙牙如无手人行拳，夹山教无舌人解语。半路抽身底是甚么人？

举：维摩诘问文殊师利："何等是菩萨入不二法门？"问处第几？文殊师利曰："好与劈口堁。如我意者，捏造将来。于一切法，更嫌少。无言无说，把火照看。无示无识，有也来？离诸问答，面皮厚多少？是为入不二法门。如何是二？"于是文殊师利问维摩诘言："我等各自说已，能说快说。仁者当说，何等是菩萨入不二法门？一递一刮，不赒恶发。"维摩默然。甚么处去也？

师云：梵语"维摩诘"，此云"无垢称"，亦曰"净名"，妻名金姬，子名善思，女名月上。僧问云居简和尚："维摩是金粟如来，为甚么却预释迦会下听法？"居云："他不争人我。"广本《维摩经》，三万二千菩萨，各说不二法门。今唯三十二菩萨，末后文殊无卓锥之地，维摩锥也无。保福展云："文殊也似掩耳偷铃，力尽乌江。维摩一默，未出化门。"万松道："人出是非难。"又云："大小维摩被文殊一坐，至今起不得。"万松道："要起有甚难？便掌。"琅琊觉云："文殊怎么赞善，也是枸卜听虚声。维摩默然，你等诸人，不得钻龟打瓦。"万松道：杜撰不少。唯雪窦于文殊问罢处，不言默然。良久，据座直云："维摩道甚么？"

复云:"勘破了也。"

万松道:不解作鬼,白日现身。天依怀颂:"维摩不默不良久,据坐商量成过咎。"至今诸方见呈似此事,犹曰"良久云"。有僧问一师:"《录》中多云'良久'者,'良久'乃何人也?"答云:"'良久'乃梁八之弟也。"传者以为笑。天依后两句忒晒峭拔道:"吹毛匣里冷光生,外道天魔皆斩首。"万松道:暗度神锋,不觉痛痒。白云端颂云:"一个两个百千万,屈指寻文数不办。暂时留在暗窗前,明日与君重计算。"万松道:有甚闲功夫?天童颂马祖"藏头白,海头黑"话,末后道:"堂堂坐断舌头路,应笑毗耶老古锥。"今日维摩来也。不管面誉。

颂云:

曼殊问疾老毗耶,仁义道中。

不二门开看作家。衲僧分上。

珉表粹中谁赏鉴,大辩若讷。

忘前失后莫咨嗟。大智若愚。

区区投璞兮楚庭膑士,献直得曲。

璨璨报珠兮隋城断蛇。夜光投人,鲜不按剑。

休点破,幸自完全。

绝玼瑕,一任指点。

俗气浑无却较些。相上观人,失之多矣。

师云:文殊师利,曼殊室利,梵音楚夏也,此云"妙吉祥"。"毗耶离",广严城名。肇公《涅槃无名论》:释迦掩室于摩竭,净名杜口于毗耶。须菩提唱无说以显道,释梵绝听而雨华。斯皆理为神御,故口以之默。岂曰无辩?辩所不能言也。燕珉次玉者,今涿郡靠水石也,亦名夺玉石。维摩外虽似讷,其不言之辩,精粹其中,言其石隐玉也。"忘前失后"者,《永嘉集·奢摩他颂第四》云:"今言知者,不须知知,但知而已,则前不接灭,后不引起,前后断续,中间自孤。"《无尽灯》末,未详法嗣中有开封府夷门山广智禅师,讳本嵩,别无语缘,全举此段。文公不知出《永嘉集》,谓嵩创设,因辨之于此,学者知之。此个"忘前失后",正是三祖《信心铭》"言语道断,非去来今"也。

韩子卞和于荆山昆冈谷得璞,献楚厉王。王曰:"石也。"遣刖一足。及武王即位,又献之,又刖一足。至文王立,和抱璞哭于荆山之下。王召问,和曰:"不怨刖足,而怨真玉以为凡石,忠事以为慢事。"王使剖石,乃真玉也。文王叹曰:"哀哉,二先君,易刖人足,难剖于石。今果是璧,乃国宝也。"《史记》:"随侯祝元畅,因之齐。见一断蛇将死,遂以水洗摩之,傅之神药而去①。忽一夜中庭现光,意谓有贼,遂按剑视之,乃见一蛇衔珠在地而往。知蛇感报也。"维摩横身为众,不免祸出私门。那堪文殊点破,已露瑕玼②,直饶天童道,现居俗尘而无俗气,也是掩鼻偷香。

---

① "神药",《大正藏》本误作"神乐"。
② "露",《大正藏》本误作"灵"。

第四十九则　洞山供真

示众云：描不成，画不就。普化便翻斤斗，龙牙只露半身。毕竟那人是何体段？

举：洞山供养云岩真次，谁道是假。遂举前邈真话。一回拈出一回新。有僧问："云岩道'只这是'意旨如何？"且喜不错认。山云："我当时几错会先师意。"以己方人。僧云："未审云岩还知有也无？"折草量天。山云："若不知有，争解恁么道？日出连山。若知有，争肯恁么道？月圆当户。"

师云：洞山辞云岩。山问："和尚百年后，人问：还邈得师真否？如何祇对？"岩良久云："只这是。"山沉吟。岩云："价阇梨承当这个大事，直须子细。"山亦不言，便行。后因过水睹影，方始悟彻，乃作颂曰："切忌从他觅，迢迢与我疏。我今独自往，处处得逢渠。渠今正是我，我今不是渠。应须恁么会，方得契如如。"

山在众，供养云岩真，举前邈真话了。僧问云岩道："'只这是'，意旨如何？"山曰："我当时几错会先师意。"若向"良久""只这是"处领略，正是替名通事。所以见影知形，过水方悟。僧曰："未审云岩知有也无？"若道一向知有，是左右人。不见道，知有底人始解奉重。若道一向不知有，这里有利害：有全不知有；有知有了，却不知有；有不知有，去成知有。山云："若不知有，争解怎么道？若知有，争肯怎么道？"华严宗谓"理圆言偏，言生理丧"，此乃重玄复妙，兼带叶通，不偏枯、无渗漏底血脉也。

山于唐大中末，初住新丰百吉，后迁豫章高安之洞山，为第一代。因为云岩作忌斋，僧问："师于先师处得何指示？"山曰："虽在彼中，不蒙他指示。"僧曰："又用设斋作么？"山曰："虽然如是，焉敢违背。"僧曰："和尚发迹南泉，为甚却与云岩设斋？"山曰："我不重先师道德佛法，只重他不为我说破。"僧曰："和尚嗣先师，还肯他也无？"山曰："半肯，半不肯。"僧曰："为甚么不全肯？"山曰："我若全肯，则辜负先师。"

万松道：云岩二十年在百丈，却嗣药山。洞山发迹南泉，却嗣云岩。一等异苗翻茂，密固灵根，得芙蓉而宗派中兴，至天童而文彩方备。那个是具文彩？

颂云：

争解怎么道？暗里抽横骨。

五更鸡唱家林晓。金乌东上。

争肯怎么道？明中坐舌头。

千年鹤与云松老。玉兔西沉。

宝鉴澄明验正偏，事穷的要。

玉机转侧看兼到。交互明中暗。

门风大振兮规步绵绵，西天令严。

父子变通兮声光浩浩。见过于师，方堪传授。

师云：洞山嘱曹山云："吾于云岩先师亲印宝镜三昧，事穷的要，今付授汝，汝善护持。""宝鉴澄明验正偏"，岂非鸡唱家林，鹤老云松，正偏之验耶！镜虽明而有背面，唯玉机转侧，递相绮互，双明双暗，兼到之方也。《易·系辞》曰："道穷则变，变则通，通则久。"洞山父子，规行矩步。至今门风大振者，源深流长之效欤？

第五十则　雪峰甚么

示众云：末后一句，始到牢关。岩头自负，上不肯于亲师，下不让于法弟。为复是强生节目，为复别有机关？

举：雪峰住庵时，有两僧来礼拜。寻香逐气。峰见来，以手托庵门，放身出云："是甚么？"此犹是抛身势，隐身势作么生？僧亦云："是甚么？"果然不识。峰低头归庵。莫道无语好。僧后到岩头，传消寄息。头问："甚么处来？"不钻不穴。僧云："岭南。"这里是岭北。头云："曾到雪峰么？"熟处难忘。僧云："曾到。"更讳不得。头云："有何言句？"不醋不休。僧举前话。一字入公门，八牛拽不出。头云："他道甚么？"却好低头便出。僧云："他无语，低头归庵。"恁么则不曾到雪峰。头云："噫！当时不向他道末后句。而今道了未？若向伊道，天下人不奈雪老何。何不道：我便是雪老。"僧至夏末，再举前话请益。好酒醒人迟。头云："何不早问？"贪瞌睡。僧云："未敢容易。"可晒惯丛林。头云："雪峰虽与我同条生，不与我同条死。"索另者先穷。要知末后句，只这是。旋蒸热卖。

师云：云岩傍参道吾，雪峰傍参岩头，君子不耻下问。今云岩、雪峰之道大行，亦退己让人之余庆也。而岩头天资英迈，抑扬德山之道，天下横行，无敢当锋者。盖见处洞达蕴养成就，故得如是。看他二僧，雪峰门下，箭锋相直，也是个行脚汉。为甚直至夏末，尚疑末后句？只为眼钝头迷，当面蹉过。岩头与他说出许多道理："雪峰与我同条生，不与我同条死。"一法虽无异，三人乃见差。这僧与雪峰一时道"是甚么"，及至论末后句，说与也不知。岂非差之毫厘，失之千里也。且道这僧实不会，要放这话行？沩山哲云："大小雪峰、岩头，却被这僧勘破。"万松道：冷眼不防。岩头、雪峰，犹可恕也。后来又点德山亦不会末后句，直是难甘。是故天童两次颂出。

颂云：
切瑳琢磨，不因一事。
变态骰讹。不长一智。
葛陂化龙之杖，已闻过海穿云。
陶家居蛰之梭。犹见倚墙贴壁。
同条生兮有数，世相近也。
同条死兮无多。习相远也。
末后句只这是，且信一半。
风舟载月浮秋水。切忌埋根。

师云：《毛诗·淇奥》，美武公之德也。有文章，又能听其规谏，以礼自防，故能入相于周。美而作是诗也。"瞻彼淇奥，绿竹猗猗。有匪君子，如切如瑳，如琢如磨。"《注》曰："治骨曰切，象曰瑳，玉曰琢，石曰磨。"德山、雪峰得岩头发明末后句，至今此话大行，切磨通变之力也。雪峰如化龙之杖，这僧如居蛰之梭。岩头点出，至今不知，所以同条死者无多也。或谓岩头如化龙之杖，雪峰如居蛰之梭者，请细看前话。雪窦、佛果以双明、双暗颂此话，非饱参者不知。东汉《方术传》：费长房，汝南人，尝为市掾，遇壶公，断青竹杖，伪为长房，缢死于家，遂同入深山。学道不成，辞归。公与竹杖，骑此至家，投葛陂。长房投杖于陂，化龙而去。又晋陶侃少时，渔于雷泽，网得一梭，挂壁。后闻雷电，化为龙而去。雪峰如杖，这僧如梭，岩头如风舟载月。万松似个甚么？巩县茶瓶。

第五十一则　法眼船陆

示众云：世法里悟却多少人，佛法里迷却多少人。忽然打成一片，还著得迷悟也无？

举：法眼问觉上座："船来？陆来？"大似有两般。觉云："船来。"深谈实相，善说法要。眼云："船在甚么处？"恐怕不实。觉云："船在河里。"果然有下落。觉退后。眼却问傍僧云："你道适来这僧，具眼不具眼？"可惜许。

师云：黄龙晦堂问黄鲁直，正窘迫次，一人至堂。问："谁谓汝来？"人云："大林叶秀才。"问："有书否？"人云："有。"又问："书何在？"人即引手背，抽衣领，举书呈堂。堂云："学道到此人田地方可。"黄有愧色。法眼问觉上座："船来？陆来？"觉云："船来。"眼云："船在甚么处？"这里一百个，九十九个呈机显示。是他稳实平贴底人，那里与你干戈相待，是他道："船在河里。"磁州老师道："恰似沙地里放个八脚鳌子，更无些子不稳当处。"觉退后，眼却问傍僧云："你道适来这僧，具眼不具眼？"只这一问，大晒诪讹。若道具眼，有甚奇特玄妙？若道不具眼，见甚么破绽？试教天童定当看。

水不洗水，绝点澄清。
金不博金①。炼做一块。
昧毛色而得马，不得相取。
靡丝弦而乐琴。非可声求。
结绳画卦有许事，法出奸生。
丧尽真淳盘古心。弄巧成拙。

师云：水不洗水，金不博金；佛不求佛，法不说法。此谈其神骏，略其玄黄。得琴趣者，忘其弦徽。《淮南子》：秦穆公使伯乐举九方堙求马，三月而返，曰："得马在沙丘，牝而黄。"及马至，则牡而骊。公谓伯乐："子所求马者，毛色牡牝不知，败矣。"伯乐太息曰："以至于此乎？堙之所观者，天机也。得其精

---

① "博"，原作"愽"，据《大正藏》本改。

而忘其粗,见其内而忘其外也。"果千里马。晋陶潜,字渊明,不解琴,蓄素琴一张,弦徽不具,曰:"但得琴中趣,何劳弦上声。"《易》云:"上古结绳而治,后世圣人易之以书契。"又云:"古者包犧氏之王天下也,仰则观象于天,俯则观法于地,观鸟兽之文与地之宜,近取诸身,远取诸物,于是始画八卦。"万松道:"盘古初分天地,已成对待。结绳画卦,转丧真淳。释迦未出世,祖师不西来,还有真谛、俗谛、世法、佛法么?"

舒州海会齐举禅师得法之后,尝到琅琊觉处。觉问:"上座近离甚么处?"举曰:"浙江。"觉曰:"船来?陆来?"举曰:"船来。"觉曰:"船在甚么处?"举曰:"河里。"觉曰:"不涉程途一句,作么生道?"举曰:"杜撰长老如麻似粟。"便下去。万松道:行说好话。洞山初和尚问僧:"甚处来?"僧曰:"汝州。"山曰:"此去多少?"僧曰:"七百。"山曰:"踏破几纳草鞋?"僧曰:"三纳。"山曰:"甚处得钱买?"僧曰:"打笠子。"山曰:"参堂去。"僧应喏。万松道:便是手眼通身,看你不破。且道这僧眼在甚么处?眉毛下。

第五十二则 曹山法身

示众云:诸有智者以譬喻得解,若到比不得,类难齐处,如何说向他?

举:曹山问德尚座:"佛真法身,犹若虚空;官不容针。应物现形,如水中月。私通车马。作么生说个应底道理?叉手近前云:

啫。"德云:"如驴觑井。"落花有意随流水。山云:"道即大晒道,只道得八成。"欲穷千里目。德云:"和尚又如何?"更上一层楼。山云:"如井觑驴。"流水无心送落花。

师云:抚州宜黄曹山本寂禅师,或名耽章,必是赐名谥号。初离洞山,入曹溪礼祖塔,回吉州之吉水。众向山名,遂请开法。师拟曹溪,凡随所居,立曹为号。洞山之宗,至师最隆,故有曹洞之称焉。山问德上座:"佛真法身,犹若虚空;应物现形,如水中月。作么生说个应底道理?"此四句赞佛,本出古本《金光明经》。既如虚空,如何应物?觉范赞提婆尊者道:"应缘而现,不落思惟。是故钵水以针投之。"德云:"如驴觑井。"此岂情识计校可及?非久经淘炼,具衲僧巴鼻,不许到这田地。若是小作,无向上关棙子,满口许他也。山云:"道即大晒道,只道得八成。"如秤称斗量来相似。德云:"和尚又如何?"这一拶词穷理尽,敢道出他驴觑井一句不得。是他款款地只与倒过,可谓触类而长之,此所以称曹洞宗派之源也。天童爱此两转语翻覆,一时颂出。

颂云:

驴觑井,五更侵早起。

井觑驴。更有夜行人。

智容无外,天下衲僧跳不出。

净涵有余。万象莫能逃影质。

肘后谁分印,天眼龙睛不可窥。

家中不蓄书。真文不醋。

机丝不挂梭头事，花又不损。

文彩纵横意自殊。蜜又得成。

　　师云：般若无知，靡所不知，故"净涵有余"也。晋元帝永昌元年，王敦镇武昌，举兵犯阙，刀协劝帝尽诛王氏。王导帅群从诣台待罪。周𫖮将入朝，导呼之曰："伯仁以百口累汝。"𫖮不顾。及入，极论导忠诚，申救甚至。及出，导尚在门，又呼之不应，乃曰："今年杀贼奴，取金印如斗大，系肘后。"寻又上表，明导无罪。导不知，甚恨之。敦兵既至，乃问导："周𫖮可得生否？"导不应。敦乃杀𫖮。导后料中书，见𫖮救己表，流涕曰："幽冥之中，负此良友。"

　　丛林又有肘后符，《春秋后语》：赵简子告诸子曰："吾藏肘后宝符于常山上，先得者赏。"诸子驰山上求，无所得。唯襄子母恤还曰："恤已得之符矣，他人皆不可分。"简子请奏之。母恤曰："从常山上下临代可取也。"简子曰："母恤贤矣。"立为太子。

　　云岩示众云："有个人家儿子，问着无有道不得底。"洞山出云："他屋里有多少书籍？"岩云："一字也无。"洞山云："得恁么多知。"岩云："日夜不曾眠。"洞山又云："问一段事得也无？"岩云："道得即不道，肘后谁分印？"深密自得之道，他人皆不可分也。家中不蓄书，得恁多知。生而知之，上；学而知之，次也。这驴觑井，井觑驴，还许分割领览分也无？还许学解传布也无？夹山云："闻中生解，意下丹青。目下即美，久蕴成病。青山与白云,从来不相到。机丝不挂梭头事,文彩纵横意自殊。嘉祥一路,智者知疏。瑞草无根,贤者不贵。"天童末后全用夹山一联,以明此话不落思惟,文彩自备。且道,具何三昧,便得如斯?只个无巴鼻,诸般没奈何。

第五十三则　黄檗噇糟

示众云:临机不见佛,大悟不存师。定乾坤剑没人情,擒虎兕机忘圣解。且道是甚么人作略?

举:黄檗示众云:"汝等诸人,尽是噇酒糟汉。黄檗门下。与么行脚,何处有今日?今既不如昔,后当不如今。还知大唐国里无禅师么?眼高四海。"时有僧出云:"只如诸方匡徒领众,又作么生?黄檗兼身在。"檗云:"不道无禅,只是无师。"且救得一半。

师云:此话就简,若全举当曰:一日上堂云:"汝等诸人欲何所求?"仍以棒趁之,众不散。师乃曰:"汝等诸人尽是噇酒糟汉。"唐时爱骂人"噇酒糟汉"。齐桓公读书于堂上,轮扁斫轮于堂下,释椎凿上问:"敢问公之所读何言耶?"公曰:"圣人之典。"曰:"圣人在乎?"公曰:"已死矣。"曰:"然则君之所读,古人糟粕矣。"公曰:"寡人读书,轮人安得议乎?有说则可,无说则死。"扁曰:"臣也以臣事观之。臣斫轮,徐则甘而不固,疾则苦而不入;不徐不疾,得之于手,而应于心。口不能言,有数存于其间。臣不能喻臣之子,子亦不能受于臣,是以行年七十而老斫轮。古之人与其不可传者死矣，然则君之所读者，古人之糟粕矣。"又云："怎么行脚，取笑他人。但见八百一千人处便去，不可只图热闹也。山僧行脚时，或遇草根下有个汉，便顶上一锥，看他若知痛痒，可以布袋盛米供养。可中总似汝等，如此容易，何处更有今日事也？汝等既称行脚，亦须着些精神好。还知道大唐国里无禅师么？"

黄檗以来，岩头、罗山爱行此令。近代佛日北来，庆寿颛公至死无可意者，宁绝嗣无人。香山俊和尚叔祖儿孙，亦行此令。不知者唤作点胸，可中要个不愤底出来承头。果有一僧出云："诸方尊宿，尽聚众开化，为甚道无禅师？"檗曰："不道无禅，只是无师。"

沩山问仰山云："作么生？"仰云："鹅王择乳，素非鸭类。"沩云："此实难辨。"五祖戒出，僧语："谢和尚说得道理好。"万松道："生言孰语，冷唇淡舌。"石门聪云："黄檗垂示，不妨奇特。才被布衲挨拶，失却一只眼。"万松道："换了那僧两只眼。"承天宗云："五祖戒眼照四天下。"万松道："也只是一只眼，要见黄檗，犹未可。"万松道："果然。若要扶竖正法眼藏，须是黄檗宗师。"万松道："锦上更添花。"

翠岩真云："诸方商搉，便道黄檗坐却这僧。"万松道："不知扶起这僧。"又道："黄檗被这僧上来，直得分析不下。"万松道："缁素转分明，何谓也？"翠岩辄生拟议。雾豹泽毛，未尝下食；庭禽养勇，终待惊人。万松道："后五日看。"檗又云："阇梨不见马大师下有八十余人坐道场，个个阿辘辘地。得大师正眼者，止三两人，唯归宗最较些子。夫出家须知从上来事分，且如四祖下牛头融大师，横说竖说，犹未知向上关棙子。"有此眼脑，方辨得邪正宗党。

略举至此。要见此话始末，其后尚有百十余言。此是最初出世示人之语，故诸方盛行。雪窦颂，佛果评唱最详，尚阙《本录》上堂正意，天童颂出，极尽善尽美。

颂云：

岐分丝染太劳劳，知事少时烦恼少。

叶缀花联败祖曹。识人多处是非多。

妙握司南造化柄，一朝权在手。

水云器具在甄陶。看取令行时。

屏割繁碎，大象不游兔径。

剪除毨毛。大悟不拘小节。

星衡藻鉴，纤毫不昧。

玉尺金刀。度量深明。

黄檗老，察秋毫，谩他一星不得。

坐断春风不放高。预备不虞。

师云：《列子·说符篇》：杨子之邻人亡羊，既率其党，又请杨子之竖子追之。杨子曰："一羊何追者之众？"邻人曰："多岐路。"既返。问获羊乎？曰："亡之矣。"曰："奚亡之？"曰："岐路之中，又有岐焉。"《墨子》：梁惠王时有道之人出行，见素丝染从余色，悲之曰："人湛然同于圣体，为居恶俗，染之成累。""岐分丝染太唠唠"，敕交切，闹唠唠也，或作"劳"亦可。"叶缀花联"者,达磨初祖颂云:"吾本来此土,说法救迷情。一花开五叶,结果自然成。""一花五叶",便是岐分丝染也。若大唐国里无禅师,达摩也无出头分。

《宗镜录》:"司南之车,本示迷者。照胆之镜,为鉴邪人。"《古今注》:"黄帝与蚩尤战于涿鹿。蚩尤作大雾,迷于四方。帝在车,以指指南,而示士卒,擒蚩尤而斩之,遂号指南车。"甄陶,《陈留风俗记》:"舜陶甄河滨,其后为氏,今姓甄,音真也。"此玄炉陶乎群象,智海总乎万流也。"屏割繁碎,剪除氄毛",去岐分之差路,剪缀叶之旁枝。斗为衡星,以运平四时也。藻鉴,文明之鉴也。秤,所以定轻重;鉴,可以辨妍媸。玉尺,《拾遗记》:"禹游龙门,八神探玉简,以授之,长尺二寸,可以度量天地。"金刀,古有金错刀钱、金刀书。此颂黄檗品第诸方,秤尺在手,更兼聪闻蚁斗,明察秋毫,防微杜渐,"坐断春风不放高"也。大圣安彝和尚《竹笋诗》:"便好临根下斤斧,免教节外更生枝。"

第五十四则　云岩大悲

示众云:八面椶榔,十方通畅。一切处放光动地,一切时妙用神通。且道,如何发现?

举:云岩问道吾:"大悲菩萨用许多手眼作么?"你怎么问,图个甚么? 吾云:"如人夜间背手摸枕子。"一上神通,不同小小。岩云:"我会也。"且莫诈明头。吾云:"汝作么生会?"果然放不过。岩云:

"遍身是手眼。"无空缺处。吾云："道即大瞰道，即得八成。"某甲舌头短。岩云："师兄作么生？"理长即就。吾云："通身是手眼。"无隔碍处。

师云：李翱问鹅湖："大悲用千手眼作么？"湖云："今上用公作么？"昔有无目山人货卜，雨过泥途，着鲜白鞋入市。人问："山人失明，如何泥不污鞋？"山人举拄杖云："拄杖头上有眼。"以山人为证，夜间摸枕子，手上有眼；吃饭时，舌上有眼；听语识人，耳中有眼。苏子瞻与聋人说话，写字而已，复笑云："我与彼皆异人也。我以手为口，彼以眼为耳。"佛说六根互用，信乎不疑。

无尽居士《潞州紫岩大悲殿记》，举《大悲经》《楞严经》最为详细。尝见一说：大悲昔为妙善公主，乃天人为宣律师说。然三十二应百亿化身，亦随见不同，各据其说也。天觉曰："千手者，示引迷接物之多也；千眼者，示放光照暗之广也。苟无众生，无尘劳，则一指不存，而况千万臂乎？一瞬不具，而况千万目乎？遍身通身，何必不必。似有浅深，实无损益。"

云居示众曰："老僧二十年前住三峰庵时，兴化来曰：'权借一问以为影草时如何？'老僧当时机思迟钝，道不得，为伊致得个问头奇特，不敢辜他。当时伊曰：'想庵主答这话不得，不如礼拜了退。'而今思量，当时不消道个'何必'。"万松道：若教容易得。后有化主到兴化处。化问："山中和尚住三峰庵时，老僧曾问伊话，只对不得。而今道得也未？"化主举前话了。化曰："云居二十年只道得个'何必'，兴化即不然，争如道个'不必'"。万松道：斗兔角之短长。三圣云："云居二十年道得，犹较他兴化半月程。"万松道：竞空花之浓淡。僧问觉范："如诸老宿所示有同异否？"范云："佛令讷钝比丘诵苕蕂，一日大悟，得大辩才。"于此当见先德为物之心。天童分上又作么生？

颂云：
一窍虚通，竖穷三际。
八面椇栊。横遍十方。
无象无私春入律，应时纳佑。
不留不碍月行空。任运落前溪。
清净宝目功德臂，顾前盻后，拈东掇西。
遍身何似通身是？分疏不下。
现前手眼显全机，贼赃已露。
大用纵横何忌讳。无可不可。

师云：天童道：由一窍虚通，便得八面椇栊也。且如柳塘花坞，暖日和风，春在何处？作何形段？然能应物乘时，不留不碍。如月当天，任运而转。知通身遍身，背手摸枕底是甚么人？傀儡棚中，必有抽牵线索者。《楞严》说八万四千清净宝目，八万四千姥陀罗臂，八万四千烁迦罗首。兴化《堕马折臂颂》云："大悲菩萨有千手，大丈夫儿谁不有？"且道那个是通身底手眼？师以手擘眼云："猫"。

第五十五则　雪峰饭头

示众云：冰寒于水，青出于蓝。见过于师，方堪传授。养子不及父，家门一世衰。且道，夺父之机者，是甚么人？

举：雪峰在德山作饭头。少不努力。一日饭迟，德山托钵至法堂。老不歇心。峰云："这老汉，钟未鸣，鼓未响，托钵向甚么处去？"教得孩儿会骂娘。山便归方丈。尽在不言中。峰举似岩头。家返宅乱。头云："大小德山不会末后句。"父为子隐，直在其中。山闻，令侍者唤岩头问："汝不肯老僧那？"泼油救火。岩遂启其意。人间私语，天闻若雷。山乃休去。果然不会。至明日升堂，果与寻常不同。随风倒施①。岩抚掌笑云："且喜老汉会末后句。家丑外扬。他后天下人不奈伊何。鼻孔为甚在我手里。"

师云：雪峰低头归庵，德山便归方丈，最好参详。岩头密启其意，你且道：道甚么？德山又休去？可谓相逢不拈出，举意便知有。山至来日上堂，果与寻常不同，也是将错就错。头下至僧堂前，拊掌大笑曰："且喜老汉会末后句。他后天下人不奈伊何。切忌盖覆将来，虽然如是，也只得三年。"德山果三年迁逝。

天觉颂："钟鼓声沉捧钵回，岩头一拶语如雷。果然只得三年活，莫是遭他授记来。"万松道："知你被底穿，曾共同床卧。"

---

① "施"，《大正藏》本误作"柂"。

明招代德山云："咄，咄。没处去，没处去。"万松道："鼻孔在他人手里。"雪窦云："曾闻说个独眼龙，元来只具一只眼。殊不知德山是个无齿大虫，若不是岩头识破，争得明日与昨日不同？诸人要会末后句么？只许老胡知，不许老胡会。半遮半掩，漏逗也不知。"大沩喆云："岩头大似高山石裂，直得百里走兽潜踪。若非德山度量深明，争得昨日与今日不同。"万松道："无齿大虫，爪距尚在。"鲁祖凡见僧来，便面壁。南泉闻云："我寻常向他道，空劫已前承当，佛未出世时会取，尚不得个半个。他恁么驴年去。"若识得南泉，便见岩头，更与天童把臂共行。

颂云：
末后句会也无？这里不得会，不会打折腰。
德山父子太含胡。外明不知里暗。
座中亦有江南客，勿谓秦无人。
莫向人前唱鹧鸪。休得也。

师云：末后句如此难明，峻硬若德山，颖俊如岩头，至今分雪不出。不见道，出身犹可易，脱体道应难。郑谷诗："花月楼台近九衢，清歌一曲倒金壶。座中亦有江南客，莫向春风唱鹧鸪。"天童用后两句，不劳再举底意也。举着后如何？师下座，便归方丈。

第五十六则　密师白兔

示众云：宁可永劫沉沦，不求诸圣解脱。提婆达多无间狱中受三禅乐，郁头蓝弗有顶天上堕飞狸身。且道，利害在甚么处？

举：密师伯与洞山行次，见白兔了面前走过，密云："俊哉。"争奈荒草里走。山云："作么生？"怪你迟也。密云："如白衣拜相。"自地升空易。山云："老老大大作这个语话。"几平放过。密云："你又作么生？"人无害虎心，虎无伤人意。山云："积代簪缨，暂时落薄。"从空放下难。

师举：洞山与潭州神山僧密禅师过水，山问："过水事作么生？"密云："不湿脚。"山曰："老老大大作这个语话。"密曰："汝又作么生？"山云："脚不湿。"教中有性、修二门，洞上名借功、明位。大抵因修而悟，从凡入圣，白衣庶民直拜冢宰。若先悟后修，从圣入凡，积代簪缨，本来尊贵，虽飘零万状，骨骼犹存。所以道，贫子喻中明此道，献珠偈里显张罗。汝等诸人，要见二尊宿见处？看取天童一状领过。

颂云：
抗力霜雪，贫则独善一身。
平步云霄。达则兼济天下。
下惠出国，苦瓠连根苦。

相如过桥。甜瓜彻蒂甜。

萧曹谋略能成汉，葵花向日。

巢许身心欲避尧。柳絮随风。

宠辱若惊深自信，悟须实悟，参须实参。

真情参迹混渔樵。未免灵龟曳尾。

师云：蓬蒿贪雨露，松柏耐风霜。岁寒然后知松柏之后凋，此随缘不变之旨，簪缨落薄之谈，有力太人堪任此事也。"平步云霄"，一超直入如来地，已是太迟也。殊不知，积代簪缨，本来富贵。《论语》：柳下惠为士师，三黜。人曰："子未可以去乎？"曰："直道而事人，安往而不三黜。枉道而事人，何必去父母之邦也。"

司马相如，字犬子，少丧父母，九岁与人牧猪。闻蔺相如为卿相，改名相如，弃猪就学，猪主杖之。先生问，知贤，留门外草庵十年。无书与读，遣去。过升仙桥，题柱曰："若不乘驷马车，不过此桥。"后造得《子虚赋》。将军杨得意夜宿殿中，诵此《赋》。帝曰："朕恨不与此人同时。"将军奏曰："见在蜀地。"帝命往召。同乘驷马车过桥，封侍中。萧何、曹参，成汉高祖帝业。巢父、许由，避尧，洗耳饮牛。《老子》云："宠辱若惊，得之若惊，失之若惊。"以上四双八事，皆一句密老，一句洞山。妙哉，圭峰举喻，譬如皇族沦落微贱，习以性成。后遇荐拔，虽复本位，三端六艺，要重更改习学，力用方全。虽然天童分上，犹落阶级。不见道，宠辱若惊深自信，真情参迹混渔樵。

第五十七则　严阳一物

示众云：弄影劳形，不识形为影本；扬声止响，不知声是响根。若非骑牛觅牛，便是以楔去楔。如何免得此过？

举：严阳尊者问赵州："一物不将来时如何？"犹是分外。州云："放下着。"贴体衣衫，会须脱却。严云："一物不将来，放下个甚么？"人不知己过，牛不知力大。州云："恁么则担取去。"唤不回头争奈何？

洪州武宁县新兴严阳尊者，初参赵州，问："一物不将来时如何？"① 此与僧问报慈："情生智隔，相变体殊，情未生时如何？"慈云："隔。"暮故底道："情也未生，隔个甚么？"此与"一物不将来放下个甚么"孟八郎汉大同。州云："放不下，则担取去者。"言下大悟。

佛果《法语》举黄龙《颂》云："一物不将来，两肩担不起。果云：明眼人难谩。言下忽知非，退步堕深坑。心中无限喜。如贫得宝。毒恶既忘怀，无始宿业，尽时清净。蛇虎为知己。异类等解。寥寥千百年，清风犹未已。谁不景仰。"师所居常一蛇一虎，手中与食，故如得果人尊者称之。赵州古佛与尊者，不测圣凡底人，出一言，发一问，千古之下，与人为龟镜。天童见近日师僧粗心转盛，所

---

① 此句前似应有"师云"二字。

以打草惊蛇。

颂云：
不防细行输先手，黑白未分前，犹是正中偏。
自觉心粗愧撞头。虎口里下子。
局破腰间斧柯烂，且道如今甚么时节？
洗清凡骨共仙游。头轻眼明。

师云：王介甫老"持棋隐语"云："彼亦不敢先，此亦不敢先。唯其不敢先，是以无所争。唯其无所争，是故入于不死不生。"棋乃争先法，赢则赢个先手，输则输个头撞。赵州于你未下子以前，早先见数着。严阳只管横飞直逴，剩占几路，不知斧柯已烂也。王氏《神仙传》：晋隆安时，信安县王质采薪，至眩室坂。见石室，四童子弈棋。与质物，如枣子，含之不饥。棋终，斧柯烂于腰间，衣袂随风。抵暮还家，已数十年矣。赵州"放下着""担取去"两转语，抽筋拔髓，换骨洗肠。便与赵州，把手共行，步虚轻举也。有底道：清闲真道本，无事小神仙。虽然，莫将无事为无事，往往事从无事生。

第五十八则　刚经轻贱

示众云：依经解义，三世佛冤。离经一字，返同魔说。因不收，果不入底人，还受业报也无？

举：《金刚经》云："若为人轻贱，我作粪中虫。是人先世罪业应堕恶道，老僧最先入。以今世人轻贱故，丛林驴骡，蹴踏龙象。先世罪业则为消灭。甚么处去也？"

师云：见闻为种，八难超十地之阶；解行在躬，一生圆旷劫之果。圭峰科此经为"转罪成佛"，此菩提烦恼不二，生死涅槃不二。梁昭明太子科判此经为"能净业障分"。傅大士《颂》："先身有报障，今日受持经。暂被人轻贱，转重复还轻。"此正是依经解义也。后面四句，便有衲僧气息，道："若了依他起，能除遍计情。常依般若观，何虑不圆成？"前四句功德力，后四句观行力。

《六祖口诀》云："佛言：持经之人，合得一切人恭敬供养，为多生有重业障故。今生虽持此经，常被人轻贱，不得敬养。自以持经故，不起我人等相。不问冤亲，常行恭敬。有犯不校，常修般若波罗蜜。历劫重罪，悉皆消灭。又约理而言，先世即是前念妄心；今世即是后念觉心。以后念觉心，轻贱前念妄心。妄不能住，故云'先世罪业即为消灭'。妄念既灭，罪业不成，即得菩提。"此理事二解皆约观行也。僧问云居："承教有言，是人先世罪业，应堕恶道，以今世人轻贱故，先世罪业即为消灭。此意如何？"居云："动则应堕恶道，静则为人轻贱。"崇寿稠云："心外有法，应堕恶道。守住自己，为人轻贱。"万松道：两个老汉，俗气也不除。且道，天童分上又作么生？

颂云：

缀缀功过。唯除顿觉人。

胶胶因果。并法不随顺。

镜外狂奔演若多，脚下烟生。

杖头击着破灶堕。百杂碎。

灶堕破，灵从何生，圣从何至。

来相贺，伏惟堕懡。

却道从前辜负我。何不早道？

师云：功即持经，过即先业。既立妄因，必招妄果。《楞严》云："岂不闻室罗城中，演若达多忽于晨朝，以镜照面，爱镜中头，眉目可见，嗔责己头，不见面目，以为魑魅，无状狂走。于意云何？此人何因无故狂走？富楼那言：'是人心狂，更无他故。'"此迷真执妄也，般若观照真也，功过因果妄也。真智现前，妄业消灭。阿耨菩提，皎然本具。此正教意，衲僧分上如何？

嵩岳破灶堕和尚，山坞有庙，殿安一灶，烹宰祭祀不辍。堕领侍者入庙，以杖敲灶三下，咄云："此灶泥瓦合成，圣从何来？灵从何起？恁么烹宰物命。"又打三下，灶乃倾堕破落。安国师号为"破灶堕"。须臾有一人，青衣峨冠，设拜云："我本庙神，久受业报。今日蒙师说无生法，脱此处，生在天中，特来致谢。"师曰："是汝本有，非吾强言。"神再拜而没。土瓦合成，圣从何来？无我人相，般若智也。以真智为妄业，从来辜负，今日相贺，烹宰物命极多，全无福利。禅老敲三拄杖，便得生天。咄！

鬼怕恶人难展掌，贼凭赃物易承头。

第五十九则　青林死蛇

示众云：去即留住，住即遣去。不去不住，渠无国土。何处逢渠？在在处处。且道，是甚么物，得恁么奇特？

举：僧问青林："学人径往时如何？"举步即迂回。林云："死蛇当大路，劝子莫当头。"惯曾着毒。僧云："当头时如何？"许你大胆。林云："丧子命根。"果然。僧云："不当头时如何？"怎只由你。林云："亦无回避处。"筑着、磕着。僧云："正恁么时如何？"且莫着忙。林云："却失也。"虽是死蛇，解弄也活。僧云："未审向甚么处去也？"不信搜怀。林云："草深无觅处。"头上漫漫，脚下漫漫。僧云："和尚也须堤防始得。"回来也。林拊掌云："一等是个毒气。"将谓侯白，更有侯黑。

筠州洞山第三世师虔禅师，初从夹山来参悟本①。本问："近离何处？"林云："武陵。"本曰："武陵法道何似此间？"林云："胡地冬抽笋。"本曰："别甑炊香饭，供养于此人。"师乃出去。本曰："此子向后走杀天下人去在。"林在洞山栽松。有刘翁者，从师求颂。师示之曰："尖尖三尺余，郁郁覆荒草。不知何代人，得见此松老？"翁呈悟本。本曰："贺翁之喜。此人第三世洞山

---

① 此段为万松阐释，故句前似缺"师云"二字。

也。"林辞悟本，之山南府青锉山住庵。经十载，忽忆悟本遗言，乃曰："当利群蒙，岂拘于小节哉。"遂至随州，缘会众请住土门小青林兰若，故号"青林"。尝曰："汝等诸人，直须离心意识参，出凡圣路学，方可保任。若不如是，非吾子息。"僧问："学人径往时如何？"这僧大悲阁下要去中都，更夸知处直捷要路。殊不知，直下便是早太迂回也。林以死蛇当大路拒之。这僧不顾危亡道："当头者如何？"已着毒了也。有底道："何不棒喝行令？"林又何曾放过，道："丧子命根。"这僧稍觉痛痒，待觅出身之路，道："不当头者如何？"林云："亦无回避处。"只这青林也免不得。这僧筋舒力尽，道："正恁么时，左右无可奈何，如何即是？"林曰："却失也。"活人手段，于斯乃见。能遣能呼，有擒有纵。分付你身上取摘不下，与你拈却，便有下落。僧云："未审向甚么处去也？"林云："草深无觅处。"不道无，只是不可见。这僧也怪，道："和尚也堤防始得。"青林将一条死蛇，招拨这僧，末后却着腰缠脚，遂拊掌一下云："一等是个毒气。"万松道：熏天炙地。《无尽灯》云："青林枢机急峻，非独一时之光，亦旷世为标式耳。"万松道：恼乱春风卒未休，更看天童吹花摆柳。

颂云：

三老暗转柁，_{夜壑藏舟。}

孤舟夜回头。_{澄源着棹。}

芦花两岸雪，_{自他玄契。}

烟水一江秋。_{上下冥通。}

风力扶帆行不棹，随流得妙。

笛声唤月下沧洲。任运落前溪。

师云：丹霞淳禅师颂："长江澄彻印蟾华，满目清光未是家。借问渔舟何处去？夜深依旧宿芦花。"二老同颂"澄源湛水，尚棹孤舟"。丹霞用雪窦颂玄沙和尚云："本是钓鱼船上客，偶除须发着袈裟。祖佛位中留不住，夜来依旧宿芦花。"万松道："将谓别有。"《古今诗话》云："川峡呼梢翁篙手为长年三老。"《杜诗》云："蜀盐吴麻自古通，万斛之舟行若风。长年三老长歌里，白昼摊钱高浪中。"此事如人行船相似，不着两岸，不住中流。丹霞夜宿芦花，天童信风横管。且道转柁回舟时作么生？夜深不向芦湾宿，迥出中间与两头。

第六十则　铁磨牸牛

示众云：鼻孔昂藏，各具丈夫相；脚跟牢实，肯学老婆禅。透得无巴鼻机关，始见正作家手段。且道，谁是其人？

举：刘铁磨到沩山。相见已了。山云："老牸牛，汝来也。"撩蜂剔蝎。磨云："来日台山大会斋，和尚还去么？"气毒烟火然。山放身卧。半路抽身。磨便出去。一拨便转。

师云：沩山自称水牯牛，以铁磨为牸牛，安名赏号，作家相见也。他虽是尼，久参沩山，去山十里卓庵。一日参子湖，湖问:"莫是刘铁磨否?"磨云:"不敢。"湖云:"左转右转。"磨云:"和尚莫颠倒。"湖便打。看他与沩山,放则双放,收便双收。佛果谓之隔身句,意通而语隔。要知意句俱到么?更看天童脱体颂出。

颂云:
百战功成老太平,安家乐业。
优柔谁肯苦争衡。饶人不是痴。
玉鞭金马闲终日,虽有如无。
明月清风富一生。受用不尽。

师云:小僧多说佛,老将不论兵。山前麦未辨青黄,庐陵米不知价利。更论佛法,谁曾梦见?东汉《陈蕃传》曰:"蕃能树立风声,抗论昏俗。而驱驰险隘之中,与刑人腐夫争衡。"① 二人相见,不树立风声,不驱驰险隘,优游平易,老成圆熟。天童赏赞不尽,何也?得处自然忘计较,用时全不费工夫。

第六十一则　乾峰一画

示众云:曲说易会,一手分付。直说难会,十字打开。劝君不用分明语,语得分明出转难。不信试举看。

---

① "《陈蕃传》曰",原作"陈蕃曰",此句出《后汉书》卷九十六《陈蕃传》之"论曰",故以《大正藏》本改。

举：僧问乾峰："十方薄伽梵，一路涅槃门。未审路头在甚么处？快马不如钝坑。"峰以拄杖一画云："在这里。"且信一半。僧举问云门。疑则别参。门云："扇子䟔跳上三十三天，筑着帝释鼻孔。乞汉语。东海鲤鱼打一棒，雨似盆倾，会么？会么？怎么解说更难理会。"

师云：越州乾峰禅师，僧问："十方薄伽梵，一路涅槃门。未审路头在甚么处？"此问本出《楞严经》第五："此阿毗达磨，十方薄伽梵，一路涅槃门。未审路头门户在甚么处？"若依经解此义，如来自说，与圆通张本。第六卷中，文殊方拣圆通也。若衲僧分上，天童曾道："十方无壁落，从本来元没遮栏，四面亦无门，只这里便是入处。"所以乾峰一画云："在这里。"不知者往往唤作乾峰与这僧指路。不然道：与这僧画断，更不他游。决不是这个道理。你不见云门注解得八米九糠。黄龙南云："乾峰一期指路，曲为初机。云门乃通其变，故使后人不倦。"万松道："曹溪波浪如相似，无限平人被陆沉。"云门久在乾峰、曹山、疏山，这僧谓必知乾峰用处，故求请益。若却用乾峰针线，乃系驴橛也。忽然拈出睦州秦时镀辘钻，只得盏子落地，楪子成七片。这僧不会乾峰意，云门别与一条活路，大似泼油救火，鼓扇消冰。竹庵早曾点破，颂云："乾峰不用指陈，云门休打骨董。自然东海鲤鱼，筑着帝释鼻孔。"竹庵更比云门忒晒慈悲，人越难会。不如天童于冷眼不防，却较些子。

颂曰：

入手还将死马医，下霹雳手，用狼虎药。

返魂香欲起君危。揭棺救死，别有神方。

一期挼出通身汗，药不瞑眩，厥疾弗瘳。

方信侬家不惜眉。和顶领没却。

师云：乾峰死马医，医不可这僧，已是丧身失命底人。云门收得返魂香，能令已死者再苏。《拾遗传》：汉延和元年，西胡月氏（音之）国，遣使献香四两，大如雀卵，色如桑椹。至始元年，京城大疫，死者太半。帝取香焚之，其死未三日皆活，香气三月不歇。香出聚窟洲人鸟山，树如枫，香闻数里，名返魂树。伐根，玉釜煮汁，黑粘。一名惊精魂，二名返生，三名振檀，四名劫死。天童小参云："十分收得返魂香，一等来挞涂毒鼓。云门一落索，天童道是返魂香，诸方变为涂毒鼓。直教转身吐气不得，把断咽喉，塞却鼻孔也，百体汗流一场。"志公云："忽悟本性元空，恰似热病得汗。"虽然，万松眉毛有几茎？

第六十二则　米胡悟否

示众云：达磨第一义谛，梁武头迷，净名不二法门，文殊口过。还有人作分也无？

举：米胡令僧问仰山："今时人还假悟否？"还曾迷么？山云："悟即不无，争奈落第二头何？"如何免得？僧回举似米胡。是第几？

胡深肯之。肯即不无，争免第二。

师云：京兆米禅师，一曰"米七师"，一曰"米胡"，俗舍第七，美髯，因有二名。《八方珠玉》"嗣雪峰"，今据仰山同参，嗣沩山。这僧正问："自古上贤还达真正理么？"胡曰："达。"僧云："只如真正理作么生达？"此与假悟底时节不殊。胡云："当时霍光卖假银城与单于，契书是甚么人做？"佛果称胡为大善知识，名不虚传。僧曰："某直得杜口无言。"胡曰："平地教人作保。"只如米胡道"达"，仰山道："悟即不无，争奈落第二头何？"若不假悟，又道"唯人自肯乃方亲"。

胜默和尚常谓："投子拈古，内秀俏措无赛。"尝拈此话云：然仰山恁么道即得，还免得自己落么？若免得，更有一人大不肯在；若免不得，亦落第二头。米胡虽然肯他，自己还有出身之路也无？诸人试点检看。若点检得出，两人瓦解冰消；若点检不得，且莫造次。《颂》云："碧岫峰头借问人，指山穷处未安身。虽然免得重阳令，争似灵苗不犯春。"万松道："不得春风花不开，及至花开又吹落。"

忠国师问紫璘供奉："佛是何义？"璘曰："是觉义。"国师曰："佛曾迷否？"璘曰："不曾迷。"国师曰："用觉作么？"璘无对。此亦本无迷悟之意也。常爱雪窦道："本无迷悟数如麻，独许灵云是作家。"悟即落第二头，不悟又唯人自肯。如何即是？天童自有方便。

颂云：

第二头分悟破迷，普州人送贼。

快须撒手舍筌罤。放下着。

功兮未尽成骈拇，终是分外。

智也难知觉噬脐。禹力不到处，河声流向西。

兔老冰盘秋露泣，恋着即不堪。

鸟寒玉树晓风凄。坐着即不可。

持来大仰辨真假，一点难谩。

痕玷全无贵白珪。切忌触破。

师云："第二头分悟破迷"，明来暗谢，智起惑亡，皆是途中事。《周易略例》："罤者所以在兔，得兔而忘罤；筌者所以在鱼，得鱼而忘筌。然则言者，象之罤也；象者，意之筌也。存言者，非得象者也。存象者，非得意者也。"若向第二头道，少他悟达一回不得。争奈道：设有妙悟，亦须吐却。快须撒手到家，更无一物。始忘罤舍筌，功夫智识，尽属第二头。及尽功夫，不可智知，始得少分相应。

《庄子外篇·骈拇第八》云："骈于足者，连无用之肉；枝于手者，树无用之指。"注："骈拇，足大指连第二指也。枝指，六指也。"功若不尽，如骈拇连无用之肉也。《春秋》：楚文王伐申过邓。邓祁侯曰："吾甥也。"止而享之。骓甥、聃甥、养甥请杀楚子。邓侯弗许。三甥曰："亡邓国者必此人也，若不早图，后君噬脐。"注云："不及也。"智不到处，智不能知。兔老圆月也。丹霞淳和尚道："水澄月满道人愁。"冰盘秋露泣，恋着即不堪也。

《大荒经》：昆仑丘上有琅玕玉树，结子如珠而小也。《玄中铭》"灵木迢然，凤无依倚"与"鹤不停机"，皆不许守恋坐着也。鸟寒而凄，不欲落他根株枝叶也。《诗·抑篇》："白珪之玷，尚可磨也。"玉内病曰瑕，体破也。外病曰玷，色污也。此颂仰山贵白珪无玷，不落第二头。如何是第一头？大悟后，方知不是。

第六十三则 赵州问死

示众云：三圣雪峰，春兰秋菊；赵州投子，卞璧燕金。无星秤上两头平，没底船中一处渡。二人相见时如何？

举：赵州问投子："大死底人却活时如何？"探竿在手。子云："不许夜行，投明须到。"影草随身。

师云：舒州投子山大同禅师，初谒翠微无学禅师，适遇堂上经行次，而便前进接礼，问："西来密意，师如何示人？"微驻步顾视之。子曰："乞师指示。"微曰："更要第二杓恶水那？"子忽省契，拜谢而退。微曰："子无堕却。"子曰："时至根苗自生。"他日偶问："如何是佛理？"微曰："佛则不理。"子曰："莫落空否？"微曰："真空不空。"因示谶颂曰："佛理何曾理？真空又不空。大同居寂住，敷演我师宗。"子还本乡桐城投子山。赵州始于桐城相见。州曰："莫是投子庵主么？"子曰："茶盐钱施我一文。"州先上山,子携油瓶后至,州曰:"久响投子,到来只见卖油翁。"子曰:"你只见卖油翁,且不识投子。"州曰:"如何是投子?"子提起油瓶曰:"油,油。"子置茶筵相待,自过胡饼与赵州,州不管。子令侍者过胡饼,州礼侍者三拜。且道他意如何?

苏州永光真禅师上堂云:"言锋若差,乡关万里。直须悬崖撒手,自肯承当;绝后再苏,欺君不得。"赵州将此意问,若非投子,卒难构副,是他便道:"不许夜行,投明须到。"此与寻常"不脱皮要白柳棒"底言意似同,就理正与赵州问头相应。州云:"我早侯白,伊更侯黑。"子由是道声集,众奏请应谶,名"寂住院"。

白云端颂:"死去活来牙尚露,投明须到已先行。谁家别馆池溏里,一对鸳鸯画不成。"试看天童一笔丹青。

颂云:
芥城劫石妙穷初,及尽今时,始得成立。
活眼环中照廓虚。绝后重苏,欺君不得。
不许夜行投晓到,已涉程途。
家音未肯付鸿鱼。已是妄传消息。

师云:《智度论》:"有城四方百由旬,满中芥子,百年取一粒。芥子尽,劫未尽。"劫石者,梵语"劫波",此云"时分"。《楼炭经》:"有一大石,方四十里。百岁诸天来以罗谷衣拂。石尽,劫犹未尽。"穷尽此芥城劫石,此乃及尽今时。却到空劫以前时,然后眼活也。

"环中"者，《庄子》："枢始得其环中，以应无穷。"此言循环而无穷，得其环中者也。环中虚处，体也；循环无穷，用也。

《诗传》云："大曰鸿，小曰雁。"西汉使谓单于曰："天子于上林射得雁，雁足有苏武系书。"由是单于不敢欺。汉蔡伯喈女名琰，字文姬，与董嗣作妻，沿边为理。嗣巡绰，被番人虏。琰与王为妃，思乡，修书蜡弹内，系雁颈上。雁至汉地饮水，弹落鱼吞。渔人剖鱼得书，知琰所在。此颂"不许夜行，投明须到"。不曾家丑外扬，妄通消息。虽然上覆天童，适来侍者，谢传法海。

第六十四则　子昭承嗣

示众云：韶阳亲见睦州，拈香于雪老；投子面承圆鉴，嗣法于大阳。珊瑚枝上玉花开，薝卜林中金果熟。且道，如何造化来？

举：子昭首座问法眼："和尚开堂，承嗣何人？"早知今日成闲管，悔不当时用好心。眼云："地藏。"恩归有地。昭云："太辜负长庆先师？"肘膊不向外曲。眼云："某甲不会长庆一转语。"伴打不知。昭云："何不问？"引得狼来屋里屙。眼云："'万象之中独露身'意作么生？"觌面相呈。昭乃竖起拂子。两重公案。眼云："此是长庆处学得底，首座分上作么生？"劈箭夺橐。昭无语。只跳得一跳。眼云："只如'万象之中独露身'，是拨万象不拨万象？"却被葫芦倒缴藤。昭云："不拨。"话作两橛。眼云："两个。"明眼难谩。参随左右皆云:"拨万象。"转见不堪。眼云:"万象之中独露身譻!"两彩一赛。

师云:法眼久参长庆棱,既嗣地藏。长庆下昭首座,平昔与师商搉古今,中心愤之,即领众,特诣抚州责问。师知,举众出迎,特加礼待。宾主位,各挂拂子一枝。茶次,昭忽变色抗声曰:"长老开堂,的嗣何人?"师曰:"地藏。"昭曰:"何太辜负长庆先师?某同在会下数十余载,商量古今,曾无间隔。因何却嗣地藏?"此事不在多年,也不在久学,如一宿觉、高亭简,岂可外人评量?昭首座党护门风,不通议论,横生讥剥。法眼当时深愍此辈不通方者,作《十规论》诫之,学者不可不览。且人情之与道力优劣天悬,故将本分事酬他道:"我不会一转因缘。"是他大方之家,不辩不争,却将长庆会下当年曾熟论底事校证。昭以旧日相待,才与拶着七华八裂,参随急救,转见不堪。可谓阵败不禁苕帚扫也。昭与众懺懺而退,眼方略与止住曰:"首座杀父杀母,犹通忏悔。谤大般若,诚难忏悔。"昭竟无对。自此却参眼,发明已见,更不开堂。古人恶来善应,嗔来慈应,然后以平等佛慧而开发之。此子昭首座还嗣法眼,犹不足以酬厚德,洗初心也。天童只将昭公问处,法眼末后一句颂之,自然头正尾正。

颂云:

离念见佛,草枯鹰眼疾。

破尘出经。雪尽马蹄轻。

现成家法,不少不剩。

谁立门庭？尽从这里流出。

月逐舟行江练净，一多无碍，去住自由。

春随草上烧痕青。头上荐取夹山。

拨不拨，转必两头走。

听叮咛。事不厌细。

三径就荒归便得，下坡不走。

旧时松菊尚芳馨。快便难逢。

师云：《圆觉序》道："心本是佛，由念起而漂沉；岸实不移，因舟行而骛骤。"《华严经》道："有一大经卷，量等三千界，在一微尘中，一切尘亦然。有一明眼人，破尘出经卷，利济一切人。"天童引两本大经，集成一联，颂拨万象者。且万象谁万象？独露谁独露？此现成公案，家法常存，谁更立门庭，开户牖？

华严宗，三舟玩月，各逐舟行；一道澄江，千里孤应。惠崇诗："河分冈势断，春入烧痕青。"谢玄晖诗："余霞散成绮，澄江净如练。""月逐三舟，春随百草"，三舟、百草，万象也；月之与春，独露也。

天童颂见拨与不拨，大晒心粗。这里只宜叮咛子细。不见子方上座亦自长庆至，眼亦举前话问。方亦举拂子。眼曰："怎么又争得？"方曰："和尚尊意如何？"眼曰："唤甚么作万象？"方曰："古人不拨万象。"眼曰："万象之中独露身，说甚么拨不拨？"方忽悟法眼前话。末后道："万象之中独露身䫉。"此话末后又道："万象之中独露身，说甚么拨不拨？"可谓"欲去便归归便得，算来田地苦无多"。昭公、方公，究妙失宗，浊智流转之过也。陶渊明《归去来辞》："三径就荒，松菊犹存。"蒋诩，字元卿，开三径，唯羊仲、求仲从交游。此颂法眼承言会宗，开发二师之妙，不失长庆之旨。如何是长庆旨？万象之中独露身。

第六十五则　首山新妇

示众云：咤咤沙沙，剥剥落落。刀刀蹶蹶，漫漫汗汗。没可咬嚼，难为近傍。且道是甚么话？

举：僧问首山："如何是佛？"可晒新鲜。山云："新妇骑驴阿家牵。"是何道理？

师云：汝州宝应省念禅师，蔡州人，姓狄氏。参风穴，穴示众云："昔日世尊以青莲花目顾视迦叶，正当恁么时，且道说个甚么？"首山便下去。侍者入室请益曰："念法华为甚么不祗对和尚？"穴云："念法华会也。"次日，山与真园头汝州广慧真也。同上立侍次。穴云："作么生是世尊不说说？"真曰："鹁鸠树头鸣，意在麻畬里。"穴云："你作许多痴福作甚么？何不体究言句？"仍问山："你作么生？"山云："动容扬古路，不堕悄然机。"穴语真曰："你何不看念法华下语？"山后出世，上堂云："要得亲切，莫将问来。问在答处，答在问处。若将问来，老僧在汝脚底。汝若拟议，则没交涉。"一日拈竹篦云："汝若唤作竹篦即触，不唤作竹篦即背。汝诸人且唤作甚么？"叶县省和尚掣得，折作两截，抛向阶下，却云："是甚么？"山云："瞎。"县便礼拜。诸方唤作背触关。俗谚有云："颠倒颠，新妇骑驴阿家牵。"佛国颂云："首山有语古今传，此语休云返倒颠。新妇醉骑驴子去，时人笑杀阿家牵。"不似天童颂得可喜。

颂云：
新妇骑驴阿家牵，草木不劳拈出。
体段风流得自然。描不成画不就。
堪笑学颦邻舍女，弄巧成拙。
向人添丑不成妍。取笑傍观。

师举：圆通秀《铁壁颂》云："何劳一日三梳头，扎得根牢即便休。大抵输他肌骨好，不涂红粉也风流。"首山答话，不用缘饰，自然婆妇，体段俏措。如西施心痛，捧心而颦，更益其美。丑女学颦，更益其丑。此责口耳之学，不务妙悟者，一心也待做风流，四枝八脉傍不肯。

第六十六则　九峰头尾

示众云：神通妙用底，放脚不下；忘缘绝虑底，抬脚不起。可谓有时走杀，有时坐杀。如何得恰好去？

举：僧问九峰："如何是头？"高超威音之前。峰云："开眼不觉晓。"明不越户。僧云："如何是尾？"独步劫空之后。峰云："不坐万年床。"穴不栖巢。僧云："有头无尾时如何？"先行不到。峰云："终是不贵。"奴见婢殷勤。僧云："有尾无头时如何？"末后太过。峰云："虽饱无力。"有甚么用处？僧云："直得头尾相称时如何？"君臣道合，上下和同。峰云："儿孙得力，室内不知。"各安其分。

师云：筠州九峰道虔禅师，福州官怀人，姓刘氏，虽遍经法席，而受印于石霜。初住九峰，玄徒尤盛，后居洪州泐潭，而终敕谥"大觉"。

一日僧问："如何是头？"若是道眼不通明，差别智不具，论个头尾先后，心懵然不知下落。峰云："开眼不觉晓。"曾有僧问："人人尽言请益，未审师将何法拯济？"峰云："汝道巨岳还曾乏寸土么？"僧云："恁么则四海参寻，当为何事？"峰云："演若迷头心自狂。"僧云："还有不狂者么？"峰云："有。"僧云："如何是不狂者？"峰云："突晓途中眼不开。"这个便是"开眼不觉晓"底榜样。僧云："如何是尾？"峰云："不坐万年床。"又有僧问："如何是然灯前？"峰云："勤劳不得力。"僧云："如何是正然灯？"峰云："头大尾小。"僧云："如何是然灯后？"峰云："退位不知闲。"此是"不坐万年床"底榜样也。僧云："有头无尾时如何？"峰云："终是不贵。"开眼觉晓也。僧云："有尾无头时如何？"峰云："虽饱无力。"退位知闲也。僧云："直得头尾相称时如何？"峰云："儿孙得力。"饱而有力也；"室内不知"，终是尊贵也。《宗镜录》曰："入吾宗中先须知有，然后保任。"又曰："头尾须得相称，不可理行有阙，心口相违。若入宗镜，理行俱圆。"

石霜，九峰师也，示众云："初机未构大事，先须识取头，其尾自至。"疏山出问:"如何是头?"霜曰:"直须知有。"疏曰:"如何是尾?"霜曰:"尽却今时。"疏曰:"有头无尾时如何?"霜曰:"吐得黄金堪作甚么?"疏曰:"有尾无头时如何?"霜曰:"犹有依倚在。"疏曰:"直得头尾相称时如何?"霜曰:"渠不作个会解,亦未许渠在。"故九峰曰:"诸上座,古人说个头,也只令汝知有。说个尾,只教汝尽却今时。有如许多不相应底事,所以教汝向这里屏当却,销磨却。令汝今日相应去,成办去。若是当人体尔,真实恒如,不可更怎么说话也。虽然如是,须是个人始得。且莫异口同音,快须努力,珍重。"

万松以九峰公案,证九峰公案。注也注了,说也说破,其余意味,分付天童。

颂云:

规圆矩方,碗儿团圞,盘儿四角。

用行舍藏。升儿里回,斗儿里转。

钝踬栖芦之鸟,岂解高飞远扬。

进退触藩之羊。不能独步大方。

吃人家饭,快须吐却。

卧自家床。切忌生根。

云腾致雨,春生夏长。

露结为霜。秋收冬藏。

玉线相投透针鼻,联绵无间。

锦丝不断吐梭肠。翻覆通同。

石女机停兮夜色向午,文彩纵横意自殊。

木人路转兮月影移央。解行不触今时道。

师云：纵横得妙，左右逢原底人，庄子所谓："圆者中规，方者中矩。"子谓颜渊曰："用之则行，舍之则藏，唯我与你有是夫。"如其不然，则胶柱调弦，刻舟记剑也。《宝藏论》："夫进修之由，中有万途。困鱼止泊，钝鸟栖芦。其二者不识于大海，不识于丛林。人趣乎小道，其义亦然。"《周易·大壮卦上六》："羝羊触藩，不能退，不能进。无攸利，艰则吉。"吃别人家饭，卧自己床，如云吃官饭，放私驼。又云："解将冷口吃人热食者难得。"出则为云为雨，入则冰结霜凝。此乃乍出乍入，未是作家。直得针线贯通，毫芒绵密，机丝不挂，文彩纵横。正当石女机停时，已早木人路转。正当夜色向午处，已早月影移央。此末后两句，只是一句。今时儒学文章士谓之"隔句对"。万松怎么离坚合异，要与天童相见，诸人不得辜负九峰。

音义卷中

五两　兵法用丝五两，挂竿头以占风信，号五两子。

高邮　尤，地名。

妥贴　他果切，安也。

窨　翅，止也。

鳣鲔　上知连，下鱼鬼，鲤鲐。

颦蹙　频足，眉聚。

皤　婆，白首。

羆　碑，黄熊。

弑　试，大逆。

铲䪞　蒲拜切，扇火具。

手栳　饶，栲也。

殴　藕，打也。

㡲　床已，砌也。

我不　甫鸠，叶匀。

骨骼　亦作古格。

憾　音撼，恨也。

筈　括，受弦。

滑稽　骨鸡，非诣。

剑峡　洽，川名。

汨罗　觅罗，水名。

㬯　庄荫，谗叚也。

倜傥　上他激，下他朗，不羁。

攫裂　上一虢，攫也。

悬　浇倒，悬首。

遏　乌割，止也。

恢　魁，大也。

綍　弗，重索。

阃　苦本，门限。

奎　睽，星名。

繢　贵，人名。

颟顸　亦作漫汗，留平呼。

笼桶　皆上呼,不晓貌。

绥山　上虽,山名。

油缸　降,瓶。

万松老人评唱天童觉和尚颂古从容庵录卷下

侍者离知　录
后学性一　校
生生道人　梓

第六十七则　严经智慧

示众云：一尘含万象，一念具三千，何况顶天立地丈夫儿，道头知尾灵利汉。莫自辜负己灵，埋没家宝么？

举：《华严经》云："我今普见一切众生，具有如来智慧德相，熊翻斤斗，驴舞柘枝。但以妄想执着而不证得。妄想执着亦不恶。"

师云：《华严大疏》首尾，清凉大师科此段经名"开因性"。《普贤行愿疏》名"开物性源"。如何开耶？《出现品》云："佛子，无一众生而不具有如来智慧，但以妄想颠倒执着，而不证得。注云：凡夫妄想，权小执着颠倒，通上二种。若离妄想，一切智、自然智、无碍智，则得现前。"便举一尘包含大千经卷之喻。前颂"万象之中独露身""离念见佛""破尘出经"，正是此科经也。又云："尔时如来以无障碍清净智眼，普观法界一切众生，而作是言：'奇哉，奇哉！此诸众生，云何具有如来智慧，愚痴迷惑，不知不见？我当教以正道，令其永离妄想执着，自于身中得见如来广大智慧，与佛无异。'"

清凉《大疏》云："众生包性德而为体，揽智海以为源。但相变体殊，情生智隔。今令知心合体，达本忘情，故谈斯经而为显示。"释曰："此则兼明众生迷真之由也。譬如福德智慧，具足相貌之人，忽然梦见贫病苦身，即相变也。不见本身，即体殊也，执认云：'是我身'，即情生也。不信自身福德端正，即智隔也。"

僧问报慈："情生智隔，相变体殊，情未生时如何？"慈云："隔。"诸方罔知出处，多以相为想，就便辨之，学者应知。仰山勘香严："如来禅许师兄会，祖师禅未梦见在。"且道如来禅相去多少？试将《华严经》文，参我天童颂意。

颂云：

天盖地载，通上彻下。

成团作块。刀斧斫不开。

周法界而无边，十方无壁落。

析灵虚而无内。佛眼觑不见。

及尽玄微，好事不如无。

谁分向背。无回避处。

佛祖来偿口业债，言多伤行。

问取南泉王老师，忌却杉山。

人人只吃一茎菜。更无余事可营为。

师云：岩头道："直须向自己胸襟流出，将来与我盖天盖地。"① 今言"天盖地载"，何其颠倒也？盖就人情而言之。人情皆谓天地生人，谓之"三才"；佛教反以人生天地，所以三界唯心，万法唯识。这里打做一团，炼做一块，周法界，无边表。《楞严经》：佛告阿难："汝观地性，粗为大地，细为微尘。至邻虚尘，析彼极微，色边际相，七分所成，更析邻虚，即实空性。"

万松常举《信心铭》："极小同大，忘绝境界；极大同小，不见边表。"或有人问："世间何物最大？"当曰："真空。"何以故？极大同小，不见边表故。或有人问："世间何物最小？"当曰："真空。"何以故？极小同大，忘绝境界故。呜呼，三祖何人哉？出一则语，天下衲僧跳不出。

僧问赵州："如何是玄中玄？"州云："汝玄来多少时也？"僧云："玄之久矣。"州云："若不是老僧，几乎玄杀。"洞山《玄中铭》：向道莫去，归来背父。既周法界，打成一块。岂劳尘外，别有玄微？岂有前后向背？佛不出世，也不曾减；佛出世，指示演说，也不曾添。誉海之宽，夸日之明，不足可言，并为增语。

南泉、杉山普请择蕨菜次，南泉拈起一茎曰："这个大好供养。"杉山云："非但这个，百味珍羞，他亦不顾。"南泉云："虽然如是，个个须尝过始得。"大阳明安上堂云："莫行心处路，莫坐无处功。有无二俱离，廓然天地空。"所以南泉道："大家吃一茎菜。更觅一茎，入地狱如箭射。"万松道：今日人七。

---

① "天"，《大正藏》本误作"大"。

第六十八则　夹山挥剑

示众云：寰中天子敕，阃外将军令。有时门头得力，有时室内称尊。且道是甚么人？

举：僧问夹山："拨尘见佛时如何？"何必。山云："直须挥剑。果然。若不挥剑，渔父栖巢。坐则非佛。"僧举问石霜："拨尘见佛时如何？"见即不拨，拨即不见。霜云："渠无国土，何处逢渠？"不坐即佛。僧回举似夹山。往来不易。山上堂云："门庭施设，不如老僧，入理深谈，犹较石霜百步。"各得一橛。

师云：潭州石霜庆诸禅师，初在沩山充米头。方筛米次，沩曰："施主物不可抛弃。"霜曰："不抛弃。"沩于地拾一粒示之曰："你道不抛弃。这个甚处得来？"师无对。沩曰："莫欺这一粒，百千粒从这一粒生。"霜曰："然则这一粒，自何处生？"沩大笑归方丈。晚上堂曰："大众，米里有虫。"后参道吾，问"触目菩提"，吾唤沙弥"添净瓶水"，悟如前举。霜在道吾两夏而受印。会昌之厄，混迹潭州浏阳陶家坊，朝游夕处。大中初，有僧自洞山至，举洞山"初秋夏末，兄弟或东或西，直须向万里无寸草处去"，良久曰："只如万里无寸草处，又怎么生去？"霜曰："出门便是草。"僧复举似洞山。山曰："此是一千五百人善知识语，且大唐国里能有几人？"囊锥始露，住石霜道场，果符悟本之记。二十年，海众千余，往往长坐不卧，屹若株杌，"枯木堂"

名,自兹立焉。

僧问:"拨尘见佛,所问是一?"夹山道:"若不挥剑,渔父栖巢。"石霜道:"渠无国土,何处逢渠?"万松道:入理深谈,不如石霜;门庭施设,犹较夹山百步。莫有两彩一赛底么?天童道甚?

颂云:
拂牛剑气洗兵威,太平本是将军致。
定乱归功更是谁?不许将军见太平。
一旦氛埃清四海,但尽凡情。
垂衣皇化自无为。别无圣解。

师云:临济宗风,金刚王宝剑,杀佛杀祖。夹山截断老葛藤,打破狐窠窟。《晋书》:雷焕善天文,张华因望斗牛间常有异气,邀焕夜登楼仰视。焕曰:"仆察之久矣。宝剑之精上于天,在豫章鄷城县界。"华乃荐雷为鄷城令。修狱掘基,得石匣,有双剑,光甚艳发。送一与华,留一自佩。华被诛,失剑。焕卒,子为州从事,佩父剑至延平津。剑跃堕水,使人投之,见两龙,有文章。投者惧,回。

《说苑》:武王伐纣,遇雨。散宜生曰:"此非妖欤?"王曰:"非也,天洗兵也。"此颂"若不挥剑,渔父栖巢"。《易》曰:黄帝、尧、舜垂衣裳而治天下,无为之化,不令而行。此颂"无巢可栖"。渠无国土,无剑可挥,何处逢渠也?同安察禅师道:"妙体本来无处所,通身那更有踪由?"万松道:许你亲见石霜,犹较夹山百步。要见夹山么？剑为不平离宝匣，药因投病出金瓶。

第六十九则　南泉白牯

示众云：成佛作祖，嫌带污名；戴角披毛，推居上位。所以真光不耀，大智若愚，更有个便宜，聋佯不采底，知是阿谁？

举：南泉示众云："三世诸佛不知有，只为知有。狸奴白牯却知有。只为不知有。"

师云：飞山法师戒珠作《别传心法议》，毁斥南泉曰："若愿辈，不嗜学，不知本，不足以语如来教。"①《无尽灯·附集》依通率易辩，叙南泉初习律，次听《华严》《楞伽》，入《中》《百》《门》观。闻马祖传言外道，屡扣其旨，顿获忘筌。一日行粥，马祖问："桶里是甚么？"泉曰："这老汉合取口，作怎么语话？"泉临机不让马祖如此，后来却向赵州手里偿债。泉问座主："《涅槃经》以何为极则？"主曰："以如如为极则。"泉云："唤作如如，早是变也。今时沙门须向异类中行始得。"赵州于僧堂前问："异则不问，如何是类？"泉乃两手托地，州以脚一踏，泉便倒地。州走入延寿寮，叫云："悔，悔。"泉令侍者问州："悔个甚么？"州云："悔不更与两踏。"泉上堂云："王老师自小养一头水牯牛，

---

① 原文为："若愿辈像法之罪人，不嗜学，不知本，不足以语如来教。"见戒珠《别传心法议》，《续藏经》第 101 册，321 页。

拟向溪东牧，不免食他国家水草；溪西牧，亦不免食他国家水草。如今不免随分纳些子，总不见得。"

泉一日见浴主烧浴，云："斋后请水牯牛浴。"浴主去请。泉云："将得绳索来么？"州以手拽泉鼻。泉云："是即是，太粗生。"州问："知有底人向甚么处去？"泉云："向山前檀越家作一头水牯牛去。"州云："谢师指示。"泉云："昨夜三更月到窗。"泉将顺世。首座问："和尚百年后向何处去？"泉云："山下作一头水牯牛去。"座云："某甲随和尚去得否？"泉云："汝若随我，须衔取一茎草来。"此异类话，南泉首唱，沩山和之，道吾、云岩传授，今为曹山三堕。

道吾到南泉，泉问："阇梨名甚？"吾云："宗智。"泉云："智不到处作么生宗？"吾云："切忌道着。"泉云："灼然，道着即头角生。"三日后与云岩在后架把针次。泉过，乃问："前日道：智不到处，切忌道着，道着即头角生，合作么生行履？"吾便抽身入僧堂，泉便去。岩问吾："师弟适来为甚不祗对和尚？"吾云："你得恁么灵利。"岩不荐，却去问泉云："适来公案，智头陀作么不祗对和尚？"泉云："他却是异类中行。"岩云："如何是异类中行。"泉云："不见道，智不到处，切忌道着，道着即头角生，直须向异类中行。"岩亦不会。

吾知岩不荐，乃云："此人缘不在此。"便同回药山。岩遂举前话，山云："子作么生会他？这个时节便回来？"岩无对，山乃大笑。岩便问："如何是异类中行？"山云："吾今日困，别时来。"岩云："某甲特为此事归来。"山云："且去。"岩便出。吾在方丈外，闻岩不荐，不觉咬得指头血出，却下来问："师兄问和尚那因缘作么生?"岩云:"和尚不为某甲说。"吾便低头。二人侍立,山问:"智不到处,切忌道着,道着即头角生。"吾便"珍重"出去。岩遂问山:"智师弟为甚么不祇对和尚?"山云:"我今日背痛,是他却会,你去问取。"岩遂问:"师弟适来为甚么不祇对和尚?"吾云:"我今日头痛,你去问取和尚。"

后云岩迁化,遣人驰辞书至,吾览后曰:"云岩不知有,悔当时不向伊道,然虽如是,要且不违药山之子。"玄觉云:"古人恁么道,还知有也未?云岩当时不会,甚么处是不会处?"翠岩芝云:"道吾道:'云岩不知有,悔当时不向伊道',只如恁么道,道吾还知有也无?"万松道:云岩为洞山之师,一派之源。再四再三,不知有此事。万松具录,也要与后人傍参,助一半力。岂唯云岩不知有?翠岩芝道:"道吾还知有也无?"万松道:非但道吾,翠岩还知有也未?不见僧问长沙:"为甚三世诸佛不知有?"沙云:"未入鹿苑时,犹较些子。"僧云:"狸奴、白牯,为甚么却知有?"沙云:"汝争怪得伊?"万松到此,只可傍观。大小天童,赞叹有分。

颂云:
跛跛挈挈,不近休忙。
觍觍觍觍。人不喜觑。
百不可取,
一无所堪。开门又软,种火又湿。
默默自知田地稳,靴里动指头。
腾腾谁谓肚皮憨。呆里撒奸。

普周法界浑成饭，吐不出，咽不下。

鼻孔累垂信饱参。抛半撒半。

师云："跛挈"，痿羸不唧嚠貌。药山看经次，栢岩曰："和尚休猱人得也。"① 山卷却经，曰："日色早晚？"曰："日正当午。"山曰："犹有这个文彩在。"曰："某甲无亦无。"山曰："汝人晒聪明。"曰："某甲只如此。和尚尊意如何？"山云："我跛跛挈挈，百丑千拙，且恁么过。"灌溪闲和尚颂云："抖擞多年穿破衲，氍毹一半逐云飞。拈来搭向肩头上，也胜时人着锦衣。"百不可取，一无所堪。众中如百拙，一世作闲人。"默默自知田地稳，腾腾谁谓肚皮憨"，梵志翻着袜，人皆谓是错。宁可刺你眼，不可隐我脚。王梵志，奇人。此语大播人间，可谓皮灯球儿，内明外暗。末后句颂饱参到烂骨董地面，眉毛、眼睫上都是饭颗。一朝撑破疥肚皮，五脏心肝都吐出。

第七十则　进山问性

示众云：闻香象渡河底已随流去，知生不生性底为生之所留。更论定前定后，作笋作篦？剑去久矣，你方刻舟。蹋转机轮，作么生别行一路？试请举看。

举：进山主问修山主云："明知生不生性，为甚么为生之所

---

① "栢"，《大正藏》本作"柏"。

留？"照故掜鼻木。修云："笋毕竟成竹去，如今作篾使还得么？"鼻孔在他人手里。进云："汝向后自悟去在。"大小厌良为贼。修云："某甲只如此，上座意旨如何？"刺头向人怀里。进云："这个是监院房，那个是典座房。"打得球子别处去。修便礼拜。且作好心相待。

师云：襄州清溪山主洪进禅师，为地藏琛和尚第一座。时有二僧俱礼地藏。藏曰："俱错。"二僧并无语。下，请益修山主。主曰："汝自巍巍堂堂，却礼拜他人，岂不是错？"进闻之，不肯曰："汝自迷暗，焉可为人？"修愤然上堂头请益。藏指廊下曰："典座，入库，下去也。"修乃省过。进一日问修曰："明知生不生性，为甚么为生之所留？"

庵提遮女，婆罗门种，舍卫城西二十余里，长提村婆私腻长者女也，因家作大会，命佛及僧，提遮故得振其嘉声焉。文殊大士问："颇有明知生不生相，前作性为生所留者否？"女曰："有之。虽自明见，其力未充，而为生所留者是也。"

修山主答："笋毕竟成竹去，而今作篾使得么？"篾，竹皮束物，竹索也。笋嫩无力，苍竹有力。笋力未充，不堪作蔑。觉范《观音赞》："悯我心明力不迨，时时种子发现行。如人因酒而发狂，戒饮辄复逢嘉酝。"此亦言其力未充也。惭愧古人熟烂教乘，出辞吐气，与修多罗合。进山主要拈转话头，方复不许道："汝向后自悟去在。"修曰："某甲见处只如此，上座意旨如何？"修公先向四平八满处坐定。进公遣起，必然别有一条活路，遂指道："这个是监院房，那个是典座房？"且道："明得生，不生性；明不得生，不生性？"且道："为生所留，不为生所留？"修便礼拜。他参活句，不参死句。此与"典座入库下去也"，更无两样。

诸方皆言法眼下一味平实，体中玄请看前话。天童见此话出格奇特，所以尽情彻底颂出。

颂云：

豁落亡依，板翻系驴橛。

高闲不羁。掣断黄金锁。

家邦平怗到人稀，稳处下脚。

些些力量分阶级。强生节目。

荡荡身心绝是非，见怪不怪。

是非绝，其怪自坏。

介立大方无轨辙。太平无忌讳，何处不风流？

师云：此颂进山主"这个是监院房，那个是典座房"。亡依倚时，自然廓落；不羁縻处，法尔高闲。平怗家邦几人能到？须是无烦恼可断，无禅道可参。十二时中，除着衣吃饭是闲用心处。据进公问意，亦微有征古验今，分阶级，定力量底钩线。然其荡荡身心，本绝是非也。修公也不妨会如来禅，平实商量，本分说话。争奈百丈道："依经解义，三世佛冤。"所以微分力量，权立阶梯，道："笋则嫩无力用，竹则篾引千钧。"言迹之兴也，是非所以成。进公为渠划却，别指生机一路。殊非开户牖，立轨辙，欺诳道伴。修公设拜，以谢不敏。还识二公当家炉鞴么？入火更须精锻炼，上砧方耐重钻锤。

第七十一则　翠岩眉毛

示众云：含血喷人，自污其口。贪杯一世偿人债，卖纸三年欠鬼钱。万松为诸人请益，还有担干计处也无？

举：翠岩夏末示众云：犹嫌少在。"一夏以来，为兄弟说话，自扬家丑。看翠岩眉毛在么？不害口碜。"保福云："作贼人心虚。"也是火里人。长庆云："生也。"雪上加霜。云门云："关。"拦街截巷。

师云：明州翠岩永明大师，讳令参，湖州人，蒙雪峰记别，大张法席。一日上堂曰："自一夏以来，为兄弟东语西话，看翠岩眉毛在么？"诸方多道：本欲苫身，不觉两重公案。更见保福道：作贼人心虚。一向道背底插柴，自隐口过。佛果云："人多错会道：青天白日说无向当话，无事生事先自说过，免得别人点检，且喜没交涉。"长庆云："生也。"万松道：依旧在眼上。云门"关"字、"普"字，号"一字禅"。三个皆嗣雪峰，见当家人说无外话。见翠岩示众奇特，故大家唱和。古人下语，不犯手势。有座主就华严讲下请岩斋。岩云："山僧有个问头，若答得即斋。"乃拈起胡饼云："还具法身么？"主云："具。"岩云："恁么则吃法身也。"主无对。当讲法师代云："有甚么过？"岩不肯。云门代云："特谢和尚降重空筵。"觉范谓："云门大师，僧中王也。"果然！天童一串穿来，从头颂出。

颂云：

作贼心，赃物已露。

过人胆，傍若无人。

历历纵横对机感。白拈巧偷。

保福、云门也垂鼻欺唇，探头太过。

翠岩、长庆也修眉映眼。佯打不知。

杜禅和有何限？天童杜撰，何似万松？

刚道意句一齐划。欲隐弥露。

埋没自己也饮气吞声，养子不及父。

带累先宗也面墙担板。家门一世衰。

师云：雪窦道："善窃者，鬼神不知。既为保福、天童觑破，翠岩不是好手。"殊不知，许大云门、长庆，都被翠岩用一茎眉毛，一时穿却鼻孔。若藏头露影，算甚太手强人？故能历历纵横，对机应感。保福云："作贼人心虚"。云门云："关"。皆衲僧鼻孔长也。千里已闻干屎橛，三冬犹嗅烂瓜香。翠岩道："眉毛在么？"长庆便道："生也。"乃壁上高僧，一呼便应，瓶中养鹅，随声已出底时节，岂识情可卜度也？此所以道修眉映眼冷地看人，一点谩他不得。有底道，一夏葛藤上生枝引蔓，而今剪草除根，一齐划却。殊不知，三十年后，此话大行去在，何必囊藏被盖，饮气吞声？恁么则面墙担板，累及先宗也。诸方道：徐六担板，只见一边。《尚书》：不学墙面。疏：面墙无所睹见。君不见灵山放出白毫相，照见东方万八千。

第七十二则　中邑猕猴

示众云：隔江斗智，遁甲埋兵；觌面相持，真枪实剑。衲僧所以贵全机大用也。从慢入紧，试吐露看。

举：仰山问中邑："如何是佛性义？"这个座主，却堪持论。邑云："我与你说个譬喻：宜假不宜真。如室有六窗，中安一猕猴，还肯宁息么？外有人唤云'狌狌'，猕猴即应。再来不直半文。如是六窗俱唤，俱应。只要檀郎认得声。"仰云："只如猕猴睡时，又作么生？"莫寐语。邑乃下禅床，把住云：觉来也未。"狌狌，我与你相见。"何不早恁么道？

师云：朗州《统要》：鼎州。中邑洪恩禅师，马祖八十余员大善知识之一，仰山之叔祖也。仰山江陵受戒，回往谢戒。邑见山年幼，以猕猴应六窗说佛性义，如拍大奶唬小孩儿，山埋兵掉斗，忍俊不禁。礼谢毕，曰："今蒙和尚譬喻，无不明了。更有一事，只如内猕猴瞌睡，外猕猴欲相见时如何？"奇哉！真师子儿，便露法窟爪牙。邑不觉自下禅床，执仰山手，作舞云："狌狌与你相见了也。"何不说个比喻？云居锡云："中邑当时不得仰山这一句，何处有中邑也？"

先师与胜默师伯，二十余岁，丛林敬畏。郑州宝和尚，名震河洛。先师遍参往见。州云："兄弟年俊，正宜叩参。老僧当年念念常以佛法为事。"先师避席进曰："和尚而今如何也？"州云：

"如生冤家相似。"先师曰:"若不得此语,几乎枉行千里。"州下禅床,握先师手曰:"作家那。"遂留数日。夹山谓佛曰"死灰里一粒豆爆",盖谓此也。

玄觉云:"若不是仰山,争得见中邑?且道甚么处是仰山得见中邑处?"万松道:报恩法堂上。崇寿稠云:"还有人定得此道理么?若定不得,只是个弄精魂脚手,佛性义在甚么处?"万松道:向弄精魂脚手上辨取。佛鉴云:"仰山放憨,中邑卖俏。俏措卖来憨痴,憨痴放来俏措。虽然猕猴睡着,其奈肚里惺惺,直饶杜绝六窗,狌狌何处不相见?诸人要见二老诤讹么?各各面皮厚三寸。"万松道:觅个识惭愧汉不可得,唯天童老人较些些。

颂云:
冻眠雪屋岁摧颓,蛰户不开。
窈窕萝门夜不开。龙无龙句。
寒槁园林看变态,几乎死杀。
春风吹起律筒灰。喜得重苏。

师云:《汝南先贤传》曰:"时大雪积地丈余,洛阳令躬出按行,见人除雪出,有乞食者。至袁安门,无有行路,谓安已死。令人除雪,入户见安僵卧,问:'何以不出?'安曰:'大雪,人皆饿,不宜干人。'令以为贤,举为孝廉。"此颂中邑说喻睡语一上,终是不惺惺,"窈窕萝门夜不开"也。忽被仰山点破,中邑便全体作用,枯木重阳,"春风吹起律筒灰"也。蔡邕《月令》:截竹为管,谓之律,置之密室,以葭莩为灰,以实其端。其月气至，则飞灰而管空。阳气生，死中活也。如中邑、仰山，作家相见。见了后如何？不劳久立。

第七十三则　曹山孝满

示众云：依草附木，去作精灵；负屈衔冤，来为鬼祟。呼之则烧钱奏马；遣之则咒水书符。如何得家门平安去？

举：僧问曹山："灵衣不挂时如何？"蟭蟟脱壳，犹抱寒枝。山云："曹山今日孝满。"不负平生。僧云："孝满后如何？"宽行大步。山云："曹山爱颠酒。"有何不可？

师云：僧问同安威禅师："牛头未见四祖时如何？"安云："路边神庙子，见者尽擎拳。"僧云："见后如何？"安云："室内无灵床，浑家不着孝。"这僧问："灵衣不挂时如何？"洞山初道："卸了灸脂帽子，脱却狐臭布衫，作个脱洒衲僧。"后来僧问："如何是佛？"答："麻三斤。"若到这个时节，便会曹山今日孝满。这僧也好，要见今日曹山行履，问"孝满后如何"，山云："曹山好颠酒。"觉范道："心如明镜，口如醉汉。"

一日僧问："清税孤贫，乞师拯济。"山召"清税"，僧应喏。山云："清源白家酒三盏，犹道未沾唇。"又有僧问金峰："金杯满酌时如何？"峰云："金峰不胜酩酊。"佛果拈云："承言会宗，明机普应，则不无金峰。子细点检将来，也太漏逗。若有人问蒋山，金杯满酌时如何？只对他道：'山僧自来天戒。'"又有僧问曹山："十二时中如何保任？"山云："如过蛊毒之乡，水也不得沾他一滴。"曹山有时醉醉里醒醒；有时醒不分昼夜，为他黄粮梦断，闺阁情忘。洞山问云居："大阐提人，杀父害母，孝养何在？"居云："始成孝养。"此名孝满颠酒底人。洞山道："触目荒林，论年放旷。"天童惯曾游戏其间。

颂云：
清白门庭四绝邻。脑后见腮，莫与往来。
长年关扫不容尘。设有一点无着处。
光明转处倾残月，否极泰生。
爻象分时却建寅。阴惨阳舒。
新满孝，泪痕犹未罢。
便逢春。相唤打秋千。
醉步狂歌任堕巾。熟不讲礼。
散发夷犹谁管系？千自由百自在。
太平无事酒颠人。七村里这汉快活。

师云：眼里着沙不得底太局狭生。曹山道："若是世间粗重贪嗔痴，虽难断，却是轻。若是无事无为净洁，此个重无可重也。"① 所以洞山道："明月堂前时时九夏也。"至道不可形容，古人近取诸身，远取诸物，比兴连类，以喻至道。报慈《赞龙牙半身颂》云："日出连山，月圆当户。不是无身，不欲全露。"二老

---

① "无可重也"，《大正藏》本作"无以加也"。

皆洞山儿孙。觉范云："其家风机贵回互，使不犯正位。语忌十成，使不堕今时。"而报慈匠心独妙，语不失宗，为可贵也。此"光明转处倾残月"，喻孝满逢春也。《周易·乾卦》："九二，见龙在田，利见大人。"疏："九二，当据建寅、建丑之间。于时地之萌芽，初有出者，即是阳气发见之义。乾卦之象其应然也。"老杜《饮中八仙歌》"脱巾露顶王公前"与"天子呼来不上船"，皆忘形忽礼，非可以涯岸检束也。

丹霞天然一日横卧天津桥上，留守郑公前导喝之，师不顾。问之，徐曰："我无事僧也。"郑敬异之。雪峰，众晚参，峰在中庭卧，太原孚上座云："五州管内，只有这个和尚较些子。"峰便起去。此皆披襟散发、无事酒徒。曹山孝满，如何受用？四时春富贵，万物酒风流。

第七十四则　法眼质名

示众云：富有万德，荡无纤尘。离一切相，即一切法。百尺竿头进步，十方世界全身。且道甚么处得来？

举：僧问法眼："承教有言，从无住本，立一切法。如何是无住本？"合取狗口。眼云："形兴未质，莫眼华。名起未名。毕竟唤作甚么？"

师云：文殊问维摩："身孰为本？"答："贪欲为本。"问："贪欲孰为本？"答："虚妄分别为本。"问："虚妄分别孰为本？"

答:"颠倒想为本。"问:"颠倒想孰为本?"答:"无住为本。"又问:"无住孰为本?"答:"无住则无本。"文殊师利从无住本,立一切法。肇公注云:"心犹水也,静则有照,动则无鉴。痴爱所浊,邪风所扇,涌溢波荡,未始暂住。以此观法,何往不倒?譬如临面涌泉,责己本状者,以未之有也。"又云:"若以心动为本,则有有相生①。理极初动,更无本也。若以无法为本,则有因尢生。无不因无,更无本也。"又云:"无住故倒想,倒想故分别。分别故贪欲,贪欲故有身。既有身也,则善恶并陈。善恶既陈,则万法斯起。自兹以往,言数不能尽也。"肇公以最初动念、根本不觉为无住本。

《传灯·清凉国师答皇太子心要》云:"至道本乎其心,心法本乎无住。无住心体,灵知不昧。"安国师举《金刚经》云:"应无所住而生其心。无所住者,不住色,不住声,不住迷,不住悟,不住体,不住用。而生其心者,则是一切处而显一心。若住善生心则善现;若住恶生心则恶现。本心则隐没,若无所住。十方世界唯是一心也。"六祖问荷泽:"知识远来也大艰辛,将本来否?若有本,则合识其主。试说看?"泽曰:"以无住为本,见则为主。"荷泽《显宗记》云:"自世尊灭后,西天二十八祖,共传无住之心。此无住本,即以本分事,名无住也。若以真妄融,即一有多种,二无两般。"法眼答处,出《宝藏论》"形兴未质,名起未名。形名既兆,游气乱清"。

---

① "则有有相生",《大正藏》本作"则有因相生"。按《注维摩诘经》卷6《观众生品》:"肇曰:'若以心动为本,则因有有相生,理极初动,更无本也。'"《大正藏》第38册,第386页。

雪窦拈起拄杖云："大众，拄杖是形名双举。形即无形，名即无名。一等没见识瞎汉，只认个无形段、无名姓底便为极则。辜负法眼，违背永明。"寿禅师《唯心诀》云："无一名不播如来之号；无一物不阐遮那之形。"

又有一等孤陋寡闻，不肯究理参问，只道：本来有甚？万松道：已太多生。他云："如何免得？"万松道：本来少甚？你但恁么会去。因参法眼，兼见天童。

颂云：

没踪迹，羚羊挂角。

断消息。久负不逢。

白云无根，妙体本来无处所。

清风何色？通身那更有踪由。

散乾盖而非心，尚能出岫。

持坤舆而有力。不费精神。

洞千古之渊源，尽向这里流出。

造万象之模则。一法之所印。

刹尘道会也，

处处普贤；栏街截巷。

楼阁门开也，

头头弥勒。筑着磕着。

师云：视之无形，普天匝地；听之无声，圆音无间。云虽无根，太虚为片云所点；风虽无色，大地为风轮所持。刘禹端公问云居:"雨从何来?"居曰:"从端公问处来。"公喜而谢之。居却问曰:"问从何来?"公无语。西禅与官员坐次。禅云:"风作何色?"官无语。禅却问僧,僧拈起衲衣云:"在府中铺。"禅云:"用多少帛子?"僧云:"勿交涉。"禅无语。云门代云:"咄,这话堕阿师!"

雪窦并作两颂:"雨从何来?风作何色?龙门万仞,曾留宿客。进退相将,谁遭点额?风作何色?雨从何来?不用弹指,楼阁门开。波波棱棱,南方未回。"天童颂无住本"白云无根,清风何色",颂立一切法"散乾盖而非心,持坤舆而有力"。

善慧大士《心王铭》:"观心空王,玄妙难测。无形无相,有大神力。"《管子》曰:"水出而不流曰渊;水远而流曰源。上古之前,千古渊源也。万象自兹而形。"《华严·普贤行愿品》:"佛说菩萨说,刹说众生说,三世一切说。"又:"普眼不见普贤,见与不见,俱普贤也。若不见处,无不名普也。"《入法界品》:"时弥勒菩萨前诣楼阁,弹指出声,其门即开。命善财入,乃至悉见三千大千世界,百亿四天下兜率陀天,一一皆有弥勒。"又有颂云:"弥勒真弥勒,化身千百亿。时时示时人,时人皆不识。"此皆立一切法之标榜也。还见法眼么?常因送客处,记得别家时。

第七十五则　瑞岩常理

示众云:唤作如如,早是变也。智不到处,切忌道着。这里还有参究分也无?

举：瑞岩问岩头："如何是本常理？"有理不在高声。头云："动也。"可知理也。岩云："动时如何？"再犯不容。头云："不见本常理。"相物作价。岩伫思。却识惭愧。头云："肯即未脱根尘；个中无肯路。不肯即永沉生死。当堂不正坐，那赴两头机。"

师云：台州瑞岩师彦禅师，闽人，姓许氏。始问岩头，安个名，立个字，创号本常理。岩头有时放过，只与照破道："动也。"瑞岩好彩，三十棒何幸免却来？是他尚不顾危亡道："动时如何？"撩虎头，编虎尾。岩头半醉半醒，又放过，只与照破，道："不见本常理。"大方之家，容物如此。岩方伫思，这里正到枯木岩前差路多处也。头已是不惜身命，与截断走路，剖开当阳长安官道，云："肯即未脱根尘，不肯即永沉生死。"沩山唤作法窟爪牙，生擒活捉，略无闲暇功夫。

夹山会下一僧到石霜，入门便道："不审。"霜云："不必，阇黎。"僧云："恁么则珍重。"又到岩头，如前。头乃嘘两声。僧云："恁么则珍重。"才回步，头云："虽是后生，亦能管带。"僧归，举似夹山。山明日上堂，唤僧如法举似前话。山云："大众还会么？若无人道，老僧不惜两茎眉毛道去也。"乃曰："石霜虽有杀人刀，且无活人剑。岩头且有杀人刀，亦有活人剑。"临济下谓之"七事随身"。岩头见瑞岩志诚请益，非是机锋勘辨之时，故悯物垂慈，道眼相见。瑞岩随言领悟。后来自唤"主人翁，莫受人谩"，盖为曾遭毒手，永劫难忘。此话古今无人拈掇。不是天童，凭谁赏鉴？

颂云：

圆珠不穴，甚处下手？

大璞不琢。可惜功夫。

道人所贵无棱角，就理藏锋。

拈却肯路根尘空，十二处忘闲影响。

脱体无依活卓卓。三千界放净光明。

师云：《世记》：潘岳与夏侯湛为友，二人并美姿容。张谓赞：和氏之璧，莹而无瑕；隋侯之珠，圆而不穴。削圆方竹杖，绝却紫绒毡。白玉碾做象牙梳，黄金打作鎁石筋。弓弦上结纽子，钵盂上安柄。你试回光定省看，何人不如是？百丈道："灵光独耀，回脱根尘。"既肯则未脱根尘，拈却肯路，根尘自空也。六根、六尘既空，六识自归觉海。凡物有圭角，即不能圆转。欲要活卓卓，无粘缀，无依倚，但向肯不肯处着眼。自然不住此岸，不住彼岸，不住中流。洞山所以半肯半不肯；疏山所以肯诺不得全也。还识此人归计么？金锁玄关留不住，行于异路且轮回。

第七十六则　首山三句

示众云：一句明三句，三句明一句。三一不相涉，分明向上路。且道是那一句在先？

举：首山示众云："第一句荐得，与佛祖为师。犹是万松儿孙。

第二句荐得，与人天为师。教坏人家男女。第三句荐得，自救不了。说这不唧㘖汉。"僧云："和尚是第几句荐得？"你试卜度。山云："月落三更穿市过。"三句可辨，一镞辽空。

师云：三句之作，始于百丈大智，宗于《金刚》《般若》。丈云："夫教语皆三句相连，初、中、后善。初，直须教渠发善心；中破善心；后始名好善。则菩萨即非菩萨，是名菩萨；法，非法，非非法。总恁么也。若只说一句，令众生入地狱。若三句一时说，渠自入地狱，不干教主事。说道如今鉴觉，是自己佛，是初善；不守住如今鉴觉，是中善；亦不作、不守住知解，是后善。"

云门有时云："天中函盖乾坤，目机铢两，不涉春缘。作么生承当？"自代云："一镞破三关。"然虽有此意，未尝立为三句。后得鼎州德山第九世圆明大师，讳缘密，上堂云："德山有三句语：一句函盖乾坤，一句随波逐浪，一句截断众流。"后得鼎州普安山道禅师颂上三句："一《函盖乾坤颂》：'乾坤并万象，地狱及天堂。物物皆真见，头头用不伤。'二《截断众流颂》：'堆山积岳来，一一尽尘埃。更拟论玄妙，冰消瓦解摧。'三《随波逐浪颂》：'辩口利舌问，高低应不亏。还如应病药，诊候在临时。'《三句外》：'当人如举唱，三句岂能该。有问如何事？南岳与天台。'"往往指此颂为云门所作，此皆看阅之不审也。道嗣德山密，密嗣云门。云门虽有"天中函盖，一镞三关"之语，因密公拈出，道公颂之，祖述三世而三句始明。此与大阳三句，三玄三要，大同小异。

首山示众云:"第一句荐得,与佛祖为师。"黄檗为南泉首座,一日占泉座位,泉至,问:"首座甚年行道?"檗云:"威音王佛以前。"泉云:"犹是王老师儿孙,下去。"檗便退归本位坐。镜清道:"毗卢有师,法身有主。"谓之佛祖向上人。此所以谓"第一句荐得,与佛祖为师"也。灵树遗封盒子,云:"堂中首座,人天眼目。"首座乃云门也。此所以谓"第二句荐得,与人天为师"也。

你莫见万松恁么道,便谓南泉可与佛祖为师,云门只可与人天为师,可谓痴人面前,不得说梦。万松且略举一二,以为榜样。其自救不了者,不入祖位。何足道哉?僧便问:"和尚是第几句荐得?"烂泥里有刺。山云:"月落三更穿市过。"此乃行人更在青山外也。天童见此话无人敢下口,遂向查手刺脚处,交加颂出。

颂云:

佛祖髑髅穿一串,一任伊踔跳。

宫漏沉沉密传箭。不许外人知。

人天机要发千钧,以轻劳重。

云阵辉辉急飞电。眨眼蹉过。

个中人,看转变,计在临时。

遇贱则贵贵则贱。心知本自同,所以无饮怨。

得珠罔象兮至道绵绵,一念不生全体现。

游刃亡牛兮赤心片片。泪出痛肠。

师云：佛祖髑髅，一串穿却，然后可与佛祖为师。可谓透出"毗卢顶𩕳行，却来化佛舌头坐"。"宫漏沉沉密传箭"，殷夔《漏刻法》曰："为器三重。圆皆径尺，差立于方舆踟蹰之上，为金龙口吐水，转注入踟蹰经纬之中。盖上铸金为司晨，具衣冠，两手执箭。"又军中密令，夜中传箭，此言向朕兆未分以前荐得，可与佛祖为师。才落今时，为第二头。且于人天路上，作个小歇场。《心地观经》"电光三昧"，衲僧唤作瞥地处。若是个中人，有时佛祖头上行，有时人天路上走，水牯牛队里异类中行。王荆公《观俳优诗》云："诸优戏场中，一贵复一贱。心知本自同，所以无欣怨。"《庄子·天地篇》：黄帝游乎赤水之北，登昆仑之丘而南望。还归，遗其玄珠。使智索之而不得；使离朱索之而不得；使吃诟索之而不得；使象罔，象罔得之。黄帝曰："异哉！象罔乃可以得之。"《养生篇》：庖丁为文惠公解牛，曰："彼节者有闲，而刀刃者无厚。以无厚入有闲，恢恢乎其于游刃，必有余地矣。是以十九年，而刀刃若新发于硎。"文惠君曰："善哉！吾闻庖丁之言，得养生焉。"此二事颂"月落三更穿市过"。

至道绵绵密密，宫漏传箭相似，赤心片片为人，如游刃恢恢，得珠罔象也。今人见天童用《庄子》，便将老庄雷同至道。殊不知古人借路经过，暂时光景耳。忽有个出来道："庄子岂不知首山行履处？"但向道："月落三更穿市过，是《外篇》？是《内篇》？"

第七十七则　仰山随分

示众云：如人画空，下笔即错。那堪起模作样，堪作甚么"○"？万松已是露栓索，有条攀条，无条攀例。

举：僧问仰山："和尚还识字否？"是甚么字。山云："随分。"当仁不让。僧乃右旋一匝，云："是甚么字？"已见偏傍。山于地上书个"十"字。更书画点。僧左旋一匝，云："是甚么字？"半满俱分，形声转注。山改"十"字作"卍"字。机轮转处，智眼犹迷。僧画一圆相，以两手托，如修罗掌日月势，云："是甚么字？"细看切脚。山乃画圆相，围却"卍"字。天下衲僧跳不出。僧乃作楼至势。门外金刚笑汝。山云："如是，如是。汝善护持。"关空锁梦牢收掌。

师举：慈觉《劝孝文》首篇颂云："父母未生前，凝然一相圆。释迦犹不会，迦叶岂能传。"十四祖龙树，于法座上隐身现"○"相。提婆曰："此尊者现佛体相，以示吾辈也。以此无相三昧，形如满月。"佛性之义，廓然虚明，譬此而已。圆相之作，东土始于忠国师，付侍者耽源，承谶记，传于仰山，今遂目为沩仰家风。明州五峰良和尚，尝制四十则。嵩明教为《序》，称之。良云："圆相总六名：一圆相；二义海；三暗机；四字学；五意语；六默论。"

《沩仰宗派》云：耽源谓仰山曰："国师传六代祖师圆相九十七个。吾灭后三十年，南方有一沙弥到来，大兴此道。吾详此谶,事在汝躬。"仰山既得,以火燔之。源一日又谓曰:"向传圆相,宜深秘之。"山曰:"已烧却了也。"源曰:"于子即得,来者如何?"仰曰:"和尚若要,重录一本。"山乃重录,呈似,一无差失。

耽源一日上堂,仰出众作"○"相,以手托呈,却叉手立。源以两手交拳示之。仰进前三步,作女人拜。源点头,仰礼拜。九十七种圆相,交拳名"罗刹三昧",女拜名"女人三昧",此皆三昧王三昧中流出,普门示现也。又有一梵僧来参,仰于地上画半月相,僧近前添作圆相,以脚抹却,仰展两手,僧拂袖便出,曰:"我来东土礼文殊,却遇小释迦。"又僧礼拜了,仰不顾。僧问:"和尚还识字否?"仰曰:"随分。"僧画"○"相托呈,仰以衣袖拂之。僧又作半月相托呈,仰两手作背抛势。僧以目视之,仰低头。僧绕师一匝,仰便打,僧遂出。此仰山壁立千仞,与德山临济峻机不别。

仰坐次,又有僧来作礼,仰不顾。僧问:"师识字否?"仰云:"随分。"僧右旋一匝曰:"是甚么字?"这般施设,待教有识情,成何宗旨?若总无道理,西天东土,凡圣同参。

观音会下一僧,来参岩头。以手左边作一圆相,又右边作一圆相,又中心作一圆相,欲成未成。头以手一拨,僧无对,头乃喝出。僧方跨门,头却唤回问:"汝是洪州观音来么?"僧云:"是。"头问:"只如适来左边圆相作么生?"僧曰:"是有句。"头曰:"右边圆相聻?"僧曰:"是无句。"头曰:"中间圆相作么生?"僧曰:"是不有不无句。"头曰:"只如吾恁么又如何?"僧曰:"如刀画水。"头打趁出。这僧不得圆相宗旨,妄生穿凿。若不是岩头，几被惑乱一上。据这僧见仰山问识字否，乃右旋一匝，伎俩已尽。仰山十字，注也注了，说也说破。更要后面许多粥饭气作么？那里待到如此？当初才问师识字否，只道自来文寡，看他如何？

不见昔有一僧，居常闲过。一僧劝云："上座年隽，可惜虚掷寸阴。"僧云："你待教我作甚即得？"劝云："何不看经。"僧云："不识字。"劝云："何不问人？"僧云："是甚么字？"其劝者无语。可谓文不加点，乐不加声也。僧又左旋一匝曰："是甚么字？"此与寻常从东过西，却从西过东，拍左边膝，此是教意，拍右边膝，此是祖意，是同？是别？仰山星移斗转，改"十"字作"卍"字。梵语"修罗"，此云"非天"。梵语"罗睺"，此云"障蔽"。以手障日月故。此僧画圆相，如修罗掌日月势。九十七种圆相，名为修罗三昧。

梵语"楼至"，此云"啼泣"，贤劫千佛，为千王子，末后得筹，最后成佛，遂啼泣云："我何薄佑，穷底得筹。"忽复笑云："我当尽取九百九十九佛方便妆严。"今护法神执杵者是。僧末后作楼至势，其意可知。仰云："如是，如是。此是诸佛护念。汝亦如是，吾亦如是。汝善护持。善哉，善哉，好去。"其僧礼谢了，腾空而去。时有一道者，曾见，经五日来问。仰云："汝还见否？"者云："某正见，出门腾空而去。"仰云："此是西天罗汉，故来探吾。"者云："某虽睹种种三昧，不辨其理。"仰云："吾以义为汝解释。此是八种三昧，是觉海变为义海，其体则同。然此义有因有果，即时异时，总别不离隐身三昧也。"所以道，涅槃心易得，差别智难明。试看天童如何下手？

颂云：

道环之虚靡盈，担雪填河。

空印之字未形。切忌雕刻。

妙运天轮地轴，权衡在手。

密罗武纬文经。将相全才。

放开捏聚，睦州犹在。

独立周行。老氏复生。

机发玄枢兮，青天激电。措手不及。

眼含紫光兮，白日见星。照破四天下。

"道环之虚靡盈"，此人牛不见处，正是月明时。慈觉道："谁知末后一着，却是未分以前。""道环"，《庄子》：枢始得其环中，以应无穷。天童借颂圆相托呈势。"空印之字"，虽"十"字改"卐"字，其实非世间文字可执。道副对达磨："如某甲所见，不执文字，不离文字，而为道用。"

大宁宽禅头到法昌，遇公作⊕此相①，宁便出作务。明日上堂，法座前曰："昨日公案作么生？"宁作⊕此相了，复以脚擦却。昌曰："宽禅头名不虚得。"遂升座曰："忽地晴天霹雳声，禹门三尺浪泙洵。几多头角为龙去，虾蟹依前努眼睛。"此《颂》与天童机发玄枢，青天激电同参。天轮地轴，武纬文经，皆左右二匝，"十"字、"卐"字血脉也。"放开捏聚，独立周行"，颂

---

① "⊕"，《大正藏》本作⊕。

修罗掌日、楼至擎拳，围"卍"字，赞善哉也。

《春秋题辞》云："天之为体，中包乎地，日月星辰属焉。然大地有高下之形，四时有升降之理，日月有运行之度，星辰有次舍之常。乃至诸星运转，缠度如轮，故为天轮也。"《河图括地象》曰："地下有八柱，柱广十万里，有三千六百轴，互相牵掣。名山大川，孔穴相通。"《家语》："地东西为纬，南北为经。"又："文能经天，武能纬地。无文无以怀远，无武无以御乱。"

睦州示众云："裂开也在我，捏聚也在我。"僧问："如何是裂开？"州云："三九二十七。菩提涅槃，真如解脱，即心即佛。我且恁么道，汝又作么生？"僧云："某甲不恁么道。"州云："盏子落地，楪子成七片。"僧云："如何是捏聚？"州敛手而坐。老子云："寂兮寥兮，独立而不改，周行而不殆。"枢机之发，如电光石火，眼有神光，名为岩电。白日见星，此如暗中树影，水底鱼踪，非肉眼能见。觉范《寄灵源》云："暗中树影平生意，水际鱼踪病后机。想见瘦容无住着，倚藤闲看暮云归。"还知仰山行履处么？皂上乌鸡深夜绣，暗中一线实难通。

第七十八则　云门糊饼

示众云：缘天索价，搏地相酬。百计经求，一场懡㦬。还有知进退、识休咎底么？

举：僧问云门："如何是超佛越祖之谈？"此问太高生。门云："糊饼。"一举四十九。

师云：云门上堂云："一言才举，千差同辙。该括微尘，犹是化门之说。若是衲僧合作么生？若将祖意、佛意，这里商量，曹溪一路平沉。还有人道得么？道得出来。"僧问："如何是超佛越祖之谈？"门云："糊饼。"僧云："这个有甚么交涉？"师云："灼然！有甚么交涉？"乃云："你匆可作了。见人道着祖师意，便问超佛越祖之谈道理。你且唤甚么作佛？唤甚么作祖？则说超佛越祖之谈。便问个出三界，你把将三界来，有甚么见闻觉知碍着你？有甚么声色法与汝可了？了个甚么碗？"又有僧问："如何是超佛越祖之谈？"门云："蒲州麻黄，益州附子。"又曰："来来，我更问你诸人。横担拄杖道：'我参禅学道'，便觅个超佛越祖底道理。我且问你，十二时中，行住坐卧，屙屎送尿，至于茆沉里虫子，市肆里买卖羊肉案头，还有超佛越祖底道理么？"佛果云："有者作一圆相，土上加泥，添枷带锁。"万松道：若要敲枷打锁钻锤，问取天童颂古。

颂云：
糊饼云超佛祖谈，一大藏教，诠注不及。
句中无味若为参。甚处下口？
衲僧一日如知饱，始知糊饼醍醐毒药。
方见云门面不惭。云门无眼见人。

师云：洞山初禅师《指通机颂》云："洞山寥索，一无可有。无味之谈，塞断人口。"直饶巧馔千般，争奈饱人不爱。若是饿鬼相嚗噇底，横咬竖咬，狗啮枯骨相似，直待嚼破舌头，掷在一边，却与云门相见。相见后如何？各各面皮厚三寸。

第七十九则　长沙进步

示众云：金沙滩头马郎妇，别是精神；瑠璃瓶里捣糍糕，谁敢转动？不入惊人浪，难逢称意鱼。宽行大步一句作么生？

举：长沙令僧问会和尚："未见南泉时如何？"早晨有粥。会良久。问着便屎臭气。僧云："见后如何？"更与挑剔。会云："不可别有也。"只向屎堆里跶倒。僧回举似沙。走口送舌汉。沙云："百尺竿头坐底人。竿下底一场懡㦬。虽然得入未为真。孤危不立道方高。百尺竿头须进步，甚底大如个割舍。十方世界是全身。始信蒲团不是天。"僧云："百尺竿头如何进步？"果有这个在。沙云："朗州山，澧州水。"筑着磕着。僧云："不会。"可晒聪明。沙云："四海五湖王化里。"一任跨跳。

师云：湖南长沙招贤大师，讳景岑。觉范云："禅师，大寂之孙，南泉之子，赵州之兄。当时衲子，倔强如仰山者，犹下之，而呼以为'岑大虫'"。上堂云："我若一向举扬宗教，法堂里草深一丈。事不获已①，向汝诸人道：尽十方世界，是沙门眼；尽十方世界，是沙门全身；尽十方世界，是自己光明；尽十方世

---

① "获"，《大正藏》本误为"护"。

界,在自己光明中;尽十方世界,无一人不是自己。我常向诸人道:三世诸佛,共法界众生,是摩诃般若光。光未发时,汝等众生,向甚么委?光未发时,尚无佛,无众生消息,何处得山河国土来?"

沙令僧问会庵主。主乃南泉下不出世、潜符密证之徒,《灯录》列在末后无机缘语句中。然此话既在,合作一传,也不为分外。僧作专使,去见庵主,传长沙法旨云:"庵主未见南泉时如何?"会默然。僧进云:"见南泉后如何?"会云:"更不可别有也。"万松道:一死不再活。僧回举似沙,沙述偈云:"百尺竿头坐底人,虽然得入未为真。"此与岩头道雪峰、德山不会末后句病痛一般。万松常向人道:大似个人把祖父家门产业并眷属自身,一契卖却,置得个水晶瓶子,终日随形守护,如眼睛相似。莫教万松见,定与捏破,教伊撒手掉臂,作个无忌讳快活汉。胜默道:"撒手悬崖下,分身万象中。"然后朗州山、澧州水,四海五湖王化里,方可配天童水牯牛拖犁拽钯。

颂云:

玉人梦破一声鸡,开眼不觉晓。

转盻生涯色色齐。无尽藏中受用不了。

有信风雷催出蛰,节气不相饶。

无言桃李自成蹊。水到渠成。

及时节力耕犁,避者不做。

谁怕春畴没胫泥。做者不避。

师云：天童得超方三昧，略去庵主紧抱竿头，不敢转动处拨动。若一向恁么去，法堂上草深一丈。优波毱多有着身见者，求度于祖。祖曰："求度之法，要信吾言，不违吾教。"人曰："既来投师，固当闻命。"祖乃化一险崖，山耸乔木，令其上树。又于树下，化作大坑，深广千肘。祖令放脚，其人受教，即放二脚。令放一手，便放一手。令复放手，其人答言："若复放手，便堕坑死。"祖曰："先约受教，云何违我？"是时，其人身爱即灭，放手而堕。不见树坑，即证道果。

长沙"朗州山、澧州水"，谓之善用险崖之句。若非玉人梦破，别有生涯，争得四海五湖，斩新日月。《毛诗》："习习谷风，催之惊蛰。"春分后一候，雷乃发声。《汉书·李广传赞》："桃李无言，下自成蹊。"《宗镜》云："既蕴德行，不言而信。若桃李之自成蹊也。"又"朗州山，澧州水"，此语乃拖泥带水边事。

三圣在会下，令秀上座问沙："南泉迁化向甚么处去？"沙云："石头作沙弥时参见六祖。"秀云："不问石头作沙弥时参见六祖，南泉迁化向甚么处去也？"沙云："教汝寻思去。"秀云："和尚只有千尺寒松，且无抽条石笋。"沙不对。秀云："谢师答话。"沙亦不对。秀举似三圣，圣曰："若实恁么犹胜临济七步。"圣亲上方丈云："和尚早来答话，可谓光前绝后。"沙不答。圣云："我从来疑着这汉。"佛印颂云："客见长沙陌路同，令人依约探家风。须弥万仞磨今古，折草量天柱用功。"古人把定处放得行，竿头进步；放行时把得定，壁立千仞。为甚么如此自由自在？湖南城里好养民，米贱柴多足四邻。

第八十则　龙牙过板

示众云：大音希声，大器晚成。向盛忙百闹里佯呆，待七古千年后慢恢。且道是如何底人？

举：龙牙问翠微："如何是祖师西来意？"一回拈出一回新。微云："与我过禅板来。"着本图利。牙取禅板与翠微。兀兀瞠瞠。微接得便打。情知是。牙云："打即任打，要且无祖师西来意。"半肯半不肯。又问临济："如何是祖师西来意？"顽皮癞肉。济云："与我将蒲团来。"好本多同。牙取蒲团与临济。将错就错。济接得便打。顺手骨操。牙云："打即任打，要且无祖师意。"得恁软顽。牙后住院，僧问："和尚当年问翠微、临济祖意，二尊宿明也未？"贫儿思旧债。牙云："明即明矣，要且无祖师意。"焦砖打着连底冻。

师云：湖南龙牙山居遁禅师，初参翠微、临济，后参德山、洞山。一日问洞山："如何是祖师西来意？"山云："待洞水逆流，则向你道。"师于此悟入。佛果道："龙牙当时取禅板时，岂不知是打他？"住院后，僧问："和尚见二尊宿，是肯他不肯他？"牙云："肯即肯他，要且无祖师意。"佛果道："山僧即不然。肯即未肯，要且无祖师西来意。"佛日杲禅师颂："子卿不下单于拜，始末恒遵汉帝仪。雪后始知松柏操，事难方见丈夫儿。"雪窦一向抑之。真如喆云："翠微、临济可谓本分宗师。龙牙一等是拨草瞻风，与他后人为龟为鉴。"举住后僧问处，乃云："龙牙瞻前顾后，应病与药。大沩则不然，待问'当初二尊宿明不明'，劈脊便棒。非唯扶竖翠微、临济，亦乃不辜他来问。"万松道：真如正是济下钻锤，不能放过。要见龙牙肘后神符，须是当派天童眼目。

颂云：
蒲团禅板对龙牙，计稳甘屠眷。
何事当机不作家。咬人狗不露齿。
未意成褴明目下，人无远见。
恐将流落在天涯。必有近忧。
虚空那挂剑，不假锋铓事。
星汉却浮槎。别有向上一路。
不萌草解藏香象，佛眼觑不见。
无底篮能着活蛇。一般拈弄与君殊。
今日江湖何障碍？太平无忌讳。
通方津渡有船车。何处不风流。

师云：龙牙蒲团、禅板，翠微、临济对众教伊拈来，为甚用不出？百丈举野狐话了，黄檗问："古人错答一转语，堕野狐身五百生。转转不错，合做甚么？"丈云："近前来向汝道。"檗近前，先与丈一掌。丈云："将谓狐须赤，更有赤须狐。"此真当机作家。龙牙非不作家，"未意成褴明目下"，不欲当机雷奔电扫，一期峭峻。古诗："一千里色中秋月，十万军声半夜潮。"谓之寒乞无含蓄。

僧问镜清："学人未达其源，请师方便。"清云："是甚么源？"僧云："其源。"清云："若是其源，争受方便？"侍者问："适来是成褫伊？"清云："无。"者又云："是不成褫伊？"清云："无。"者云："和尚尊意如何？"清云："一点水墨，两处成龙。"成褫犹成就结裹也。恐成流布，败辱门风。洞山嘱曹山曰："吾于云岩先师处，亲印宝镜三昧。事穷的要，今付授汝，汝善护持，无令断绝。向去若遇真法器，方可传授。直须秘隐，不得形露。虑属流布，难接后人。"

僧问同安察："如何是无干戈？"安云："虚空不挂剑，玉兔不被鳞。"闻世传，天河与海通，海滨年年八月，有浮槎往来，不失信。博望侯张骞，乃多赍粮食，乘槎而去。匆匆不觉昼夜，奄至一处，见城郭居室。室中多织女，唯一丈夫，牵牛临渚不饮，惊问："何人至此？"骞问："此是何处？"曰："君可往蜀，问严君平。"乃如其言。君平曰："某年月有客星犯牛斗。"《因话录》《汉书》载张骞穷河源，言奉使之远，实无天河之说。唯《博物志》说有人赍粮乘槎，到天河，见饮牛丈夫，问君平，客星犯牛斗，即此人也。此颂龙牙当用时却放过。放过后，别作主宰。僧问曹山："不萌之草，为甚能藏香象？"山云："阇梨幸是作家。"又问曹山："作么不萌草、无底篮是龙牙不用之大用？"故香象非驴骡蹴蹋，活蛇非死在句下。龙牙示众云："参方人须透佛祖始得。"新丰和尚道："佛祖言教，如生冤家，始有参学分。若透不得，即被佛祖谩去。"僧便问："佛祖还有谩人之心也无？"牙云："你道江湖还有碍人之意么？"又云："江湖虽无碍人之意，为时人透不得，江湖成碍人去，不得道江湖不碍人。"龙牙透过祖意，如牛冤家。所以道："明即明矣，要且无祖师西来意。"江湖岂能碍人？俗谚云："自家不会浮，怨他河曲㑊。"一老宿云："自家不会浮，怨他坑热。"

第八十一则　玄沙到县

示众云：动即影现，觉即尘生；举起分明，放下稳密。本色道人相见，如何说话？

举：玄沙到蒲田县，百戏迎之。次日问小塘长老："昨日许多喧闹，向甚么处去也？"又闹也。小塘提起袈裟角。果然手忙脚乱。沙云："颟顸没交涉。"谢证据。

师云：福州玄沙宗一大师，讳师备，芒鞋布衲，菲食自怡。雪峰高其苦行，常以"备头陀"呼之。世传，玄沙不出岭，保寿不渡河。因蹶伤足指，叹曰："是身非有，痛自何来？是身是苦，毕竟无生。休，休。达磨不来东土，二祖不往西天。"遂回。复因阅《楞严》而发明，故应机捷敏，与修多罗合。至与雪峰征诘，亦当仁不让。峰曰："备头陀，再来人也。"闽帅王审知、令公王延彬，皆以师礼之。众常八九百。

沙到蒲田县，百戏迎之。次日问小塘长老："昨日许多喧闹向甚处去也？"小塘提起袈裟角，也不妨紧峭，第一不得向喧、静、昨日、今朝处着眼，蹉过当阳一段大事。小塘不费心力，信手拈起袈裟。沙云："颟顸没交涉。"小塘甚处是没交涉处？玄沙是许，不许？大沩喆云："大沩即不然。或有问，但鸣指一下。如有个衲子出来云'颟顸没交涉'，却肯他，何故？大丈夫汉捋虎须，也是本分。且道利害在甚么处？"又云："小塘怀藏至宝，遇别者以增辉。玄沙本分钻锤一击，乃光流千古。"法眼别云："昨日有多少喧闹？"法灯云："今日更好笑。"看他二尊宿是当派下儿孙，觑破玄沙用底一向宽遮外罗却就里，暗箭相射。天童具通方眼，见伊家长里短，彻底颂出。

颂云：

夜壑藏舟，衲子难谩。

澄源着棹。肯堕死水。

龙鱼未知水为命，当局者迷。

折筯不妨聊一搅。打草惊蛇。

玄沙师，小塘老，一状领过。

函盖箭锋，易开终始口。

探竿影草。难保岁寒心。

潜缩也老龟巢莲，藏身处没踪迹。

游戏也华鳞弄藻。没踪迹处莫藏身。

师云：玄沙问昨日喧闹，如《庄子·大宗师篇》云："夫藏舟于壑，藏山于泽，谓之固矣。然夜半有力者，负之而趋，昧者不知也。藏小大有宜，犹有所遁。若夫藏天下于天下，而不得所遁，是恒物之大情也。"天童以玄沙昨日、今日置问，藏舟密负，以验小塘，却来澄源湛水里，尚棹孤舟。此《玄中铭》"恐滞死水"。玄沙句中眼活，要人识动静根源。

卧龙球和尚曰："欲得省要，却是山河大地，与汝发明。其事既常，亦能究竟。若从文殊门入者，一切有为土木瓦石，助汝发机；若从观音门入者，一切音响虾蟆蚯蚓，助汝发机；若从普贤门入者，不动步而到。我以此三门，方便示汝。如将一只折箸，搅大海水，令彼鱼龙知水为命。若常知动静语默，来去根源，早不空过。"此颂玄沙为人处，若是作家，函盖箭锋，探竿影草，把定放行，看取提挈袋与没交涉，看是何道理？

《史记·龟策传》：太史公曰："余至江南，观其行事，云龟千岁乃游莲叶之上。"此"没交涉"。潜缩也不妨游戏，游戏也不妨潜缩。今画《鱼藻图》，藻，水草也，随波摇漾，自成文章；又藻，水草有文者也。见《论语》"山节藻棁"。

要识二老么？有意气时添意气，不风流处也风流。

第八十二则　云门声色

示众云：不断声色，是随处堕。声求色见，不见如来。莫有就路还家底么？

举：云门示众云："闻声悟道，双丸塞耳。见色明心。两叶遮睛。观世音菩萨将钱来买糊饼，放下手却是馒头。又被风吹别调中。"

师云：天童举话，谈其神骏，略其玄黄。《本录》：云门示众云："闻声悟道，见色明心。作么生是闻声悟道，见色明心？"举手云:"观世音菩萨将钱来买糊饼。"放下手:"元来却是馒头。"圆通国师道:"韶阳老人可谓唱弥高而和弥寡。如今却向延圣拂子头上,入方网三昧。东方入定,西方起,乃至男身入定,女身起。还会么?野色更无山隔断,月光直与水相通。"万松道:"海中寻不得,岸上却相逢。更看天童甚处相见?"

颂云:

出门跃马扫搀抢,阃外将军令。

万国烟尘自肃清。风行草偃。

十二处亡闲影响,并作一家。

三千界放净光明。更无两样。

师云:闻声悟道,道岂有声?见色明心,心岂有色?此礼乐征伐自天子出,仁义之兵无敌于天下。搀抢棓彗,其殃一也。以声色为影响,表不实也。影谓镜像水月,响谓空谷传声。此皆在道心中,为搀抢也。万国犹万法也,十二处犹六根、六尘也。三千界光明,照破影响。由除影响,放出光明。不见百丈古灵道:"灵光独耀,回脱根尘。忽若根根尘尘,皆遍法界,又作么生?"将谓是馒头,却是糊饼。

第八十三则　道吾看病

示众云:通身做病,摩诘难痊;是草堪医,文殊善用。争如参取向上人,得个安乐处。如何是安乐处?

举：沩山问道吾："甚么处来？"来处要分明。吾云："看病来。"福田第一即不无。山云："有几人病？"更要两等。吾云："有病者、不病者。"却是你有第二月。山云："不病者莫是智头陀么？"陷虎之机。吾云："病与不病，总不干他事。速道，速道！"却被葫芦倒缴藤。山云："道得也没交涉。"祸不入慎家之门。

潭州沩山灵祐禅师，二十三岁参百丈大智，充典座二十年，因拨火悟道。① 后与华林赌净瓶，下语赢，得沩山。连帅李景让奏号同庆寺。相国裴休尝咨玄奥。师尝见野火，问道吾："还见火么？"吾曰："见。"山云："从何处起？"吾曰："除去行住坐卧，请师别致一问来。"山休去。佛鉴拈云："炎炎野火，人人皆见。独有道吾，见得迥别。"万松道：一等是看病，不似道吾觑透心肝五脏。沩山通方便，相席打令道："道得也与他没交涉。"唯有天童道："没交涉处，正好道。"

颂云：

妙药何曾过口，吞不入吐不出。

神医莫能捉手。无处摸搎。

若存也，渠本非无；唯言遍天下。

至虚也，渠本非有。不见一纤毫。

不灭而生，虚若谷神常不死。

---

① 此段为行秀对"举"的阐释，前阙"师云"二字。

不亡而寿。道先象帝自长生。

全超威音之前，舒不到头。

独步劫空之后。卷不到尾。

成平也天盖地擎，把定乾坤。

运转也乌飞兔走。斡旋造化。

师云：红丝脉断，药病俱亡。服药忘了口来，诊脉忘了手来。所谓攒簇不得底病，华陀拱手，扁鹊攒眉。道有，通身无影像；道无，遍界不曾藏。

齐朝昙鸾法师，得《仙经》十卷，后逢流支三藏，问曰："佛法中有长生不死法，胜得此土仙方否？"三藏唾地曰："此土那有长生法？纵得延年，报尽还坠。"即怀中探出《无量寿观经》，授与鸾曰："此大仙方，常得解脱，永出生死。"

《楞严》十仙，报尽还来，转入诸趣。《老子》曰："死而不亡者寿。"东坡《上佛印诗》："长生未暇学，且学长不死。""全超威音之前"，先天而未成已成。"独步劫空之后"，后天而既坏不坏。"成平也，天盖地擎；运转也，乌飞兔走"此唤作全体作用，摄用归体。静为天地本，动合圣贤心。还会这般说话么？拨开妙净圆明眼，识取吉祥安乐人。

第八十四则　俱胝一指

示众云：一闻千悟，一解千从。上士一决一切了，中下多闻多不信。克的简当处试拈出看。

举:俱胝和尚凡有所问,只竖一指。费许多气力作么?

师云:婺州金华山俱胝禅师,初庵于天台。有尼名实际,到来,顶笠执锡,绕师三匝曰:"道得即拈下笠子。"三问,胝并无对,际便去。胝曰:"日势稍晚,且留一宿。"际曰:"道得即宿。"胝又无对。际去后,胝自叹曰:"我虽处丈夫形,而无丈夫之气。"拟弃庵,诸方参学去。其夜,山神告曰:"师不须离此山,将有大菩萨来为和尚说法也。"果旬日,天龙和尚至。师罄诚迎礼,具陈前事。天龙竖指示之,胝当下大悟。自此凡有僧到,唯举一指,无别提唱。所畜童子,于外被人诘曰:"和尚说何法要?"童子竖起一指。归举似胝,胝以刀断其指。童子叫呼走出,胝召一声,童子回首,胝却竖起一指,童子忽然领悟。胝将顺世,谓众曰:"吾得天龙一指头禅,一生用不尽。"言讫示灭。

万松道:"好与截却指头。"长庆代云:"美食不中饱人吃。"万松道:"不贪香饵味,可谓碧潭龙。"玄沙云:"我当时若见,与拗折指头。"万松道:"不唯与童子雪冤,抑亦与后人出气。"玄觉云:"且道,玄沙恁么道,意作么生?"万松道:"果然疑着。"云居锡云:"只如玄沙恁么道,肯伊不肯伊?若肯,何言拗折指头?若不肯,俱胝过在甚么处?"万松道:"过在肯不肯。"先曹山云:"俱胝承当处莽卤,只认得一机一境。一种是拍手拊掌,是他南园奇怪。"万松道:"水中择乳,须是鹅王。"玄觉又云:"且道,俱胝还悟也未?若悟,为甚么说承当处莽卤?若不悟，又道用一指头禅不尽？且道，曹山意旨在甚么处？"万松道："曲高和寡，期遇知音。"

后来嘉山来禅师，在镇府西天宁。人问："铁牛和尚塔何在？"山以手指之，忽然省发，乃成颂云："铁牛铁牛，更莫别求。有人问我，竖起指头。"万松道："虽是承当莽卤，要且不借傍来。"不见明招独眼龙问国泰深禅师："古人道，俱胝只念三行咒，便得名超一切人。作么生拈却三行咒？"泰竖起一指。招云："不因今日，识得这瓜州客。"① 万松道："假令患状殊，先须疗其本。《参同契》'承言须会宗，勿自立规矩'，可谓'夜深认得来时路，不待天明便出关。'"佛国颂云："问答机缘岂易酬，无钱难作好风流。心中有事说不得，只向忙中竖指头。"若要作好风流，说心中事，更参天童和尚。

颂云：

俱胝老子指头禅，缩却驴蹄。

三十年来用不残。至今跷手乱下。

信有道人方外术，这里使不着。

了无俗物眼前看。犹嫌少在。

所得甚简，冨塞乾坤。

施设弥宽。不消一捏。

大千刹海饮毛端，不留涓滴。

鳞龙无限落谁手？天童犹在。

---

① "识得"，《大正藏》本作"争识"。

珍重任公把钓竿，不妨惊人手段。

师复竖起一指云：看。惭惶杀人。

师云：万古常空一朝风月，岂止三十年用不残？《庄子·大宗师篇》：孔子曰："彼游方之外者也，而丘游方之内者也。"若无方外之术，争得世出世间，全在一指头上见彻根源。古诗道："眼前无俗物，多病也身轻。"天童近取诸身，唯用一指，简易之道，要而不繁。

《维摩》毛吞大海，名小不思议经；《华严》尘含法界，名大不思议经；《楞严》于一毛端，遍能含受十方国土。又云：于一毛端，现宝王刹，坐微尘里，转大法轮。《庄子》："任公子为大钩，巨缁五十犗以为饵，蹲乎会稽，投竿东海，旦旦而钓，期年不得鱼。已而大鱼食之，牵巨钩，錎没而下，惊扬而奋鬐。白波若山，海水震荡。声侔鬼神，惮赫千里。任公子得若鱼，离而腊之自制，浙河以东，苍梧以北，莫不厌若鱼者。"所谓钓竿斫尽重栽竹，不计功程得便休。后来接得断指童子。国泰瑫别峰相见，嘉山来误入桃源。今日天童颂后，又竖一指云："看。"

柏山大隐和尚道："大小天童，随人脚跟走。"五祖演和尚举：僧问投子："如何是十身调御？"子下禅床立。还有僧问老僧，亦下禅床立。为甚却依样画猫儿？待我计较成，即说向你。是知，俱胝指头，一回饮水，一回着噎。教万松别作个甚么向当？掷下拂子云："一任诸方点检。"

第八十五则　国师塔样

示众云：有打破虚空底钻锤，擘开华岳底手段，始到元无缝罅处，不见瑕痕处。且谁是恁么人？

举：肃宗帝问忠国师："百年后所须何物？"即今也不少。国师云："与老僧作个无缝塔。"向甚处下手？帝曰："请师塔样。"描不成，画不就。国师良久云："会么？"这里不得会，不会莫别求。帝云："不会。"却较些子。国师云："吾有付法弟子耽源，却谙此事。"祖祢不了，殃及儿孙。后帝诏耽源，问："此意如何？"作家君王，不忘遗嘱。源云："相之南，谭之北，天高地厚，日左月右。中有黄金充一国。亘塞虚空。无影树下合同船，密密金刀剪不开。琉璃殿上无知识。寂寂帘垂不露颜。"

师云：西京光宅寺慧忠国师，自受心印，居南阳白崖山党子谷，四十余年不下山门，道行闻于帝里。唐肃宗上元二年，敕中使孙朝进赍诏征赴京，待以师礼。初居千福寺西禅院。及代宗临御，复迎止光宅精蓝，十有六载，随机说法。大历十年十二月九日，右胁长往，谥大证禅师。

佛果云："多有人道，国师无语便是塔样。若恁么会，达磨一宗，扫地而尽。哑子也会禅。"昔有二僧住庵，旬日不相见。上庵主问："多日不见，在甚么处？"下庵主曰："在庵里造个无缝塔。"上庵主曰："某甲也欲造个，就师借取样子可否？"下庵主曰:"何不早道?恰被人借去也。"法眼云:"且道借伊样不借伊样?"万松道:"国师无语,下庵主为甚却支梧说道理?"雪窦云:"肃宗不会,则且致。耽源还会么?只消一个请塔样,尽西天此土诸位祖师,遭这一捞,不免将南作北。有傍不肯底出来,我要问你,那个是无缝塔?"万松道:"不是即道。"

吉州耽源山真应禅师,受业于马祖,久为国师侍者。国师既化,帝诏源入内,举问前话。源亦良久曰:"圣上会么?"帝曰:"不会。"源述偈曰:"相之南,谭之北,中有黄金充一国。无影树下合同船,琉璃殿上无知识。"或云:"湘之南,谭之北。"浮山远录公作"牛头南,马头北"。但得旨忘筌,无不可者。雪窦道:"不免将南作北",正谓此也。

僧问新罗大岭:"如何是一切处清净?"岭云:"截琼枝寸寸是宝,析栴檀片片皆香。"丹霞淳和尚颂云:"乾坤尽是黄金国,万有全彰净妙身。"耽源,黄金充一国;丹霞,国亦是黄金,更较一线道"无影树下合同船"。《周易略例》云:"同舟而济,则胡越何患乎异心?若渐卦三四,异体和好,物莫能间。顺而相保,似若同在一舟。上下殊体,犹若胡越。利用御寇,何患乎异心?"此言同身共命,利害同也。法真一禅师问:"是处是慈氏,无门无善财。为甚么道琉璃殿上无知识?"万松道:坏殿了相见。然后看天童拈向你面前,筑着你鼻孔。

颂云:

孤迥迥,不与万法为侣。

圆陀陀,无欠无余。

眼力尽处高峨峨。䎞额望不及。

月落潭空夜色重，尽十方界如一铤墨。

云收山瘦秋容多。体露金风。

八卦位正，天地合其德。

五行气和，日月合其明。

身先在里见来么？到即不点。

南阳父子兮却似知有，且信一半。

西竺佛祖兮无如奈何。千圣从来立下风。

师云：雪窦道"层落落，影团团"，此一句合头语也。天童道"孤迥迥，圆陀陀"，万劫系驴橛也。"眼力尽处高峨峨"，三世诸佛护持，以为无见顶相。雪窦颂："天地同根，万物一体。"南泉指花，如梦相似。亦云："见闻觉知非一一，山河不在镜中观。霜天月落夜将半，谁共澄潭照影寒。"试将此颂，比天童"月落潭空夜色重"，古人大晒有功夫。后来佛鉴一时注破，颂云："无缝塔兮不是影，廓然一入真如境。烁迦罗眼电光流，杳杳冥冥不见顶。"此亦"眼力尽处高峨峨"。天童颂"针线贯通"云："峨峨青山着秋瘦，毛发凋残风骨旧。"此亦云"收山瘦秋容多"，可谓"皮肤脱落尽，唯有一真实"。到这里八卦既位正，五行亦气和。运作修营无忌讳，何劳入市问孙宾？身先在里见来么？

天依怀禅师赴杉山请，入院，上堂云："二十年乐慕此山，今日且喜到来，因缘际会。山僧未到此山，身先到此山。洎乎来到杉山，却在山僧身内。""南阳父子兮却似知有"，不敢道是，只道却似个知有底。你道为甚不全许？恐辜负他国师父子。西竺佛祖为甚也没奈何？当道铸成金堠子，正斋行下铁馒头。

第八十六则　临济大悟

示众云：铜头铁额，天眼龙睛；雕嘴鱼腮，熊心豹胆。金刚剑下，是计不纳，一筹不获。为甚么如此？

举：临济问黄檗："如何是佛法的的大意？"杀人可恕，情理难容。檗便打。棒棒见血。如是三度，乃辞檗见大愚。便重不便轻。愚问："甚么处来？"险照顾着。济云："黄檗来。"杖疮犹在。愚云："黄檗有何言句？"这里好报仇。济云："某甲三问佛法的的大意，三度吃棒，不知有过无过？"更少六十棒。愚云："黄檗怎么老婆，为你得彻困，更来问有过无过？"再犯不容。济于言下大悟。始知痛痒。

师云：镇州临济院慧照禅师，讳义玄，曹州南华人，姓邢氏。初遍习经论，知非要捷，而造黄檗，随众三年，并不参问，但秉节默处而已。首座异其殊众，勉劝参学。《无尽灯辨误》：窃谓："济居三年，黄檗岂不放人问事。既放之也，如济之器识，不能致一问端，须待首座教之，然后能问乎？"

尝见杨无为作《济赞》："正法眼藏，瞎驴边灭。黄檗老婆，大愚饶舌。"又见佛果作《睦州赞》："辛辛辣辣，哇哇喋喋。穿济北为大树，推云门堕险崖。言如枯柴，理不可阶。是之谓'陈蒲鞋'"。① 《本录》：悟后便云："元来佛法无多子。"愚云："这尿床鬼，适来问有过无过，而今又道佛法无多子。是多少来？"搊住云："道，道。"济于大愚胁下筑三拳。愚托开云："汝师黄檗，非干我事。"济返黄檗。檗问："来来去去，有甚了期？"济云："只为老婆心切。"遂举前话。檗云："这大愚老汉饶舌。待见，与打一顿。"济云："说甚待见，即今便打。"遂与黄檗一掌。檗吟吟笑云："这风颠汉，来这里捋虎须。"济便喝。檗云："侍者，引这风颠汉参堂去。"

沩山问仰山："临济得大愚力？黄檗力？"仰云："非但捋虎须，亦解坐虎头。"济后示众云："我于先师处，三次问佛法大意，三次被打，如蒿枝拂着相似。如今更思一顿，谁为下手？"时有僧出云："某甲下手。"济拈棒度与。僧拟接，济便打。雪窦云："临济放处较危，收来太速。"天童见他父子，倜傥不群，黄檗用处，临济传来，拣紧切处颂出。

颂云：

九包之雏，羽翼既成。

千里之驹。神骏亦备。

真风度箧，一窍虚通。

灵机发枢。一拨便转。

劈面来时飞电急，不容拟议。

---

① 《圆悟佛果禅师语录》卷二十《睦州和尚》："辛辛辣辣，唯唯喋喋。识济北为大树，拶云门堕岭崖。机峻莫偕，言如枯柴，夫是之谓陈蒲鞋。"与此稍异。见《大正藏》第47册，第807页。

迷云破处太阳孤。旧时光彩。

捋虎须,万松门下谁敢?

见也无?急着眼。

个是雄雄大丈夫。争奈老婆心切。

师云:此赞临济如谢超宗,寔有凤毛。黄檗昔年曾掌百丈,今日遭他临济毒手。真龙生龙子,凤长凤雏。《瑞应图》云:凤有九包:一曰归命;二曰心合度,谓天度也;三曰耳听达;四曰舌曲申;五曰彩光色;六曰冠短州,当朱色也;七曰锐钩;八曰音激扬;九曰腹户。九方堙为秦穆公相马,果千里驹。此喻临济之神俊,一日千里也。才悟便解真机大用。诸方有一联云:"黄檗腮边轰一掌,大愚胁下筑三拳。"良由真风度篇,故得灵机发枢。上句禀受师承,下句自性宗通也。

老子云:"天地之间,其犹橐籥乎?""橐",无底囊也,亦皮鞴也。"籥",三孔笛也。芭蕉彻云:"譬如琴瑟箜篌,虽有妙音,若无妙指,终不能发。"本出《楞严经》。"劈面来时飞电急",言其峻机迅辩也;"迷云破处大阳孤",言其悟明也。

"捋虎须",庄子云:"孔子见盗跖,退而曰:'丘所谓无病而自灸也。疾走撩虎头,编虎须,几不免虎口哉。'""见也无?"天童指似于人,令参学人体取全机大用,当仁不让,唤作衲僧巴鼻。无尽居士作《续清凉传》,所请辄应。后见说解脱禅师打文殊,不觉赞云:"真大丈夫也。"

还见临济悟处么?羞杀河阳新妇子,惊苏木塔老婆禅。

第八十七则　疏山有无

示众云：门欲阖，一拶便开；船欲沉，一篙便转。车箱入谷无归路，箭筈通天有一门。且道向甚么处去？

举：疏山到沩山，便问："承师有言，有句无句，如藤倚树，挂入唇齿。忽然树倒藤枯，句归何处？"承言者丧，滞句者迷。沩山呵呵大笑。禹力不到处，河声流向西。疏山云："某甲四千里卖布单来，和尚何得相弄？"草鞋钱还来未？沩唤侍者取钱，还这上座。不义之财于我如浮云。遂嘱云："向后有独眼龙为子点破去在。"更有四千里。后到明昭，举前话。一客烦两主。昭云："沩山可谓头正尾正，只是不遇知音。"自是蒲绳短，非干古井深。疏复问："树倒藤枯，句归何处？"又怎么来也。昭云："更使沩山笑转新。"别人拳头画地。疏于言下有省。还了布单债。乃云："沩山元来笑里有刀。"始觉破皮见血。

师云：抚州疏山光仁禅师，参洞山，问："未有之言，请师示诲。"山曰："不诺无人肯。"疏云："还可切也无？"山曰："阇梨即今还切得么？"疏云："切不得即无讳处。"后在香严会下。僧问严："不慕诸圣，不重己灵时如何？"严云："万机休罢，千圣不携。"疏在众作呕声，曰："是何言欤？"严问："阿谁？"众曰："师叔。"严曰："汝不诺山僧耶？"疏出众曰："是。"严曰："汝莫道得么？"疏曰："道得。"严曰："汝试道看。"疏曰："若教某道，须还师资礼始得。"严乃下座，礼拜了，蹑前语问之。

疏曰:"何不道肯诺不得全?"严曰:"肯又肯个甚么?诺又诺于阿谁?"疏曰:"肯则肯他千圣,诺则诺于自己。"严曰:"饶你怎么,也须三十年倒屙。设住山无柴烧,住水无水吃。分明记取。"后住疏山,果如严记。二十七年病愈,自曰:"香严记我三十年倒屙,今欠三年。"凡食后以手抆而吐之,以应严记。疏后问镜清道怤禅师:"肯诺不得全,汝作么生会?"怤曰:"全归肯诺。"疏曰:"不得全又作么生?"怤曰:"个中无肯路。"疏曰:"方惬病僧意。"

沩山懒安,禅门三懒之一也,亦曰长庆大安禅师,示众云:"有句无句,如藤倚树。"疏不远四千里卖布单去问,值沩泥壁次,便问:"有句无句,如藤倚树。岂不是和尚语?"沩曰:"是。"疏曰:"忽若树倒藤枯时如何?"沩放泥槃,大笑归方丈。疏随后曰:"某四千里卖布单,特为此来,和尚何得相弄?"沩唤侍者,讨钱,还伊布单,令去。因嘱:"向后有独眼龙为汝点破去在。"后果遇明昭点破。

疏山四千里卖布单,特为此话。今时傍家行脚者,亦可本分事上留心。但随方建立,递相赞扬,不可如疏山向众中作呕声。不道伊别无长处,破羯磨,破转法轮,破和合僧,必招现报。香严受记,疏山抆吐应记,皆作后人榜样。疏山亦不可测地位中人也。

疏寻常接机,手握木蛇。僧问:"手中是甚么物?"疏提起蛇曰:"曹家女。"雪峰入山,采得一枝木,其形似蛇,背上题曰:"本自天然,不假雕琢。"寄与沩山大安。沩曰:"本色住山人,且无刀斧痕。"疏山既因此话见沩山,亦用木蛇。或亲传,或仿像,不可知也。明昭又问疏:"虎生七子,阿那个无尾?"疏曰:"第七个无尾。"云门、韶国师,皆参疏山。矮师叔名遂冠古今。天童只将沩山笑处,疏山觑破,明昭举处,径直颂出。

颂云:

藤枯树倒问沩山,行到水穷处,坐看云起时。

大笑呵呵岂等闲。险作相弄会。

笑里有刀窥得破,将谓别有。

言思无路绝机关。四千里地赚我来。

师云:外道立"阿忧"为吉。经头以字是"阿"字,言无;"忧"字,言有。故外道问佛,"不问有言,不问无言",此乃鲸吞海水尽也。世尊良久,此乃露出珊瑚枝也。外道礼赞世尊:"大慈,开我迷云,令我得入。"香严瑞道:"语是谤,寂是诳。语寂向上有路在。"大沩借此以为示众。疏山见道"如藤倚树"①,便道"树倒藤枯句归何处"?怎生不教沩山大笑。沩山言无展事,语不投机。疏山承言者丧,滞句者迷。当时若问万松,但云:"苍天,苍天,不见道春行冬令。"

第八十八则　楞严不见

示众云:有见有不见,日午点灯;无见无不见,夜半泼墨。

---

① "如",《大正藏》本误作"加"。

若信见闻如幻翳,方知声色若空花。且道教中还有衲僧说话么?

举:《楞严经》云:"吾不见时,何不见吾不见之处?是何心幸?若见不见自然非彼不见之相,自知即得。若不见吾不见之地,自然非物。云何非汝?心忙手急,推出拥入。"

师云:天童见雪窦引经简略,亦概举教眼。举处虽略,颂处甚详。《楞严·第二》:先明非见之物是前尘;次明非物之见是真性。今全举次段,正是此公案。

《经》云:"若见是物,则汝亦可见吾之见。若同见者,名为见吾。吾不见时,何不见吾不见之处?若见不见,自然非彼不见之相。若不见吾不见之地,自然非物。云何非汝?"长水璇师注云:"此文之意,展转结归,都有五重。经文存三而隐二意。若具论者,合云:若不见吾不见之处,亦不见吾见处。既不见吾见处,吾见自然非物。吾见若非是物,汝见亦非是物。汝见既非是物,云何非汝真见?"

佛果举阿难意:世界灯笼露柱,皆有名相,见精明元,唤作甚么物?愿令我见佛意。"我见香台时,你作么生?"① 阿难云:"我亦见香台,即是见佛见处。"佛言:"我见香台则可知,我若不见香台时,你作么生?"阿难云:"我亦不见香台,即是见佛不见。"佛言:"汝云不见,自是汝知。他人不见处,你如何得知?"古人到这里,只可自知,与人说不得。雪窦出教眼,单颂见佛;

---

① 此处似阙"佛言"二字。

天童深得经意，颂出真见。

颂云：

沧海沥干，依前白浪滔天。

太虚充满。不见毫厘丝忽。

衲僧鼻孔长，千里寒梅度暗香。

古佛舌头短。一字真言道不满。

珠丝度九曲，枉劳心力。

玉机才一转。文彩纵横意自殊。

直下相逢谁识渠，是甚么面孔？

始信斯人不合伴。贬入孤独地狱。

师云：雪窦道："劫石固来犹可坏，沧溟深处立须干。然后太虚充满。"佛眼之嗣，竹庵珪和尚，与伯父持一居士俱喜《楞严经》。庵曰："若离前尘，有分别性，正是生死根本。"士骇曰："佛妄说耶？"庵曰："佛固不妄。且约只今居士对面征诘之心，果安在？"士叹曰："佛说，解第一空，名师子吼，汝行矣！无滞此。"

庵后上堂云："见见之时，见非是见，见犹离见，见不能及。落花有意随流水，流水无情送落花。诸可还者自然非汝，不汝还者非汝而谁？常恨春归无觅处，不知转入此中来。"喝一喝，云："三十年后，莫道能仁教坏人家男女。"万松只将前三句注破公案。据雪窦直颂见佛，佛果单提佛不见处，只可自知。天童颂："沥干沧海，冨塞太虚。"竹庵直明非物之见，亦生死根本。此衲僧鼻孔长，皆出教意外。别出一只眼，古佛舌头短。

万松道：古佛就机随他意语，俯为下机，故说半字。衲僧一向全提正令，故有别传之道。温州瑞鹿寺上方遇安禅师，破句读《楞严经》曰："知见立，知即无明本；知见无，见斯即涅槃。"忽然顿省。人曰："和尚道破句也。"安曰："是吾悟处。"竟不改。时号"安楞严"。万松道：也是因邪打正。

"珠丝度九曲"，世传孔子厄于陈，穿九曲珠，遇桑问女子，授之以诀："密矣思之，思之密矣。"孔子遂晓，以丝系蚁，引之以蜜而穿之。泗州普照宗和尚作《天童颂古拈古序》云："屈曲相通，肖贯珠之丝蚁；萦回相附，犹布雨之云龙。"《浮山九带集》有"屈曲垂带"，大意明曲为今时事。"玉机才一转"，如玉机一梭，未成文彩。

天童举洞山初秋夏末话了，乃云："出门是草，涉芊芊莽莽之间；叶落知秋，堕黯黯青青之处。到这里，须体取机虽转纽，印未成文处始得。"良久云："水明老蚌怀胎后，云重苍龙退骨时。直下相逢谁识渠？始信斯人不合伴。"夹山云："坐断主人翁，不落第二见。须知有一人不合伴。"万松道：独来将谓无相识，闹里忽然逢故人。

第八十九则　洞山无草

示众云：动则埋身千丈，不动则当处生苗。直须两头撒开，中间放下，更买草鞋行脚始得。

举：洞山示众云："秋初夏末，兄弟或东或西，直须向万里无寸草处去。"唆猫入枯井。又云："只如万里无寸草处，作么生去？"一言既发，驷马难追。石霜云："出门便是草。"自看脚下。大阳云："直道不出门，亦是草漫漫地。"没你回避处。

师云：石霜遇会昌之厄，以民服寓长沙浏阳陶家坊。大中初，一僧自洞山夏满而至，霜问："近离何处？"僧云："洞山。"霜云："和尚有何言句示徒？"僧云："和尚近于解夏日上堂，谓众曰：'兄弟秋初夏末，或东或西，直须向万里无寸草处去。'良久云：'只如万里无寸草处，又作么生去？'"霜云："出门便是草。"僧复举似洞山，山曰："此是一千五百人善知识语，且大唐国里能有几人？"既而囊锥始露，果熟香飘。众命再缁，住石霜道场，果符悟本之记。石霜因此公案，道行天下。

后来大阳延禅师云："如今直道，不出门亦是草漫漫地。且道合向甚么处行履？"良久云："莫守寒岩异草青，坐着白云宗不妙。"圆通善国师云："且道诸人即今脚跟下一句，作么生道？若道万里无寸草，许你参见洞山；若道出门便是草，许你参见石霜；若道不出门亦是草漫漫地，许你参见大阳；若总道不得，许你参见延圣。何故？唯有好风来席上，更无闲语落人间。"万松道：若要三句总道得，更须参见天童。

颂云：

草漫漫，直下无底傍无边。
门里门外君自看。照顾绊倒。

荆棘林中下脚易。荒田拣草。

夜明帘外转身难。净地却迷人。

看，看。事不厌细。

几何般？枯木岩前差路多。

且随老木同寒瘠。但存今日志。

将逐春风入烧瘢。必有称心时。

师云：大阳道："直道不出门，亦是草漫漫地。"天童便道："草漫漫，门里门外君自看。"恰似说话不作意，游戏其间。出门是草，人皆易知，亦易回互；不出门亦是草，人难知，难转身。所以道："平地上死人无数。过得荆棘林，是好手。"天童道："荆棘林中下脚却易。"平净地上，不出门庭。夜明帘外，转身甚难。是须各自着眼，无人替代。又云："几何般？"延圣四般，万松五般。点检将来，不出末后两句。要识天童掌后处么？虎瘦雄心在，人贫志气存。

第九十则　仰山谨白

示众云：屈原独醒，正是烂醉；仰山说梦，恰似觉时。且道万松怎么说，诸人怎么听。且道：是觉？是梦？

举：仰山梦往弥勒所，居第二座。且道：第一座是谁？尊者白云："今日当第二座说法。"低声来说是非者。山乃起白椎云：谛观法王法，法王法如是。"摩诃衍法，此义文长。离四句，绝百非。谨白。

言清行浊。"

师云：仰山七岁入定，见身与教主及迦叶二十七祖等同会精舍，其堂处空无柱石，地色如琉璃。觉已与诸祖同是梵相，披金襕，跣足，居第八位。一尊者年貌甚高，呼曰："瞿昙，某今当法事。"仰便下座，就揵椎白曰："大众，净心摩诃衍法，离四句，绝百非。"言讫就座。及众僧悉商量此释义耳。仰又自说梦中往弥勒处，安第三座。《统要》亦云第三座，与本录同。有一尊者白槌曰："今当第三座说法。"山僧乃起白槌云："摩诃衍法，离四句，绝百非。谛听，谛听。"

梵语"摩诃衍那"，此云"大乘"；"四句、百非"，马祖"藏头白，海头黑"公案已剖判分明，此不复也。大沩秀曰："依文解义则不无。忽然弥勒会中，有个作者，才见伊道'摩诃衍法'，便云：合取两片皮。非唯止绝仰山寐语，亦免使后人梦中说梦。"万松道：大沩若解回光返照，和万松无地容身。莫有梦中了了，醉里醒醒底么？

颂云：

梦中拥衲参耆旧，熟镜难忘。

列圣森森坐其右。犬衔赦书，诸侯避路。

当仁不让揵椎鸣，心不负人。

说法无畏师子吼。面无惭色。

心安如海，吞纳百川。

胆量如斗。傍若无人。

鲛目泪流，点点是血。

蚌肠珠剖。赤心片片。

谵语谁知泄我机，手足俱露。

庞眉应笑扬家丑。因谁致得。

离四句，绝百非，言犹在耳。

马师父子病休医。走疼走痛，神鬼难明。

师云：东北方有国，常觉无梦。中方有国，梦觉常半，以梦中所作为虚，以觉来所作为实。西南方有国，常梦，五十日一觉，以觉者为虚，以梦中为实。此觉梦虚实未易知也。龙牙颂："在梦那知梦是虚，觉来方觉梦中无。迷时恰似梦中士，悟后还同睡起夫。"教中以梦为独头意识，览独影境。仰山久无颠倒梦想，如何作这去就？《法华》云："常作是好梦。"金光明十地菩萨，十种梦境，有梦益嘉。磁州大明诠大师，好俳谐谈笑。仁山恒和尚，嘱定侍者常拘检之。大师曰："人生一梦。快乐一世是好梦，拘检一世是恶梦。我宁作好梦。"次日侍者抽单。

仰山虽梦中，犹与摩诃衍法游戏，亦圣众之习气。揵椎非惟白椎，凡钟鱼警众，总为揵椎，译为"声鸣"。师子吼，《证道经》：师子吼，无畏说。"心安如海"，《法华经》："其心安如海，我闻疑网断。"《蜀志》："尚书大将军姜维，字伯约，世语斗胆姜维。"天童无一字无来历。任昉《述异记》："南海鲛人，水居如鱼，不废机织，泣泪成珠。"《异闻续说》："汉武帝幸瓠子河，有人长尺余，献洞穴珠一枚。东方朔云：'河底有穴，深数百丈。有赤䱷，肠生此珠，径寸，明耀绝世。'"仰山只知泪出痛肠，不觉舌在口外。酒陶真性，梦泄天机。四句、百非，一时吐出。僧问马师父子"离四句，绝百非"，前僧作"西来意"问头。仰山下摩诃衍注脚。仰山亦马祖之重孙。为甚么药、病不同？出身犹可易，脱体道应难。

第九十一则　南泉牡丹

示众云：仰山以梦中为实，南泉指觉处为虚。若知觉梦元无，始信虚实绝待。且道斯人具甚么眼？

举：南泉因陆亘大夫云："肇法师也甚奇特，也是辽东白豕。解道：'天地同根，万物一体。竖起两指'"泉指庭前牡丹云："大夫，时人见此一株花，如梦相似。"隔壁过状。

师云：唐陆亘，字景山，吴郡人，官至宣歙观察使，加御史大夫。初问南泉："弟子瓶中养鹅渐大，出瓶不得。如今不得损瓶，不得毁鹅，和尚如何出得？"南泉召曰："大夫。"亘应诺。泉云："出也。"亘从此解悟，留心理性，游泳《肇论》。至《涅槃无名论第七妙存篇》："玄道在于妙悟，妙悟在于即真。即真则有无齐观，齐观则彼已莫二。所以天地与我同根，万物与我一体。同我则非复有无，异我则乖于会通。所以不出不在，而道存乎其间矣。"亘举此两句，以为奇特，殊不知，正是说梦。虽然大小石头和尚，因看《肇论》至《通古第十七篇》："夫至人空洞无象，而万物无非我造。会万物为己者，其唯圣人乎？"豁然悟道,乃云:"圣人无己,靡所不己。"便作《参同契》。佛果道:"陆亘恁么问,奇则甚奇,只是不出教意。若道教意是极则,世尊何故更拈花?祖师何故更西来?南泉答处,用衲僧巴鼻,与他拈病,破他窠窟,遂指庭前花,召大夫云:'时人见此一株花,如梦相似。'如引向万丈悬崖上,打一推,令他命根断。若只在平地上推,到弥勒佛下生,也未会在。"圆通善国师竖起拂子云:"一切有为法,如梦幻泡影。"天童只就梦中变起华胥国土。

颂云:
照彻离微造化根,行到水穷根处。
纷纷出没见其门。坐看云起时。
游神劫外问何有?心外无法。
着眼身前知妙存。满目青山。
虎啸萧萧岩吹作,乞火和烟得。
龙吟冉冉洞云昏。挑泉带月归。
南泉点破时人梦,才好睡语。
要识堂堂补处尊。是处是慈氏。

师云:肇公《宝藏论·离微体妙品》:"其出微,其入离。知入离,外尘无所依;知出微,内心无所为。内心无所为,诸见不能移;外尘无所依,万有不能羁。"天童颂南泉:"照彻离微造化根,纷纷出入见其门。"见出微、入离二门,只一门分其内外,其实十方无壁落,四面亦无门。"游神劫外问何有",天地同根也;"着眼身前知妙存",万物一体也。根之与体,能生天地万物。如龙吟雾起，虎啸风生，有感必应。所以庭前一株花，遍见普天春花。万松说个梦，先有不睡底人，次有睡。因睡不觉有梦，因梦见境，因境见别，有一身境中分别受用。若识得常不睡底人，许多葛藤，一笔句下。要知补处慈尊么？此时若不究根源，直待当来问弥勒。

第九十二则　云门一宝

示众云：得游戏神通大三昧，解众生语言陀罗尼。拽转睦州秦时𨍏𨍏钻，弄出雪峰南山鳖鼻蛇。还识得此人么？

举：云门大师云："乾坤之内，包裹乾坤底覃。宇宙之间，立成宇宙底覃。中有一宝，不信搜怀。秘在形山。形山是宝。拈灯笼向佛殿里，早是驴觑井。将三门来灯笼上。那堪井觑驴。"

师云：云门大师爱作这个去就，盛忙百闹，半路抽身。一日示众，举肇公《宝藏论》。若全举合云："夫天地之内，宇宙之间。中有一宝，秘在形山。识物虚照，内外空然。寂莫离见，其用玄玄。"雪窦拈云："乾坤之内，宇宙之间。中有一宝，挂在壁上。达磨九年不敢正眼觑着，如今衲僧要见，劈脊便棒。"圆通国师道："不谬为德山儿孙。《本录》：'将三门来灯笼上'，作么生？"自代云："逐物意移。"又云："雷起云兴。"佛果道："罗什乃肇公受业师。瓦官寺佛驮跋陀罗，此云'觉贤'，乃嗣法师。《无尽灯》列于觉贤法嗣之列。觉贤嗣西竺佛大先，佛大先与达磨同参二十七祖般若多罗。肇临刑之日,乞七日假,造《宝藏论》。云门拈来示众,不可与你座主相似,解释义理,只要你下个注脚。拈灯笼向佛殿里,常情可以测度,将三门来灯笼上,常情测度得么?"本分宗师,终不将实法系缀人。所以雪窦道:"中有一宝,挂在壁上。"若非天童借来用,几成滞货。

颂云:
收卷余怀厌事华,水深波浪静,学广语声低。
归来何处是生涯?老老大大,住处也不知。
烂柯樵子疑无路,日月不到处。
挂树壶公妙有家。别是一乾坤。
夜水金波浮桂影,通上彻下。
秋风雪阵拥芦花。大小明白。
寒鱼着底不吞饵,徒劳下钓。
兴尽清歌却转槎。又被风吹别调中。

师云:水归大海波涛静,云到苍梧气象闲。所以道:相骂饶你接嘴,相唾饶你泼水。此云门"收卷余怀厌事华","华"字二用,一则去华取实;二则厌多事繁华。"归来何处是生涯",上句《宝藏论》,下句云门著语。向甚么处摸搽?若乃停机伫思,一念万年,直饶烂却斧柯,也是迟棋钝行。

前颂严阳见赵州语,已有烂柯樵子。《本传》前颂雪峰末后句,亦有挂树壶公。《本传》:费长房见壶公卖药不二价,悬壶树上,辄跳入壶。长房楼上见之,知非常人,乃曰:"扫除进饵不谢。"积久知笃信，语曰："日暮无人时来。"语房："随我跳入。"房承其言，亦跳即入壶矣，见有楼五色重门，左右侍者数十人。上句颂《宝藏论》，下句颂云门语。次两句，上句颂明，下句颂白。言论意虽明白，几人荐得？云门通其变，指出一条活路。"寒鱼着底不吞饵"，此用舡子"夜静水寒鱼不食"，金波桂影满船明月也。金波桂影，月之异名。天童道："清光照眼似迷家。"赵州道："老僧不在明白里。"所以"兴尽清歌却转桡"也。且道，向甚么处去？夜深不向芦湾宿，回出中间与两头。

第九十三则　鲁祖不会

示众云：荆珍抵鹊，老鼠衔金。不识其宝，不得其用。还有顿省衣珠底么？

举：鲁祖问南泉："摩尼珠，人不识，如来藏里亲收得。少卖弄。如何是藏？法堂前，佛殿后。"泉云："王老师与汝往来者是。"有甚死急。祖云："不往来者。"道头知尾，告往知来。泉云："亦是藏。"一遍生活两遍作。祖云："如何是珠？"得一望二。泉召云："师祖。"老僧不是不拈出。祖应诺。阇梨不是不将来。泉云："去。汝不会我语。"平生肝胆向人倾。

师云：终南山云际师祖禅师，法嗣南泉，天童误为鲁祖。就此辨之，学者应知。且池州鲁祖山宝云禅师，法嗣马祖，乃南泉兄也。况师祖，南泉以名呼之。因此公案悟去，南泉之子无疑也。初问南泉："摩尼珠,人不识,如来藏里亲收得。"此语本出永嘉禅师《证道经》。梵天琪和尚注云："梵语'摩尼',此云'如意',又云'无垢光',亦曰'增长'"。《楞伽经》云："寂灭者名为一心。一心者名如来藏。"具三种义：一隐覆义,覆藏如来故；二含摄义,含摄一切众生国土故；三出生义,能生无漏因果人天道行故。初约迷时,后约悟时,中间克体。又《胜鬘》："有二种如来藏：一空如来藏,脱离一切烦恼；二不空如来藏,具过恒沙,不思议佛法。"

终南山云际师祖禅师,初在南泉问"摩尼珠人不识",又问"珠",泉云："去,汝不会我语。"师祖从此信入。圆通国师云："如今还有人信入么？若有,罔象到时光灿烂；若无,离娄行处浪滔天。"佛果云："尽大地是如来藏,向甚么处着珠？尽大地是摩尼珠,唤甚么作藏？"雪窦别云："嶮。"百尺竿头作伎俩,不是好手。这里着得个眼,宾主互换,便能深入虎穴。或不恁么,纵饶师祖悟去,也是龙头蛇尾。要见头尾完全,须是天童和尚。

颂云：
别是非,
明得丧；眼里有筋。
应之心,
指诸掌。见处通透,用时明白。
往来不往来,总不干他事。
只这俱是藏。恁么不恁么总得。

轮王赏之有功，廉者不取，贪者不与。
黄帝得之罔象。已劳心力。
转枢机能伎俩，百不如汝。
明眼衲僧无卤莽。事不厌细。

师云：《心珠歌》《玩珠吟》多说此珠名如意宝，少言如来藏。唯永嘉一宿觉，向"如来藏里亲收得。六般神用空不空？一颗圆光色非色"。如何是藏？如何是珠？往来者是，不往来者亦是。这里要你别是非，明得丧也。应之于心，得之于手。"指诸掌"，本出《论语》①，南泉指藏指珠，如放在汝掌中，指似与汝。既往来不往来，是藏；唤应唤不应，俱是珠何疑？且道：珠中出藏，藏中出珠。打作一团，分为两段。

《法华经》："佛告文殊师利，如转轮王，见诸兵众有大功者，心甚欢喜。以此难信之珠，久在髻中，不妄与人，而今与之。"黄帝使象罔索珠，前颂"首山三句"中已明。机轮转处，智眼犹迷。若非无伎俩中，能作伎俩，不能道"去，汝不会我"语。云际这里悟去，洞山云："欢喜即不无，如粪扫堆头，拾得一颗明珠相似。"万松道：我不似洞山，乞儿见小利，欢喜则不欢喜，如来藏中击碎一颗明珠相似。

---

① "指诸掌"，《论语·八佾》："或问'禘'之说。子曰：'不知也。知其说者之于天下也，其如示诸斯乎！'指其掌。"后用"如指诸掌"比喻对事情非常熟悉了解。

第九十四则　洞山不安

示众云：下不论上，卑不动尊。虽能摄已从他，未可以轻劳重。四大不调时，如何侍养？

举：洞山不安，僧问："和尚病，还有不病者么？"一任分疏。山云："有。"强主张。僧云："不病者还看和尚否？"世谛流布。山云："老僧看他有分。"本分相见。僧云："和尚看他时如何？"有甚么眼相见？山云："则不见有病。"只是不肯参假。

师云：古人临行，老、病、死境界中游戏。就中洞山奇怪，既示微疾①，大众看候。一僧问："和尚病，还有不病者么？"这僧言中有响，句里呈机，也要看病人具眼。山云："有。"抓着痒处，病减十分。僧云："不病者还看和尚否？"倒行此令，要人知不恁么。山云："老僧看他有分。"若以世情测度，不病者合看病者。洞山却道："老僧看他有分。"岂是人情问候道理？这僧要彻底相见，更问："和尚看他后如何？"这里要你十二时中常须奉重，夜眠早起，问候起居，始是知恩孝顺底人也。山云："老僧若看，即不见有病"，此是平生行履，临行得力处也。山复问僧："离此壳漏子，向甚么处与吾相见？"僧无对。山有颂云："学者虽多无一悟，过在寻他舌头路。欲得忘形泯踪迹，努力殷勤空里

---

① "示"，《大正藏》本误作"云"。

步。"颂毕,剃头,声钟,坐堂,辞众告寂。众号恸,山开目,辨愚痴斋,更延七日,再辞众坐逝。

《大定继灯录》:皇统间,咸平府大觉寺法庆禅师,嗣佛国白禅师,尝掌书记。初住泗州普照,后迁嵩少。破汴被虏,北方牧牛,讲僧识之。次居东京,因侍者读《洞山录》"作愚痴斋",者云:"古人甚奇。"觉云:"吾化后,汝可唤之。若能回来,是有道力也。"后预知时至,乃作颂云:"今年五月初五,四大将离本主。白骨当风扬却,免占檀那地土。"衣物尽付侍者斋僧。始闻初夜钟声,坐逝。侍者曰:"昔约令唤。"遂唤三声。觉应曰:"作么?"者曰:"和尚何裸跣而去。"觉曰:"来时何有?"者欲强穿衣。觉曰:"休,留与后人。"者曰:"正恁么时如何?"觉曰:"也只恁么。"复书一偈云:"七十三年如掣电,临行为君通一线。铁牛踍跳过新罗,撞破虚空七八片。"俨然而化,寿七十三,皇统三年五月五日也。

洞山识不病底,大觉识不死底,所以二老来去自由。天童拈云:"得往得来,得来得往。我看他有分,他看我不然。正恁么时如何体悉?"良久云:"宿雾尚深无见顶,春风常在不萌枝。"天童拈彰底事之全机,已如上说;颂见古人之克力,又么生?

颂云:

卸却臭皮袋,草枯鹰眼疾。

拈转赤肉团。雪尽马蹄轻。

当头鼻孔正,也须拨转始得。

直下髑髅干。切忌见鬼。

老医不见从来癖，手到病除。

少子相看向近难。渠无国土，何处逢渠？

野水瘦时秋潦退，龙行旧道。

白云断处旧山寒。是真难灭。

须剿绝，君子一言。

莫颟顸。点灯吃饭。

转尽无功伊就位，叶落归根。

孤标不与汝同盘。来时无口。

师云：石头和尚道："欲识庵中不死人，岂离而今这皮袋！"天童却道："卸却这皮袋。"洞山、天童皆石头下子孙，如此相违，如何和会？临济亦道："赤肉团上有无位真人。"天童却教拈却赤肉团。你且道：无位真人向甚处安身立命？佛日和尚道："山僧未来时，燕京人鼻不正。山僧特来扳正。"万松道：佛日鼻孔落在燕京人手里。

僧问香严："如何是道？"严曰："枯木里龙吟。"僧曰："某不会。"① 严曰："髑髅里眼睛。"后有僧问石霜："如何是枯木里龙吟？"霜云："犹带喜在。"僧曰："如何是髑髅里眼睛？"霜云："犹带识在。"又有僧问曹山，山以偈示之曰："枯木龙吟真见道，髑髅识尽眼初明。喜识尽时消息尽，当人那辨浊中清。"僧再问："如何是枯木里龙吟？"曹曰："血脉不断。"僧曰："如何是髑髅里眼睛？"曹曰："干不尽。"《祖庭事苑》作"干尽"。若据天童

---

① "某"，原涂黑，以《大正藏》本补。

《颂》《并序》"赤肉团独露真常,髑髅眼沥干漏识",干尽亦不恶。世谚有云:"老医少卜。"言医老始明,卜少则灵。所以洞山老作"不见有病"。"少子相看向近难"者,拟亲即疏,拟向即乖。寒松病枝,因病转奇。维摩瘦而不羸者,因病而为道日损。

西京奉圣深禅师病起颂云:"气绝绝情绪,举意无意路。眴目尚无力,长年不出户。"芙蓉楷和尚道:"只此一颂,自然绍继老僧。"此水瘦潦退,云断山寒也。"须剿绝,莫颟顸",病要除根,医须勿药。"转尽无功伊就位,孤标不与汝同盘",还知么?丽水一星金,流沙混不得。

第九十五则　临济一画

示众云:佛来也打,魔来也打。有理三十,无理三十。为复是错认恩仇,为复是不分良善。试道看。

举:临济问院主:"甚处来?"掌云:这里来。主云:"州中粜黄米来。"却实头。济云:"粜得尽么?"入草求人。主云:"粜得尽。"两搭不回头。济以拄杖一画云:"还粜得这个么?"有甚死急。主便喝。虾蟆叫。济便打。伏手骨梾。次典座至,举前话。少卖弄。座云:"院主不会和尚意。"口是祸门。济云:"你又作么生?"上身上来也。座便礼拜。转见不堪。济亦打。趁手快。

师云:《本录》无典座,又问供养主:"甚么处去来?"主云:"州中粜黄米去来。"济云:"粜得尽么?"主云:"粜得尽。"济亦以拄杖一画云："粜得这个尽么？"主便礼拜。济云："犹较些子。"万松道：有何不可？院主被棒，赏不避仇雠；供养主蒙恩，诛不择骨肉。天童据尽令而行，要见全机大用。

颂云：

临济全机格调高，也好与一顿。

棒头有眼辨秋毫。一点难谩。

扫除狐兔家风峻，师子全威。

变化鱼龙电火烧。大小神通。

活人剑，犹较些子。

杀人刀，这漆桶。

倚天照雪利吹毛。谁敢正觑。

一等令行滋味别，这醋可晒酽。

十分痛处是谁遭？打云：是你，是你。

师云：临济有时夺人不夺境，有时人境两俱夺。若遇其中人，便全体作用。此临济格调最高处也。手上出来，手上打；眼上出来，眼上打；四方八面来，旋风打。离娄，黄帝时人，百里见秋毫之末。棒头有眼，明如日月，半点也不容。不唯扫除狐兔，亦能变化鱼龙。鱼跃禹门三级，雷电烧尾成龙。棒喝迅机，神用如是。七事随身，有杀人刀，活人剑。

浮山圆鉴远录公，出十六题，令投子青禅师颂，亦有杀人刀，活人剑。雪窦颂《巴陵吹毛剑》："要平不平，大巧若拙。或指或掌，倚天照雪。"宋玉《大言赋》："方地为舆，圆天为盖。

弯弓射槫桑,长剑倚天外。"僧问临济:"如何是吹毛剑?"济云:
"祸事,祸事。"不见道:德山酽醋,曾吃知酸。临际用出黄檗,
传来亦不弱。竹庵云:"劈面三拳,拦腮七掌。尽大地人,不识
痛痒。只有一个认痛,犹受医在。"不见临济道:"如蒿枝拂
相似。"

第九十六则　九峰不肯

示众云:云居不凭戒珠舍利,九峰不爱坐脱立亡。牛头不要
百鸟衔花,黄檗不羡浮杯渡水。且道别有何长处?

举:九峰在石霜作侍者,霜迁化后,众欲请堂中首座接续住
持。便好学能无伎俩,不应如秀拂尘埃。峰不肯,乃云:"待某甲问过。
若会先师意,如先师侍奉。"路见不平。遂问:"先师道:休去,歇
去,费力作么?一念万年去,忘前失后汉。寒灰枯木去,有甚气息?一
条白练去。切忌点污。且道明甚么边事?只要无事。"座云:"明一色
边事。"两般了也。峰云:"恁么则未会先师意在。"一朝权在手。座
云:"你不肯我那,装香来。"果然不会。座乃焚香云:"我若不会
先师意,香烟起处,脱去不得。"气急杀人。言讫,便坐脱。这里甚
么所在,恁么去?峰乃抚其背云:"坐脱立亡则不无,出身犹可易。先
师意未梦见在。脱体道应难。"

师云:筠州九峰道虔禅师,亲传石霜之道,得杀活杖子,具
衲僧巴鼻。首座担板,只得一橛。当时见道"恁么则未会先师意

在",只道"吾不如汝",便教九峰九地容身,倾心归伏。不见道:争之不足,让则有余。今时参学人,只道古人坐脱立亡,今人临行手忙脚乱。又见殴阳文忠公见嵩山老僧,道:"今人念念在乱,临终安得定?"① 这回一向寻速生速灭。觉范颂云:"死时应尽便应尽,坐脱立亡夸小儿。酪出乳中无别法,死时何苦欲先知。"

二朝士问宝峰照和尚:"古人临终去住自在,何道致之?"峰云:"老僧将来自缢死去。"② 临终众僧求峰遗训,峰作恶语数句而终。石霜首座若到这个地面,免被九峰逼死。

佛果示杲上人法语云:"嗟!见一流拍盲野狐种族,自不曾梦见祖师,却妄传达磨以胎息传人,谓之传法救迷情,以至引从上最年高宗师,如安国师、赵州之类,皆行此气。及夸初祖只履,普化空棺,皆谓此术有验,遂致浑身脱去,谓之形神俱妙。而人厚爱此身,怕腊月三十日,惇惶竞传归真之法。除夜望影,唤主人公,以卜日月。听楼鼓,验玉池,觇眼光,以为脱生死法。真诳諕闾阎,捏伪造窠,贻高人嗤鄙。复有一等,假托初祖《胎息说》、赵州《十二时别歌》、庞居士《转河车颂》,递互指授,密传行持,以图长年及全身脱去,或希三五百岁。殊不知,此真是妄想爱见。"

万松道:今时下视诸方者,多以临行,要人看好,瘿上涂烟

---

① 据《鹤林玉露》卷一记载:"欧阳公问一僧曰:'古之高僧有去来脩然者,何今世之鲜也?'僧曰:'古人念念在定慧,临终安得而乱?今人念念在散乱,临终安得而定?'公深然之。"
② "老僧",《大正藏》本误作"先僧"。

焰，有甚可喜？石霜一生置枯木堂，安枯木众，往往常坐不卧。坐脱立亡者极多，独九峰不肯首座。今时好坐脱立亡底，何不参取九峰不肯处。且道九峰具甚么作用？问取天童。

颂云：
石霜一宗，蜂攒蚁聚。
亲传九峰。冰消瓦解。
香烟脱去，生死自在即不无。
正脉难通。先师意未梦见在。
月巢鹤作千年梦，树倒不飞。
雪屋人迷一色功。日出后一场懡㦬。
坐断十方犹点额，切忌生根。
密移一步看飞龙。别般造化。

师云：天童仁义先于贫处断，世情偏向有钱家。万松道：门庭施设，不如九峰；入理深谈，犹较座元百步。胜默和尚作《祖庭咏史诗》："元座徒亡一炷烟，九峰不是抑高贤。若将一色为承绍，辜负先师不借缘。"石霜示众有云："未尝忘照，犹为外绍，为臣种，亦曰借。若诞生丝毫不隔，如王子生下，则能绍大位，谓之内绍，名王种，名句不借也，借则一色边事耳。"不得已，应机利生为挟带。"点额""飞龙"，亦禹门化鱼之事，亦《周易·乾卦》九五，飞龙在天，得位之象。岂比月巢鹤梦，雪屋人迷者哉！还识石霜传九峰处么？摘破香囊薰大国，拨开天窍吼真风。

第九十七则　光帝幞头

示众云：达磨朝梁武，本为传心；盐官识大中，不妨具眼。天下太平，国王长寿。不犯天威，日月停景。四时和适，有光风化。人王、法王相见，合谈何事？

举：同光帝谓兴化曰："寡人收得中原一宝，少卖弄。只是无人酬价。倾国莫换。"化云："借陛下宝看。因便接势。"帝以两手引幞头脚。幸遇其人。化云："君王之宝，谁敢酬价！"一并交足，别无少欠。

师云：魏府兴化存奖禅师，初依临济。济圆寂，为三圣首座。后见大觉。开堂拈香曰："此一炷香，本分为三圣师兄，三圣于我太孤；本分为大觉师兄，大觉于我太赊；不如供养临济先师。"

僧问："四方八面来时如何？"化云："打中间底。"僧作礼。化云："大众，兴化昨日赴个村斋，半路逢卒风暴雨，却于神庙里避得过。"后唐庄宗幸河北。僧问："王程有限时如何？"化云："日驰五百。"驾回至魏府行宫，诏化至。赐座茶毕，遂问："朕收下中原，获得一宝，未曾有人酬价。"化云："略借陛下宝看。"帝以两手引幞头脚，化云："君王之宝，谁敢酬价。"帝大悦，赐紫衣师号。化皆不受。又赐御马一匹。

万松道：第一要识取君王，更要知处中原，然后问你宝下落。玄觉征云:"且道兴化肯同光不肯同光?若肯,兴化眼在甚么处?若不肯,同光过在甚么处?"万松道:空生不解金刚旨,问得疑心满世间。雪窦云:"至尊所得,只可旁观。若非兴化作家,往往高价酬却。"万松道:恰似不斋来。翠岩芝云:"兴化当时下着,可谓酩酊。如今作么生断?"万松道:吃棒了判案。云峰悦云:"真不掩伪,曲不藏直。有眼底辨取。"万松道:问着个瞎汉。黄龙心云:"兴化一期见机而作,争奈埋没伊一朝天子。当时若但向道:蚌蛤之珠,收得也无用处,教伊向后别有生涯,免见递相钝踬。而今若有人问,又作么生酬价?"万松道:七九六十三,收。这一队老汉没个敢着价者。唯有天童相物作价,两无亏欠。

颂云:
君王底意语知音,一发善言。
天下倾诚葵藿心。千里福应。
掇出中原无价宝,两手分付。
不同赵璧与燕金。别是一家珍。
中原之宝呈兴化,分付着头。
一段光明难定价。自买自卖。
帝业堪为万世师,裂破古今。
金轮景耀四天下。犹有化在。

师云:同光,年号也,如大中天子,即宣宗也。后唐庄宗,在位三年,癸未改同光元年。唤作中原一宝,已是强名。毕竟唤作甚么？大小天童只道得个"君王底意语知音"。看他庄宗行兵，则从真定，服中山，取渔阳，兼魏博，策马渡河，而梁氏失国；偏师西指，而剑阁不守。所以自称"收得中原一宝，只是无人酬价"。此以衲僧分上，未遇知音。不逢别者，终不开拳。兴化倾诚，不敢辜负天府大宝。葵藿向日而倾，卫其足也。所以刖足，鲍庄子不如葵也。

"掇出中原无价宝"，此颂引蟆头脚，轮王髻中珠，不可轻分付。古今天子对辩，未有如庄宗善用时机。佛事人情，一时周足。有官人谒归宗，宗拈起两帽子脚示之云："还会么？"官曰："不会。"宗曰："老僧病头风，莫怪不卸帽子。"官人无语。

万松道：韩信功高谁与同？转身拆却连云栈。赵国有和氏之璧。燕昭王筑台，置千金于上，延天下之士，故名黄金台。又颂云："中原之宝，一段光明，辉天鉴地。"南泉道："不作贵，不作贱，你作么生买？"所以难定价也。金轮王王四天下；银轮三天下；铜二；铁一。准上可知，金轮虽有七宝，只能景耀四天下。不如中原一宝，尽十方法界，皆是一段光明。叵耐兴化，容易便道："略借陛下宝看。"同光是一朝天子，作大檀越，布施与他，可谓作家君王，天然有在。

万松常笑三角，示众云：大凡说法，须是应时及节。及至住庵时，值贼执刀问："和尚有珍宝否？"角云："僧家之宝，非君所宜。"贼云："是甚么宝？"角便喝，贼不领，以刃加之。法雨颂云："结茅绝顶居三角，家宝不能深蕴却。草次开囊欺鉴人，卞和刖足胡为错？错遇桀纣兮施礼乐。"不似兴化、庄宗，不伤和气。僧问法云圆通秀铁壁："知师久蕴囊中宝，今日当筵略借看。"壁云:"君子爱财,取之有道。"勿谓法云拈不出,须知兴化敢商量。

第九十八则　洞山常切

示众云:九峰截舌,追和石霜;曹山斫头,不辜洞岭。古人三寸得怎么密?且为人手段在甚么处?

举:僧问洞山:"三身中,那身不堕诸数?"前三三,后三三。山云:"吾常于此切。"气急杀人。

师云:《本录》中问:"三身中,那一身说法?"山云:"吾常于此切。"疏山仁禅师始问洞山:"未有之言,请师示诲。"山曰:"不诺无人肯。"疏曰:"还可切也无?"山曰:"阇梨即今还切得否?"疏曰:"切不得则无讳处。"山肯之。僧后问曹山:"先师道:'吾常于此切',意旨如何?"山云:"要头斫取去。"僧又问雪峰,峰以拄杖劈口打曰:"我也曾到洞山来。"承天宗云:"一转语海晏河清,一转语风高月冷,一转语骑贼马趁贼。试请辨看。忽有个衲僧出来道,总不恁么?也许伊具一只眼。"元来药山下子孙,旁提护讳,好本多同。不见僧问石霜:"如何是祖师西来意?"霜乃咬齿示之,僧不荐。霜迁化后问九峰:"先师咬齿,意旨如何?"峰云:"我宁可截舌,不犯国讳。"僧又问云盖,盖云:"我与先师有甚冤雠?"保宁勇和尚颂云:"此切堪伤勿外求,至亲何故似冤雠。始终满面无惭色,更被曹山乞你头。"好即甚好，太犯风烟。你看天童几般绵密？

颂云：
不入世，物外横身。
未循缘，刮笃成家。
劫壶空处有家传。猫儿屋头尿。
白苹风细秋江暮，清虚冷淡。
古岸船归一带烟。目断天涯。

师云："不入世，未循缘"，脑后见腮，莫与往来。"劫壶空处有家传"，洞山怎么唱，曹山怎么和，雪峰怎么断送。三台须是大家催。盖黄河从源头浊了也。周处《风土记》："萍蘋，芹菜之名。大者蘋，小者萍。"① 白蘋者，柳恽诗："汀湖采白蘋，日暮江南春。洞里有归客，潇湘逢故人。"后人名其处为白蘋汀。"风细秋江暮"者，宋玉《风赋》："夫风生于青苹之末，浸淫溪谷，缘于太山之阿，舞于松柏之下。"谓之白蘋者，苗青而花白也。敢问古岸船归向甚么处去？谁知远烟浪，别有好思量。

第九十九则　云门钵桶

示众云：棋有别智，酒有别肠。狡兔三穴，猾胥万幸。更有个诸头底，且道是谁？

---

① "周处"，原作"周起"。

举：僧问云门："如何是尘尘三昧？"有愿不撒沙。门云："钵里饭，桶里水。"撞头磕额，拦腮扑面。

师云：《华严》："一尘入正受，诸尘三昧起。"又云："尘尘尔，法法尔。"这僧问处，直要云门当面拈出。云门道"钵里饭，桶里水"，且道：拈出不拈出？有底便认和声送事，就句呈机；有底道"钵里饭粒粒皆圆，桶里水点点皆湿"；更有一般，着甚死急，道"钵里有饭，桶里有水"。佛果道："漱口三年，正为汝辈。"雪窦道："多口阿师难下嘴"。元来小胆，你看天童擘破面皮。

颂云：

钵里饭，

桶里水。碗盛杓㪺。

开口见胆求知己，只为分明极，翻令得所迟。

拟思便落二三机。天童第四。

对面忽成千万里，是必早回程。

韶阳师较些子。未敢相保。

断金之义兮谁与相同，心不负人。

匪石之心兮独能如此。面无惭色。

师云：僧问忠国师："如何是佛法大意？"师云："文殊堂里万菩萨。"僧云："学人不会。"师云："大悲千手眼。"佛鉴颂：

"时年蔬菜贱,满地萝卜头。一文买一个,得者饱齁齁。"这里便见天童与云门出一只手,提折脚铛子也。《周易·系辞》:"君子之道,或出或处,或默或语。二人同心,其利断金。同心之言,其臭如兰。"《注》云:"金,坚刚之物,而能断之,言利之甚也。"《毛诗·邶·柏舟》云:"我心匪石,不可转也;我心匪席,不可卷也。"《注》:"石虽坚尚可转,席虽平尚可卷,言已心志坚平过于石席。"且道忠国师、佛鉴、云门、天童,恁么气急作甚?赤心片片知人少,觌面堆堆睹者稀。

第一百则　琅琊山河

示众云:一言可以兴邦,一言可以丧邦。此药亦能杀人,此药亦能活人。仁者见之谓之仁,智者见之谓之智。且道利害在甚么处?

举:僧问琅琊觉和尚:"清净本然,云何忽生山河大地?"迷时三界有。觉云:"清净本然,云何忽生山河大地?"悟后十方空。

师云:汾阳无德昭禅师,北地苦寒,因罢夜参。梵僧乘云而至,劝:"不可失时。此众虽不多,六人大器,道荫人天。"阳明日上堂云:"胡僧金锡光,为法到汾阳。六人成大器,劝请为敷扬。"时大愚芝、慈明圆、琅琊觉、法华举、天胜泰、石霜永等皆在席下。

滁州琅琊山开化广照禅师,讳慧觉,西洛人。父为衡阳太守，捐馆，扶衬归洛①。过澧州，登药山古刹瞻礼，观其游处，宛若旧居，缘此出家，得法于汾阳。应缘滁水，与雪窦明觉同时唱道，天下指为二甘露门，迨今淮南遗化如昔。

湖南祇林和尚才见僧来便云："魔来，魔来。"以木剑挥之，潜入方丈。如是十二年，后置剑无言。有僧问："十二年前为甚么降魔？"林云："贼不打贫儿家。"僧云："十二年后为甚么不降魔？"林云："贼不打贫儿家。"此名一剑下分身之意。

《首楞严·第四》："富楼那问：若复世间一切根尘，阴处界等，皆如来藏清净本然，云何忽生山河大地？诸有为相，次第迁流，终而复始。"说者云："若解则已知觉体本妙，无明本空。山河大地，如空花相，若惑，则能所妄分，强觉俄起。三细为世，四轮成界。"琅琊云："我则不然。'清净本然，云何忽生山河大地'，此唤骑贼马赶贼，夺贼枪杀贼。"荐福信云："先行不到，末后太过。"万松道：徐六檐板，各见一边。要除见渗漏，须见天童始得。

颂云：

见有不有，一般面草。

翻手覆手。由人故造。

琅琊山里人，叉手云：慧觉。

不落瞿昙后。一语伤人，千刀搅腹。

---

① "衬"，似为"榇"。

师云：见有不有，其有自朽；见怪不怪，其怪自坏。《摩诃衍论》，十四祖龙树祖师造也，乃云："一切诸法，一切因缘故应有；一切诸法，一切因缘故不应有。"此翻手覆手也。琅琊上堂云："见闻觉知，俱为生死之因。见闻觉知，俱为解脱之本。譬如师子返掷，南北东西，且无定止。汝等诸人，若也不会，且莫辜负释迦老子。咄。"此所以不落瞿昙后也。"瞿昙"，梵语，具云"乔答摩"，此云"地胜"，谓除天外在地人中，最殊胜故。方今后五百岁，去圣时遥，人多懈怠。如何得不落后去？裂破古今。

音义卷下

夕处　上呼。

屹　鱼乞。

氛　音纷，妖气。

鄷　丰，邑名。

嗜　视，欲也。

毰毸　蓝衫，毛长。

种火　上上呼。

累　蘲。

嘟嘟嚟　留。

猱　奴刀，猴也。

抖擞　斗叟。

捩　练结，拗也。

筍　或作笋。

篾　莫结，竹皮。

那个　上去呼。

砧　知林。

口磣　初锦，食有沙。

记莂　上呼。

首身　上去呼。

向当　去呼。

当家　上同。

一串　音钏。

饮气　上去呼。

狌　生。

那　上呼。

蛰户　上直立。

窈窕　奋掉。

槁　考。

僵　姜。

邕　雍。

葭莩　加孚。

鬼祟　邃。

蛊　古。

闺　圭。

否极　上痞，塞也。

阴惨　磣。

比兴　去呼。

坤舆　平呼。

闽　武巾，越也。

綩　颡

一镞　族。

诊　疹。

查手　上槎。

夔　迤。

踟蹰　池厨，不进。

眹兆　上矧。

瞥　擎。

硎　刑。

谶　楚谮。

燔　烦。

儁　俊。

泙洞　上披水，下轰。

缠　平呼。

御　语。

搏　博。

糊　胡。

唪嚷　谗幢。

飡糕　茨羔。

跶倒　上音闼，俗作擦。

倔强　崛。

澧州 上音礼。

拽䥱 罢,耕也。

蹊 兮。

畴 音筹。

没胫 音倖。

谷风 上穀。

陌 驀。

折草 上音哲。

慢㦬 欧。

榾柮 骨朵。

单 禅。

于裩 池。

锋铓浮槎 查。

张骞 愆。

临渚 主。

谚 彦。

颙挑 料掉。

别者 上彼列切。

球 求。

㧌抢 上楚衔,下楚庚。

棓彗 棒邃,妖星。

斡旋 乌栝,移也。

俱胝 抵。

婺州 上务。

莽卤　姆鲁。

瑶　叨。

三行　杭。

犗　介。

会稽　刽鸡，山名。

鎝　叨。

骛　务。

髾　耆。

焯赫　上阐。

腊　昔，干肉。

浙　拆。

和好　去呼。

能间　去。

堠　候。

默处　上呼。

辣　粝。

喡喺　二音如字。

鸹　仕于。

籥　药。

方堙　因。

橐　托。

鞠　蒲拜，火具。

箜篌　如字。

盗跖　只。

自灸　九。

阖　盍。

抉　于悦,挑。

怸　孚。

愜　箧。

矮　乌蟹,短。

遂冠　去。

概举　上溉。

璇　旋。

浏　留,地名。

漫漫　平。

瘠　籍,瘦。

烧瘢　上去呼,下槃。

跣　癣。

揵椎　虔地。

鲛　交。

谵　占。

觉　教。

俳　排。

谐　鞋。

宣歙　摄,州名。

兴尽　上去呼。

卸却　音泻,去呼。

癖　劈,病。

少子　上去呼。

昫　舜。

潦　老。

榑桑　上扶。

觋　丑廉。

嗤鄙　上蚩。

摘破

酩酊　茗顶。

语知音　上去呼。

别者　同上。

栈　士谏。

柳恽　蕴，上呼。

杓戽　眷。

或处　上呼。

邯栢　上辈，国名。

瑯琊　郎耶。

滁州　上除。

矻　你。

附录一

万松行秀年谱

  金大定六年（1166），师一岁。师生于洺州永年县（今河北永年县），父蔡真，喜好佛法。

  按《塔铭》："行秀号万松，姓蔡氏，河内解人也。父真，落魄，俊爽多艺能，好佛法。皇统初，游四方，盘桓洺水，喜永年风物，因家焉。"万松行秀之父名真，于金皇统元年（1141）前后到永年。永年，金代属洺州①。洺水流经永年，故有"盘桓洺水"之语。由《塔铭》而知，行秀出生地在洺州永年，而非解州解县。洺州，金代属河北西路。解州（今山西运城），金代属河东北路，下隶六县，解县为其一。所云"河内解人"，概指祖籍。

  金大定二十年（1180），师十五岁。出家于邢州净土寺，落发师赟公。

  按《塔铭》曰："师生十有五年，恳求出家，父母不能夺，礼邢州净土赟公，业五大部。"从《塔铭》可知，行秀十五岁出

---

① 《金史》卷二十五载："洺州，上防御广平，郡治永年。天会七年以守边置防御使。户七万三千七十，县九，镇四。"永年洺州郡治所在。

家于邢州净土寺。邢州,金代属河北西路,下辖八县,邢台为其一。净土寺,在邢州邢台县。据《邢台县志》卷七,净土寺在天宁寺东北。而天宁寺在邑治西北隅,以知净土寺大致位于邢台县以北。学者刘敦桢于20世纪40年代带着学生考察华北地区古建筑时,曾调查过净土寺,亦留下了如下记载:"净土寺在北门内西侧,有大殿三间,已半圮,据式样及殿内佛像观之,决为明构。惟殿西北小石塔一座,亦密檐塔式样。题'万松大师舍利塔',建于元至元十九年(1282)"。① 知万松行秀的舍利塔有两处,一处建在燕京,一处在邢台净土寺。

赟公,尚无更多资料,唯《补续高僧传》云:"礼赟允公为师落发焉"。② 古人称呼禅师为某公,一般取法名的第二个字。例如行秀,人们尊称"万松秀公",而决不称"万松行公"。③ 如果赟公法讳斌允,则应称允公,而非斌公。《补续高僧传》中"允"极可能是衍字。

金大定二十五年(1185),师二十岁,于此年试经,位第七。

《塔铭》云:"试于有司,在选者二百人,考官孙椿年置第七。老僧靖恩忧不能出其右,师让之,独献律赋而归。椿年叹服,请冠之而妻以子,师不从。"有关万松行秀试经之年,《塔铭》并无记载,但其又云:"明年受具足戒。挑囊抵燕。""明年"

---

① 刘敦桢:《刘敦桢文集》第三集,中国建筑工业出版社1987年版,第101页。
② 明河:《补续高僧传》卷十八,《续藏经》第134册,第296页。
③ 王恽:《雪庭裕公和尚语录序》,即称行秀为"万松秀公",《秋涧集》卷四十三,文渊阁《四库全书》本。

即指试经之第二年，由此可知，行秀第二年具足戒。万松行秀具戒之年，《塔铭》不载。但《五灯全书》卷六十一《燕京报恩寺万松行秀禅师传》云："僧腊六十。"以此推算，行秀应在金大定二十六年（1186）具戒，时二十一岁。故试经之年当为二十岁。

金大定二十六年（1186），师二十一岁，具足戒。
《塔铭》曰："明年受具足戒。"

金大定二十七年至明昌初年，师二十二至二十四岁，游燕京，历潭柘、庆寿、万寿诸寺，参学胜默圆光、雪岩善满，并于善满处得法。出世住邢州净土寺。

《塔铭》云："挑囊抵燕。历潭柘、庆寿，谒万寿，参胜默老人。复出，见雪岩满公于磁州大明。公知法器，留之二年，言相契，径付法衣钵送之，颂师印可。开户读书。净土尊宿闻之，欣然与众具疏敦请。师亦知缘至，遂就之。"

潭柘寺，金元时期名大万寿寺，位于北京市门头沟区东南部宝珠峰南麓，因山有龙潭和柘树，故名"潭柘山"，而寺随山名"潭柘寺"。寺志卷一《梵刹原宗》记载："潭柘山怀有古刹，俗呼潭柘寺，随山而名之"。[①] 考寺建置，寺开创于晋，谓之嘉福寺。唐时名"龙泉寺"。金朝熙宗皇统年间重修，敕赐寺额"大万寿寺"。元代因之。明天顺元年（1457）恢复旧名"嘉福寺"。清代复重修，改名"岫云寺"。

---

① 神穆德撰，释义庵续：《潭柘山岫云寺志》卷一，佛寺志丛刊本。

庆寿寺，旧址在北京西长安街上，又称双塔寺。《元一统志》卷一记载："庆寿寺，按寺碑金大定二十六年所建，翰林侍讲学士李晏撰文，修撰党怀英书丹。国朝重修。大庆寿寺起于至元十二年乙亥，至十九年壬午工毕。翰林学士承旨徐琰撰碑。"行秀自云："万松昔在大庆寿玄悟席下，一年入室两度，经半年，才得告香入室。"（《从容庵录》第四十三则《云门法身》）。可知，行秀在大庆寿寺曾参访玄悟。玄悟，又称玄悟玉，系云门宗，金大定年间活动。①

磁州大明寺是雪岩善满的祖师大明宝创立的寺院，也是金元时期曹洞宗宏法的一个重要道场，建于大定二年（1162），当时占地六十余亩，"会食者日有千众。"② 寺在滏阳城西南，其遗址今已不可考。

胜默老人，当指胜默圆光。胜默圆光与雪岩善满是同门，同为王山觉体的嗣法弟子，故万松亦称呼胜默光为"师伯"。据《宗鉴法林》卷七十记载："初参胜默和尚，令看'长沙转自己归山河大地'话，半载无所入，默曰：'我祇愿你迟会。'师忽有省。"③ 万松参学圆光，还是颇有心得，在其《从容录》《请益录》中，万松常常引用胜默光的法语④。胜默圆光的生平资料很少。从现有的禅宗史传中仅知他师从王山体。1982年山西交城县

---

① 《五灯会元续略》卷二，《续藏经》第138册，第934页。
② 此据《长清灵岩寺宝公禅师塔铭》，参见李辉、冯国栋《曹洞宗史上阙失的一环》，载《佛学研究》2008年。
③ 《续藏经》第116册，第870页。
④ 例如：《从容庵录》卷六："胜默和尚作《祖庭咏史诗》：'元座徒亡一炷烟，九峰不是抑高贤。若将一色为承绍，辜负先师不借缘。'"

在王山圆明寺遗址发现了一通垒砌在墙中的残碑，一碑二文。碑阳为《太原交城县王山修建十方圆明禅院记》，碑阴为《王山十方圆明禅院第二代体公禅师塔铭并序》。而这个体公禅师就是圆光、善满的老师王山觉体①。从两篇碑石资料可以大致知道圆光及善满的些许生平，从他们活动情况，推出其弟子万松行秀的参学经历。圆光，俗姓程，大定十一年继其师觉体，任王山十方圆明禅院住持，居七年离任②。圆光离开王山后，入燕京万寿寺。《塔铭》云："谒万寿，参胜默老人。"知万松参胜默光是在万寿寺。而《五灯全书》又记为顺天府庆寿胜默光禅师，或许胜默圆光亦曾住庆寿寺。《五灯全书》及《续指月录》录其上堂法语。③

圆光离开王山，圆光的同门师兄善满继任住持。《太原交城县王山修建十方圆明禅院记》云："监院圆宗怅望高踪，邈囗囗及乃囗高人梗阳居士李公宗清议立宗主，居士特举积翠庵主善满禅师，岩居八年，未尝出山，木餐涧饮，更无余事。况焉神山，亲为伯仲，若嗣先师，保能继囗。众口和附，以为知人。奉两衙疏囗囗敦请，师逃深山，莫知其处。居士与众披陟，冲冒虎狼，仅而获遇，力请至院，黾勉当仁，号为称职，徒众倍增。数几一

---

① 参见解光启：《金〈太原交城县王山修建十方圆明禅院记〉与〈第二代体公禅师塔城铭并序〉碑》，《五台山研究》2000 年第 2 期。
② 朱澜撰：《太原交城县王山修建十方圆明禅院记》，其云："临院圆祥与众计议，谓离囗北神囗囗居圆光庵主，道法通明，可以嗣事。及赏府尹、漕台之疏，恳请逾月，然后从之。训道以囗，齐众以律，凡百主张，克肖师口。七年之中，增建祖堂、僧寮、宾客、囗囗之厨。能事既毕，不居其功，拂袖离山，遂游东海。师姓程氏，玉亭定远，实师之乡。"参见解光启《金〈太原交城县王山修建十方圆明禅院记〉与〈第二代体公禅师塔城铭并序〉碑》，《五台山研究》2000 年第 2 期。
③ 参见《五灯全书》卷六十一《顺天庆寿胜默光禅师》，《续藏经》第 141 册第 298～299 页；《续指月录》卷六《胜默光禅师》，《续藏经》第 143 册，第 887～888 页。

□修大雄阁、三门、茶寮、大像三躯,庄严逾旧。师谓大众:
'我佛有言,佛法须得国王大臣相与弘护,乃能不坠。'即遣监院
宗真上人躬捧书疏口都,祈请皇叔冀王为功德主。"① 从此记载
看,善满得法后,曾隐居积翠庵八年。大定十八年(1178),圆
光离开王山圆明禅院,善满继主圆明禅院。善满在圆明禅院大兴
土木,寺院一新,又以皇叔冀王为大功德主,勒铭贞石。立石之
时是明昌元年(1190)九月二十二日,也就是说明昌元年前后,
善满尚未离开王山圆明寺。而《塔铭》云:"复出,见雪岩满公
于磁州大明。公知法器,留之二年,言相契,径付法衣钵,送
之。"故知万松行秀先参胜默圆光,又在圆光的推荐下去参雪岩
满。万松参雪岩善满于磁州大明寺。

那么,万松行秀于何年到磁州大明寺参善满的呢?据《太原
交城县王山修建十方圆明禅院记》,立碑之年,即明昌元年九月,
善满还在圆明寺任住持,未到磁州大明寺。而据禅史记载,明昌
四年,行秀入内廷为金章宗说法,而其时必已得法。故大致可以
判断万松在磁州大明寺参雪岩善满,并得其衣钵,大致时间在明
昌二年至四年前后。而明昌四年内廷说法可能也得益于善满的大
力举荐。

还有一个细节,圆光与善满不仅同为王山体的传法弟子,他
们还同参过普照宝。万松行秀自云:"先师与胜默师伯二十余岁,
丛林敬畏。郑州宝和尚名震河洛,先师遍参往见。州云:'兄弟
年俊,正宜叩参。老僧当年念念,常以佛法为事。'先师避席进

---

① 参见解光启:《金〈太原交城县王山修建十方圆明院记〉与〈第二代体公禅师塔城铭并
序〉碑》,《五台山研究》2000年第2期。

曰:'和尚而今如何也?'州云:'如生冤家相似。'先师曰:'若不得此语,几乎枉行千里。'州下禅床,握先师手曰:'作家那。'遂留数日。"①

金明昌四年(1193),师二十八岁,于雪岩善满处开悟得法,并入内廷说法。

《宗统编年》卷二十四:"癸丑,绍熙四年(明昌四年)禅师行秀参雪岩祖,付衣偈。"② 又明元贤辑《继灯录》卷一:"金章宗皇帝明昌四年(即南宋光宗绍熙四年也),诏师于禁庭升座。帝亲迎礼,闻未闻法,开悟感慨,亲奉锦绮大僧伽衣,内宫贵戚罗拜拱跪,各施珍爱。"

金明昌五年至金泰和五年,师二十九岁至三十九岁,开法净土寺。

行秀在燕京受到金章宗的接见,后回到出家之地邢州净土寺,筑万松庵而居。《塔铭》云:"开户读书。"读书之地正是万松庵。又《续灯正统》卷三十五:"寻归净土,构万松菴。"③ 因筑庵于净土寺,"净土尊宿闻之,欣然与众具疏敦请。师亦知缘至,遂就之"。(《塔铭》)在净土寺升座,开堂演法。

金泰和六年(1206),师四十岁,住持中都仰山栖隐禅寺。

---

① 见《万松老人评唱天童觉和尚颂古从容庵录》卷五。
② 《续藏经》第86册,第372页。
③ 《续藏经》第144册,第904页。

金章宗车驾栖隐寺，师以诗进。十月，雪岩凶闻至，师赴丧。

据《塔铭》："泰和六年，复受中都仰山栖隐禅寺请。是岁，道陵秋狝山下，驻跸东庄。师以诗进，上喜。翌日临幸方丈，改将军垧为独秀峰，盖取师名，留题而去。十月，雪岩凶闻至，师将命驾。执事僧阻之，以大义必不可已。完颜文卿时在座，再拜叹服。"金泰和六年，万松始入主栖隐禅寺。然据明元贤辑《继灯录》卷一《燕京报恩寺万松行秀禅师传》记载："承安二年丁巳诏师住大都之仰山栖隐禅寺。"则万松住持栖隐寺之说，一是承安二年（1197），一是泰和六年。那么这两个时间哪一个更接近事实呢？据耶律楚材《释氏新闻序》云："昔仰峤丛林为燕然之最，主事僧辈历久不更，执权附势，动摇住持人。泰和中本寺奏请万松老人住持，上许之，万松忻然。"① 是知泰和年中，万松入主仰山栖隐寺。此外又据《磁州雪岩满禅师传》，雪岩善满示寂于金泰和六年十月，与《塔铭》相合。故不取承安二年之说。

作《龙山迎驾诗》："莲宫特作内宫修，圣境欢迎圣驾游。雨过水声琴泛耳，云开山色锦蒙头。成汤狩野恢天网，吕尚渔几浸月钩。试问风光甚时节？黄金世界菊花秋。"②

甲戌，贞祐二年（1214），师四十九岁，耶律楚材（1190—1244）投入门下，法号从源。

《万松老人评唱天童和尚颂古从容庵录序》云："予既谒万松，杜绝人迹。屏斥家务，虽祁寒大暑，无日不参焚膏忘餐者几

---

① 耶律楚材：《湛然居士文集》卷十三，谢方点校，中华书局1986年版，第276页。
② 《中州集》卷六十一。

三年。误被法恩,谬膺子印,经湛然居士从源目之。"① 按《领中书省湛然居士文集序》云:"湛然居士年二十有七受显诀于万松。其法忘死生,外身世,毁誉不能动,哀乐不能入。湛然大会其心,精究入神,尽弃宿学,冒寒暑,无昼夜者三年,尽得其道。万松面授衣颂,目之为湛然居士从源。"② 耶律楚材二十七岁,是为贞祐四年。

辛巳,金兴定五年(1221),师五十六岁,移锡报恩洪济寺,筑从容庵。

按《宗统编年》卷二十五载:"辛巳十四年(1221),祖移报恩洪济。示众:向上一机,鹤冲霄汉。当阳一路,鹞过新罗。直饶眼似流星,未免口如扁担。"③

报恩洪济寺,现名广济寺,位于北京市西城区,1953年起,中国佛教协会设于此。1983年,广济寺被国务院确定为汉族地区佛教全国重点寺院。据寺志记载,金代,此处有两个刘家村,在西者为西刘村。时有村人刘望云在西刘村建寺,名西刘村寺④。兴定五年,万松行秀退居于此,改名报恩洪济寺。

癸未,金元光二年(1223),师五十八岁,完成《评唱天童从容庵录》,寄赠耶律楚材,耶律楚材时在西域。

---

① 王国维:《耶律文正公年谱》,《湛然居士文集》附录,谢方点校,中华书局1986年版,第339~340页。
② 《全元文》第1册,第21~22页。
③ 《续藏经》第86册,第147页。
④ 参见《敕建弘慈广济新志》卷中《喜云慧大师传》。

庚寅，元太宗二年（金正大七年，1230），师六十五岁，奉敕入主中都万寿寺，著《评唱天童拈古请益录》。

按耶律楚材在《〈评唱天童拈古请益后录〉序》中云："今《从容庵录》已大播诸方，《评唱拈古请益后录》时老师年已六十有五矣。循常首带佛事人情暑隙之间，侍僧请益，旋举旋录，皆不思而对应笔成文，凡二十七日，百则，详备神锋颖利于斯见矣。"①

可知，万松在六十五岁时完成《请益录》。又据万松弟子至温的《塔铭》记载："庚寅之岁，无还开法万寿，师与十僧同往佐之。万松某公以青州辨公宗旨开示法要，门庭高广，四方尊之。师见万松，始以才气过人，稍不容于众，然而传记多闻，论辨无碍，百家诸子之言多所涉猎，又善草书，有颠素之遗法，年才十有五，为万松侍者，凡万松偈颂、法语，一闻辄了之，遂得法焉。常以侍者代应对。"又《续指月录》卷七记载："元太宗二年庚寅，复奉敕主中都之万寿。"② 知此年，万松住持万寿寺。

壬辰（南宋绍定五年，1232），师六十七岁，复退居从容庵。

按《宗统编年》卷二十五："壬辰，五年，万寿祖退居从容庵，禅师福裕补住万寿。时元太宗破汴，祖刹荒乱，祖退居从容庵，朝命以裕补之。"③ 万松行秀自万寿寺退居从容庵，弟子福裕补住万寿。

---

① 耶律楚材：《湛然居士文集》卷八，第192页。
② 《续藏经》第143册，第905页。
③ 《续藏经》第147册，第381页。

甲午,金天兴三年(1234),师六十九岁,为《湛然居士文集》作序。

元定宗元年丙午(1246),师八十一岁,示寂,门人两处建舍利塔。

《塔铭》曰:"丙午四月五日示疾。七日书偈曰:八十一年更无一语,珍重,诸人不须我举。侍者惊报大众,足甫及门而寂。"

附录二

万松行秀传记资料汇编

一、万松舍利塔铭[①]

屏山李仝 撰

行秀号万松,姓蔡氏,河内解人也。父真,落魄,俊爽多艺能,好佛法。皇统初,游四方,盘桓洺水,喜永年风物,因家焉。

师生十有五年,恳求出家,父母不能夺,礼邢州净土赟公,业五大部。试于有司,在选者二百人,考官孙椿年置第七。老僧靖恩忧不能出其右。师让之,独献律赋而归。椿年叹服,请冠之而妻以子。师不从。

明年受具足戒,挑囊抵燕。历潭拓、庆寿,谒万寿,参胜默老人。复出,见雪岩满公于磁州大明。公知法器,留之二年,言相契,径付法衣钵送之,颂师印可。开户读书净土。尊宿闻之,

---

① 戚朝卿等纂修:《邢台县志》卷七,《中国方志丛书》本据清光绪三十一年刊本影印,台湾成文出版社 1969 年版。

欣然与众具疏敦请。师亦知缘至，遂就之。

泰和六年，复受中都仰山棲隐禅寺请。是岁，道陵秋狝山下，驻跸东庄。师以诗进，上喜。翌日临幸方丈，改将军塌为独秀峰，盖取师名，留题而去。十月，雪岩凶闻至，师将命驾。执事僧阻之，以大义必不可已。完颜文卿时在座，再拜叹服。

八年，驻锡古冀。迨天兵南下，燕都不守。诸僧请师渡河。师叹曰：北方人独不知佛法乎？众竟遁去。师处围城，白刃及门立，率大众诵《楞严咒》。遇善知识，持杖卫护。咒毕而入，扶师登舆，得还祖刹。燕有豪族挟势，异端并起，师数面折之，扬墨气夺。然终为不喜者所挤，至于坐狱，色笑如故，与众讲《金刚经》，凡七日。俄风沙蔽天，大木斯拔。主者察狱得雪。避仇海上。无何，复主万寿。

庚寅，御赐佛牙一，仍敕万松老人，焚香祝寿，重之不名也。后二年，六师振旅，师率僧道朝行宫，奉旨蠲徭免役，天下赖之。

束发执弟子礼者不可胜纪。编《祖灯录》六十二卷，又《净土》《仰山》《洪济》《万寿》《从容》《请益》等录，及文集、偈颂，《释氏新闻》《药师金轮》《观音道场》三本，《〈鸣道集〉辨》《宗说心经》《凤鸣禅悦法喜集》并行于世。丙午四月五日示疾。七日书偈曰：八十一年更无一语，珍重，诸人不须我举。侍者惊报大众，足甫及门而寂。

二、燕京报恩寺万松行秀禅师[1]

河内解梁蔡氏子。气骨不凡，超然有出世志，父母难之，然知终不可以世相夺，因携送邢州净土寺，礼赟允落发。秉具后，决力参究，挑囊距燕，历潭柘，过庆寿，参胜默光。教看长沙转自己归山河大地话，半载无所入。光白："我只愿你迟会。"一日有省，复于玄沙未彻语有疑，请益雪岩满于磁之大明。才廿七日，言下忽悟曰："得恁么近，从前伎俩，一火而烬，始知胜默为人处。"依雪岩二年，尽得其底蕴，付衣偈，勉以流通大法。寻归净土，构万松轩以自适。寺中耆宿，敦请开法应之。次住中都万寿。金章宗明昌癸丑（即南宋光宗绍熙四年也），诏师于禁庭升座，帝亲迎礼，闻法感悟，亲奉锦绮大僧伽衣。内宫贵戚，罗拜拱跪各施珍爱。建普度会，施利异常。承安丁巳，诏师住大都之仰山栖隐。次移锡报恩洪济。元太宗庚寅，复奉敕主万寿。晚年退居从容庵。数迁巨刹，大振洞上宗风。

上堂：莲宫特作梵宫修，圣境还须圣驾游。雨过水澄禽泛子，霞明山静锦蒙头。成汤也展恢天网，吕望稀垂浸月钩。试问风光甚时节？黄金世界桂花秋。

小参。举：昔有跨驴人问众僧何往，僧曰："道场去。"人曰："何处不是道场？"僧以拳欧之曰："者汉没道理，向道场里跨驴不下。"其人无语。师曰："人人尽道，者汉有头无尾，能做不能当。殊不知，却是者僧前言不副后语。汝既知举足下足皆是

---

[1] 超永：《五灯全书》卷六十一，《续藏经》第141册，第299页。

道场，何不悟骑驴跨马无非佛事。万松要断者不平公案，更与花判曰：'吃拳没兴汉，茅广杜禅和。早是不尅己，那堪错怪他？道场惟有一，佛法本无多。留与阇黎道，护唵萨哩缚。'"

上堂：所谓道人者，不知月之大小，不知岁之余闰，山僧即不然。今年三百八十四日，前月大尽，此月小尽，即今闰四月一日，辰末巳初。忽有个出来道："通疏伶俐，知时按节，要且无道人气息。"山僧以手掩鼻道："近后近后，作什么聻？道人气息，太煞薰人。"

赞湛然居士真曰："大悲千臂，俱胝一指。错认湛然，手中拂子。瞎。"

全真问："弟子三十余年，打叠妄心不下，乞师方便。"师曰："汝妄心有来多少时也未审，本来有妄心否？祇如妄心，作么生断？只者妄心断即是，不断即是？"真闻廓然，礼拜而去。

师问僧："洞山道：'龙吟枯木，异响难闻。'如何是异响？"曰："不会。"师曰："善解龙吟。"

问："明与无明，其性无二。如何是无二之性？"师曰："天晓不露。"

问："诸佛不出世，为甚降诞王宫？"师曰："青山常举足。"曰："亦无有涅槃，为甚么却向双林灭度？"师曰："白日不移轮。"问："撒手那边底人，为甚么不居正位？"师曰："大功不宰。"曰："回头这畔底人，为甚么不堕偏方？"师曰："至化无为。"问："向道莫去，归来背父。如何得不背父去？"师曰："切忌回头。"问："心心放下难。如何是放下底人？"师曰："担取去。"问："是处是慈氏，无门无善财。为甚么道琉璃殿上无知识?"师曰:"拆殿了相见。"

示众:机轮转处,智眼犹迷。宝镜开时,纤尘不度。开拳不落地,应物善知时。两刃相逢时,如何回互?

示众:去即留住,住即遣去。不去不住,渠无国土。何处逢渠?在在处处。且道是甚么物,得恁么奇特?

示众:动则埋身千丈,不动则当处生苗。直须两头撒开,中间放下,更买草鞋行脚始得。

示众:踢翻沧海,大地尘飞。喝散白云,虚空粉碎。严从立令,犹是半提。大用全彰,如何施设?

示众:向上一机,鹤冲霄汉。当阳一路,鹞过新罗。直饶眼似流星,未免口如匾担。且道是何宗旨?

师于孔老庄周,百家之学,无不俱通。三阅藏教,恒业《华严》。尝拈掇宏智《百颂》,曰《从容庵录》。又著《请益录》,踵《碧岩》后尘。有《祖灯录》《释氏新闻》《〈鸣道集〉辨》《宗说心经》《凤鸣禅悦法喜集》《四会语录》行世。

师以元定宗元年丙午后四月四日示疾,七日书偈曰:"八十一年,只此一语。珍重诸人,切莫错举。"遂逝。世寿八十一,僧腊六十。荼毗,舍利无数,诸门人分而塔焉。

三、万松老人传①

行秀,号万松,河内人,族蔡氏。自幼不凡,超然有出世志,屡白父母求出家。父母初难之,然知终不可以世相夺,因携

---

① 明河:《补续高僧传》卷十八,《续藏经》第77册,第296~297页。

送邢州净土寺,礼赟允公为师落发焉。具戒后,决力参究,即担囊抵燕。栖憩潭柘,过庆寿,叩胜默老人。老人曰:"学此道,如锻金,滓秽不尽,精真不显。观君眉宇间大有物在,此物非一番寒彻,不能放下。子后自见,不在老僧多言也。"师益厉精猛,至寝食俱忘。后至磁州,参雪岩满公,遂于言下大悟,曰:"得恁么近,始知胜默为人处,婆心切,落草深也。"依雪岩二年,尽其底蕴,付僧伽黎,勉以流通大法。自是两河三晋之人,皆饮师名①,法门隐然,倚以为重。明昌中,章宗请入内庭说法,亲奉锦绮大衣,腋而升座。自后妃以下,皆从师受法,罗拜位下,各施珍爱,建普度会。数日之内,祥瑞叠见,道猷远闻。承安改元,特诏住仰山栖隐寺。寺先为世宗所建,奉玄冥颢公为开山。颢公,故金国大禅老,给田度僧,虽极一时之盛,然未大弘法音。师登座一宣,万指倾听,以洞上孤冷不振之宗,一旦得师而起之。扶颓继绝,功不在青华严下也。次迁宝集、万寿,又移席报恩。连住巨刹,道化不少衰。晚年退居从容庵,幽林多暇,评唱宏智《百颂》。又著《请益录》,踵《碧岩》之后尘,开宝镜之重垢,甚有补于宗门,学者至今传习。师天资敏利,于百家之学,无不淹通。三阅大藏,首尾熟贯。虽座主老于繙检者,不敢以汗漫欺。李屏山居士著论弘宗,人称使摩诘枣柏再出无以加,然以日叩函丈,受师启发者居多,则师于法门树立宏矣。后无疾而终,年八十一。

---

① "饮",疑为"钦"字。

四、中都报恩从容庵万松行秀禅师嗣雪岩满禅师[①]

师礼净土赟公,剃落受具戒。挑囊谒万寿,参胜默老人。默教看长沙转自己归山河大地话,半载全无入由。默曰:"我愿你迟会。"一日有省。复出,见雪岩满公于磁州大明。公知法器,留入记室。二年复请益玄沙未彻语。岩曰:"待汝额头生出角来,脚手生出爪牙来,然后讨棒吃。"一日见鸡飞,乃大悟曰:"今日不惟捉败玄沙备老虎,亦乃捉败长沙岑大虫也。"岩曰:"不怕我笑你那!"由是语言相契。以颂送之曰:"洞云深黑,宗眼穷的。蹑步银山,峻横铁壁。丛林正秀一花时,兔角杖头轰霹雳。"师承印可。居中都仰山栖隐禅寺。晚住报恩。退居从容庵。

示众:机轮转处,智眼犹迷。宝镜开时,纤尘不受。开拳不落地,应物善知时。两刃相逢时,如何回互。

示众:向上一机,鹤冲霄汉。当阳一路,鹞过新罗。直饶眼似流星,未免口如扇担。且道,是何宗旨?

师三阅藏教,旁通百家。恒修净土法门。编《祖灯录》六十二卷,又撰《净土》书若干,以断人念佛之疑,俾三业虔恭,深心弥陀,作乐土之游也。

五、中都顺天报恩万松行秀禅师[②]

姓蔡氏,古河内之解人也。年十有五,恳求出家,父母不能夺其志,礼邢台净土赟公为师。后受具戒,挑囊抵燕。历潭柘,

---

① 济能:《角虎集》卷一,《续藏经》第62册,第527~528页。
② 聂先:《续指月录》卷七,《续藏经》第84册,第904~906页。

过庆寿，次谒万寿，参胜默光禅师。教看长沙转自己，归山河大地话，半载全无入由。光曰："我愿你迟会。"师一日有省。复看玄沙未彻语，请益雪岩满于磁之大明，才廿七日，不觉伎俩已尽。满曰："你但行里坐里，心念未起时，猛提起觑见即便见。不见且却抛放一边。恁么做工夫，休歇也不碍参学，参学也不碍休歇。"遂留记室。

潭柘亨和尚过大明。师夜扣其门，告侍者烧香请益，亨便放相见。师问如何是活句，如何是死句。亨曰："书记若会，死句也是活句。若不会，活句也是死句。"师自此参究益力。一日见鸡飞，乃大悟曰："今日不惟捉败沙老虎，亦乃捉败岑大虫也。"走见满，满可之，乃付衣偈。自是两河三晋，皆钦师名。构万松庵以自适。耆宿敦请开法，师应之。次住中都万寿。金章宗皇帝诏入禁庭升座。帝躬自迎礼，闻法感悟，赐锦绮大僧伽衣。承安丁巳，诏往大都仰山栖隐寺。次移锡报恩洪济。元太宗二年庚寅，复奉敕主中都之万寿。晚年退居从容庵。数迁巨刹，大振洞上宗风。

上堂：莲宫特作梵宫修，圣镜还须圣驾游。雨过水澄禽汛子，霞明山静锦蒙头。成汤也展恢天网，吕望稀垂钓月钩。试问风光甚时节？黄金世界桂花秋。

小参。昔有跨驴人问众僧何往，僧曰："道场去。"人曰："何处不是道场。"僧以拳敲之曰："这汉没道理，向道场里跨驴不下。"其人无语。师曰："人人尽道这汉有头无尾，能做不能当。殊不知却是这僧前言不副后语。汝既知举足下足皆是道场，何不悟骑驴跨马，无非佛事？万松要断这不平公案，更与花判曰:'吃拳没兴汉,茆广杜禅和。早是不克己,那堪错怪他?道场惟有一,佛法本无多。留与阇黎道,户唵萨哩嚩。'"

闰四月旦日上堂:所谓道人者,不知月之大小,不知岁之余闰。野僧即不然。今年三百八十四日,前月大尽,此月小尽,即今闰四月一日,辰末巳初。忽有个出来道:通疏伶俐,知时按节,要且无道人气息。野僧以手掩鼻道:"退后退后。"为什么聻?道人气息,太杀熏人。

问洞山道"龙吟枯木,异响难闻。如何是异响?"曰:"不会。"师曰:"善解龙吟,瞎。"

全真问:"某甲三十年来,打叠妄心不下,乞师方便。"师曰:"汝妄心有来多少时也?未审本来有妄心否?只如妄心作么生断?只者妄心断即是,不断即是?"真闻廓然,作礼而去。

问:"诸佛不出世,为甚么却向王宫生?"师答曰:"青山常举足。"问:"亦无有涅槃,为甚么却向双林灭?"师答曰:"白日不移轮。"问:"撒手那边底人,为甚么不居正位?"师答曰:"大功不宰。"问:"回头这畔底人,为甚么不堕偏方?"师答曰:"至化无为。"问:"明与无明,其性无二。如何是无二之性?"师答曰:"天晓不露。"问:"向道莫去归来背父。如何得不背父去?"师答曰:"切忌回头。"问:"心心放下难。如何是放下底人?"师答曰:"担取去。"问:"是处是慈氏,无门无善财。为甚么道琉璃殿上无知识?"师答曰:"拆殿了相见①。"

晚住报恩,退居从容庵。示众:机轮转处,智眼犹迷。宝镜

---

① "拆",原作"折"。

开时,纤尘不度。开拳不落地,应物善知时。两刃相逢时,如何回互?

示众:去即留住,住即遣去。不去不住,渠无国土。何处逢渠?在在处处。且道是甚么物,得恁么奇特?

示众:动则埋身千丈,不动则当处生苗。直须两头撒开,中间放下,更买草鞋行脚始得。

示众:踢翻沧海,大地尘飞。喝散白云,虚空粉碎。严行正令,犹是半提。大用全彰,如何施设?

示众:向上一机,鹤冲霄汉。当阳一路,鹞过新罗。直饶眼似流星,未免口如匾担。且道是何宗旨?

师于孔老庄周百家之学,无不俱通,三阅藏教,恒业《华严》。得法者一百二十人,束发奉拜,执弟子礼者,不可胜纪。编《祖灯录》六十二卷,又撰《净土》《仰山》《洪济》《万寿》《从容》《请益》等录,及文集偈颂《释氏新闻》《〈鸣道集〉辨》《宗说心经》《风鸣禅悦法喜集》并行于世。丙师于四月五日示疾①。七日书偈曰:"八十一年,只此一语。珍重诸人,切莫错举。"侍者惊报大众,足甫及门,已圆寂矣。寿八十一,荼毗于通玄门外,舍利无数,诸方门人,各分建塔。

六、 燕京报恩寺万松行秀禅师②

河内之解人也,姓蔡氏。出家于邢州净土寺,礼赟公为师。

---

① "丙",漏"午"字,应为"丙午"。
② 净柱:《五灯会元续略》卷一,《续藏经》第138册,第857~859页。

后受具戒，挑囊距燕，历潭①，过庆寿，参胜默老人，教看长沙转自己，归山河大地话，半载全无由入。默曰："我只恁你迟会。"一日有省，复看玄沙未彻语，请益雪岩于磁之大明，才二十七日，不觉伎俩已尽。留入记室，语言相契，径付衣偈。寻归净土，构万松轩以自适，寺内尊宿敦请住持。次住中都万寿寺。

小参。昔有跨驴人问众僧何往，僧曰："道场去。"人曰："何处不是道场？"僧以拳欧之曰："者汉没道理，向道场里跨驴不下。"其人无语。师曰："人人尽道者汉有头无尾，能做不能当，殊不知却是者僧前言不副后语。汝既知举足下足皆是道场，何不悟骑驴夸马无非佛事？万松要断者不平公案，更与花判曰：'吃拳没兴汉，茆广杜禅和。早是不尅己，那堪错怪他。道场惟有一，佛法本无多。留与阇黎道，护唵萨哩嚩。'"

金章宗皇帝明昌四年，即南宋光宗绍熙四年也，诏师于禁庭升座，帝亲迎礼，闻未闻法，开悟感慨，亲奉锦绮大僧伽衣。内宫贵戚罗拜拱跪，各施珍爱，建普度会，施利异常。连日祥云，联绵天际，从此年丰讴歌满路。

承安二年丁巳，诏师住大都之抑山栖隐禅寺。

上堂：莲宫特作梵宫修，圣境还须圣驾游。雨过水澄禽泛子，霞明山静锦蒙头。成汤也展恢天网，吕望稀垂浸月钩。试问风光甚时节？黄金世界桂花秋。

闰四月旦日上堂：所谓道人者，不知月之大小，不知岁之余闰，野僧即不然。今年三百八十四日，前月大尽，此月小尽，即

---

① "历潭"，疑漏"柘"字。

今闻四月一日，辰末巳初。忽有个出来道：通疏伶俐，知时按节，要且无道人气息。野僧以手掩鼻道："近后近后，作什么聻？道人气息。"珍重。

赞湛然居士真曰："大悲千臂，俱胝一指。错认湛然，手中拂子。瞎。"

全真问："弟子三十余年打叠，妄心不下。"师曰："妄心有来多少时也？"又曰："元来有妄心否？"又曰："妄心作么生断？"又曰："妄心断即是，不断即是？"真礼拜而去。

师问僧："洞山道：龙吟枯木，异响难闻。如何是异响？"曰："不会。"师曰："善解龙吟。"

问："明与无明，其性无二。如何是无二之性？"师曰："天晓不露。"问："诸佛不出世，为甚么却向王宫生？"师曰："青山常举足。"曰："亦无有涅槃，为甚么却向双林灭？"师曰："白日不移轮。"问："撒手那边底人，为甚么不居正位？"师曰："大功不宰。"曰："回头这畔底人，为甚么不堕偏方？"师曰："至化无为。"问："向道莫去，归来背父。如何得不背父去？"师曰："切忌回头。"问："心心放下难。如何是放下底人？"师曰："担取去。"问："是处是慈氏，无门无善财。为甚么道琉璃殿上无知识？"师曰："拆殿了相见①。"

晚住报恩。退居从容庵。

示众：机轮转处，智眼犹迷。宝镜开时，纤尘不度。开拳不落地，应物善知时。两刃相逢时，如何回互？

---

① "拆"，原作"折"。

示众：去即留住，住即遣去。不去不住，渠无国土。何处逢渠？在在处处。且道是甚么物，得恁么奇特？

示众：动则埋身千丈，不动则当处生苗。直须两头撒开，中间放下，更买草鞋行脚始得。

示众：踢翻沧海，大地尘飞。喝散白云，虚空粉碎。严徒立令，犹是半提。大用全彰，如何施设？

示众：向上一机，鹤冲霄汉。当阳一路，鹧过新罗。直饶眼似流星，未免口如匾担。且道是何宗旨？①

师于孔老庄周，百家之学，无不俱通。三阅藏教，恒业《华严》。得法者一百二十人。寿八十一。

七、 燕京报恩寺万松行秀禅师②

河内之解人也，姓蔡氏。出家于邢州净土寺，礼赟公为师。后受具戒，挑囊距燕。历潭③，过庆寿，参胜默老人。教看长沙转自己，归山河大地话，半载全无由入。默曰："我只愿你迟会。"一日有省。复看玄沙未彻语，请益雪岩于磁之大明，才二十七日，不觉伎俩已尽，留入记室，语言相契，径付衣偈。寻归净土，构万松轩以自适。寺内尊宿敦请住持。

次住中都万寿寺。小参：昔有跨驴人问众僧何往，僧曰："道场去。"人曰："何处不是道场？"僧以拳殴之曰："者汉没道理，向道场里跨驴不下。"其人无语。师曰："人人尽道者汉有头

---

① "饶"，原作"铙"，以《从容庵录》卷上校改。
② 通容：《五灯严统》卷十四，《续藏经》第139册，第626~627页。
③ "历潭"，疑漏"柘"。

无尾,能做不能当,殊不知却是者僧前言不副后语。汝既知举足下足皆是道场,何不悟骑驴跨马无非佛事?万松要断者不平公案,更与花判曰:'吃拳没兴汉,苘广杜禅和。早是不克己,那堪错怪他?道场惟有一,佛法本无多。留与阇黎道,护唵萨哩嚩。'"

金章宗皇帝明昌四年,即南宋光宗绍熙四年也,诏师于禁廷升座。帝亲迎礼,闻未闻法,开悟感慨,奉锦绮大僧伽衣。内宫贵戚罗拜拱跪,各施珍爱。建普度会,施奉异常格,连日祥云联绵天际,从此年丰讴歌满路。

承安二年丁巳,诏师住大都之仰山栖隐禅寺。

上堂:莲宫特作梵宫修,胜境还须圣驾游。雨过水澄禽泛子,霞明山静锦蒙头。成汤也展恢天网,吕望稀垂浸月钓。试问风光甚时节?黄金世界桂花秋。

闰四月旦上堂:所谓道人者,不知月之大小,不知岁之余闰。野僧即不然。今年三百八十四日,前月大尽,此月小尽,即今闰四月一日,辰末巳初。忽有个出来道,通疏伶俐,知时按节,要且无道人气息。野僧以手掩鼻道:"近后近后,作什么䚘?道人气息。"珍重。

晚住报恩,退居从容庵。

示众:机轮转处,智眼犹迷。宝镜开时,纤尘不度。开拳不落地,应物善知时。两刃相逢时如何回互?

示众云:去即留住,住即遣去。不去不住,渠无国土。何处逢渠?在在处处。且道是甚么物,得恁么奇特?

示众:动则埋身千丈,不动则当处生苗。直须两头撒开,中间放下,更买草鞋行脚始得。

示众:踢翻沧海,大地尘飞。喝散白云,虚空粉碎。严从立令,犹是半提。大用全彰,如何施设?

示众:向上一机,鹤冲霄汉。当阳一路,鹞过新罗。直饶眼似流星,未免口如匾担。且道是何宗旨?

师于孔老庄周,百家之学,无不会通,三阅藏教,恒业《华严》。得法者一百二十人,寿八十一。

八、 燕京报恩万松行秀禅师[①]

河内解人也,族姓蔡。往从邢州净土寺赟公芟染。受具戒。首参胜默,令看长沙转自己,归山河大地话,经半载无所入。默曰:"我只愿汝迟会。"一日忽有省。复举玄沙未彻话,有疑,遂往叩雪岩于大明。未逾月,不觉伎俩顿尽。因命掌记,后承付嘱。寻还净土,辟万松轩以自适,耆旧敦请住持。次迁中都万寿。承安丁巳,诏住大都栖隐禅寺。晚居报恩。

小参。举:昔有跨驴人路遇众僧,问何往。僧曰:"道场去。"人曰:"何处不是道场?"僧以拳殴之曰:"者汉没道理,向道场里跨驴不下。"其人无语。师曰:"人人尽道者汉有头无尾,能作不能当。殊不知却是者僧前言不副后语。汝既知举足下足皆是道场,何不悟骑驴跨马无非佛事?万松要断者不平公案,不免更与华判一上:吃拳没兴汉,茅广杜禅和。早是不克己,那堪错怪他?道场唯有一,佛法本无多。留与阇黎道,唵护萨哩嚩。"

---

① 通问:《续灯存稿》卷十一,《续藏经》第145册,第257~259页。

金章宗诏师于内庭升座说法。躬自迎礼①，闻所未闻，契悟感慨，赐锦绮大僧伽衣。

上堂：莲宫特作梵宫修，胜境还须圣驾游。雨过水澄禽泛子，霞明山静锦蒙头。成汤亦展恢天纲，吕望希垂浸月钩。试问风光甚时节？黄金世界桂华秋。

闰四月旦上堂：所谓道人者，不知月之大小，岁之余闰。山僧即不然。今年三百八十四日，前月大尽，此月小尽。即今闰四月一日，辰末巳初，忽有个出来道："通疏伶俐，知时按节，要且无道人气息。"山僧不免以手掩鼻道："退后，退后，作什么觱？道人气息。"珍重。

示众：机轮转处，智眼犹迷。宝镜开时，纤尘不立。开拳不落地，应物善知时。两刃相逢时如何回互？

示众：去即留住，住即遣去。不去不住，渠无国土。甚处逢渠？在在处处。且道是甚么物，得恁么奇特？

示众：动则埋身千丈，不动则当地生苗。直饶两头撒开，中间放下，更买草鞵行脚始得。

示众：踏翻沧海，大地尘飞。喝散白云，虚空粉碎。严从立令，犹是半提。大用全彰，如何施设？

示众：向上一机，鹤冲霄汉。当阳一路，鹞过新罗。虽然眼似流星，未免口如匾担。且道是何宗旨？

师室中问僧："洞山和尚道：'龙吟枯木，异响难闻。'如何是异响？"僧曰："不会。"师曰："子善解龙吟。"

---

① "躬"，疑为"躬"。

僧问:"明与无明,其性无二。如何是无二之性?"师曰:"天晓不露。"

问:"诸佛不出世,为甚么却向王宫生?"师曰:"青山常举足。"曰:"亦无有涅槃,为甚么却向双林灭?"师曰:"白日不移轮。"问:"撒手那边底人,为甚么不居正位?"师曰:"大功不宰。"曰:"回头者畔底人,为甚么不堕偏方?"师曰:"至化无为。"问:"向道莫去,归来背父。如何得不背父去?"师曰:"切忌回头。"问:"心心放下难。如何是放下底人?"师曰:"担取去。"问:"是处是慈氏,无门无善财。为什么道琉璃殿上无知识?"师曰:"拆却殿了相见。"

师于百家之学无不该通,三阅大藏,恒课《华严》。入室弟子百二十人。晚年退居从容庵。示寂,寿八十一。

九 燕京报恩寺万松行秀禅师[①]

河内之解人,姓蔡氏。出家于邢州净土寺,礼赟公为师。后受具戒。挑囊距燕,历潭,过庆寿,参胜默老人。教看长沙转自己,归山河大地话,半载全无入处。默曰:"我只愿你迟会。"一日有省。复看玄沙未彻语,请益雪岩于磁之大明。才廿七日,不觉伎俩已尽,留入记室。语言相契,径付衣偈。寻归净土,拘万松轩以自适。寺内尊宿敦请住持。

次住中都万寿寺。小参:昔有跨驴人问众僧何往,僧曰:"道场去。"人曰:"何处不是道场?"僧以拳欧之曰:"这汉没道

[①] 元贤:《继灯录》卷一,《续藏经》第147册,第719~720页。

理,向道场里跨驴不下。"其人无语。师曰:"人人尽道这汉有头无尾,殊不知却是这僧前言不副后语。汝既知举足下足皆是道场,何不悟跨驴跨马无非佛事?"

金章宗皇帝明昌四年,即南宋光宗绍熙四年也,诏师于禁庭升座。帝亲迎礼,闻未闻法,开悟感慨,亲奉锦绮大僧伽衣。内宫贵戚罗拜拱跪,各施珍爱。

承安二年丁巳,诏师住大都之仰山栖隐禅寺。上堂说偈曰:"莲宫特作梵宫修,圣境还须圣驾游。雨过水澄禽泛子,霞明山静锦蒙头。成汤也展恢天网,吕望稀垂浸月钩。试问风光甚时节?黄金世界桂花秋。"

师问僧:"洞山道:'龙吟枯木,异响难闻。'如何是异响?"曰:"不会。"师曰:"善解龙吟。"问:"诸佛不出世,为甚么却向王宫生?"师曰:"青天常举足。"曰:"亦无有涅槃,为甚么却向双林灭?"师曰:"白日不移轮。"问:"撒手那边底人,为甚么不居正位?"师曰:"大功不宰。"曰:"回头这畔底人,为甚么不堕偏方?"师曰:"至化无为。"问:"向道莫去归来背父。如何得不背父去?"师曰:"切忌回头。"问:"心心放下难。如何是放下底人?"师曰:"担取去。"问:"是处是慈氏,无门无善财。为甚么道琉璃殿上无知识?"师曰:"拆殿了来相见。"

迁住报恩。晚退居从容庵。示众:机轮转处,智眼犹迷。宝镜开时,纤尘不度。开拳不落地,应物善知时。两刃相逢时如何回互?

示众:去即留住,住即遣去。不去不住,渠无国土。何处逢渠? 在在处处。且道是甚么物得恁么奇特?

示众：动则埋身千丈，不动则当处生苗。直须两头撒开，中间放下，更买草鞋行脚始得。

示众：踢翻沧海，大地尘飞。喝散白云，虚空粉碎。严提正令，犹是半提。大用全彰，如何施设？

示众：向上一机，鹤冲霄汉。当阳一路，鹧过新罗。直饶眼似流星，未免口如匾担。且道是何宗旨？

尝发明洞上宗旨曰："睦州云：裂开也在我，捏聚也在我。问裂开，便提起一络索；问捏聚，便敛手而坐。虽然收放自如，大似被他使唤。洞山斥为话作两橛，缺针断线。不见道，怎么道则易，相续也大难。直须当存而正泯，在卷而弥舒，钩锁连环，谓之血脉不断。"又曰："药山一宗实难绍。"举：云岩扫地，尘埃亘天。洛浦服膺，称冤不已。好在无舌人解语，无手人行棒。直饶棒喝交驰，只得傍提一半。

师于周孔老庄，百家之学，无不博通。三阅藏教，恒业《华严》。得法者一百二十人。寿八十一。塔在燕京城内乾西桥北。

附录三

万松行秀弟子考

万松行秀是金元之际著名的大禅师，其法脉上承金朝大明宝，下传元代雪庭福裕，是曹洞宗史上重要的人物。万松行秀究竟有多少弟子？程群、邱秩皓《万松行秀与金元佛教》一文说："考稽文献，就中姓名最著者，有福裕、至温、从伦三人。"[1] 万松行秀弟子众多，著名者当不止这三人。《续灯正统目录》卷一记行秀法嗣有万寿福裕，报恩从伦，吾舍从宽，华严至温，法王圆照，移剌楚材居士，少林乳峰德禅师，从祥禅师，从隆禅师，百泉从瑀禅师，从仝禅师，共十一人[2]。《五灯会元续略》卷一曰："得法者一百二十人。"记其名者五人：少林福裕禅师，报恩从伦禅师，从宽禅师，华严至温禅师，丞相移剌楚材居士[3]。《五灯全书目录》卷十二记载行秀法嗣有少室雪庭福裕、报恩林泉从伦、五舍从宽、全一至温、少林法王圆照、丞相移剌真卿居士楚材、屏山李纯甫居士[4]。至于参学弟子则更多，万松《塔铭》曰：

---

[1] 程群、邱秩浩：《万松行秀与金元佛教》，载《法音》2004年第4期。
[2] 性统：《续灯正统目录》，《续藏经》第144册，第490页。
[3] 净柱：《五灯会元续略》，《续藏经》第138册，第837页。
[4] 超永：《五灯全书目录》，《续藏经》第140册，第111页。

"束发执弟子礼者不可胜纪。"

从万松的传记资料上来看,其弟子分三种,一类是剃发弟子。万松门下的剃发弟子,其法名以"从"字相排,如"从伦、从宽、从祥、从隆、从瑀、从仝"等。一类是嗣法弟子,如耶律楚材、林泉从伦等得其衣钵。再一类是参学弟子,即仅仅是跟从万松学道而未得其真法的弟子,如普净等。在这些弟子中,第一类与第二类亦可能有重合,如从伦既是剃发弟子,又是嗣法弟子。下文对万松行秀的弟子逐一考述。

一、 嗣法弟子

万松行秀之嗣法弟子有多少人?据万松《塔铭》及《五灯会元续略》,具言其有一百二十人之多。然考其僧史僧传,行秀嗣法弟子有姓名、事迹者,仅有十余人。《续灯正统目录》卷一记行秀法嗣有万寿福裕,报恩从伦,吾舍从宽,华严至温,法王圆照,移剌楚材居士,少林乳峰德禅师,从祥禅师,从隆禅师,百泉从瑀禅师,从仝禅师,共十一人。《五灯全书目录》卷十二记载行秀法嗣有少室雪庭福裕、报恩林泉从伦,五舍从宽,仝一至温,少林法王圆照,丞相移剌真卿居士楚材,屏山李纯甫居士等七人①,与《续灯正统》相比,多出李纯甫一人,而少从瑀、从仝、德禅师、从祥、从隆等五人。其中李纯甫得法之材料并未见载,故他可能仅仅是参学弟子,并未真正传其法脉。笔者从其他相关资料中考出万松行秀嗣法弟子的生平、事迹如下。

---

① 《续藏经》第140册,第111页。

1. 少林乳峰德禅师

师法讳德仁,道号乳峰老人,生于潞州上党贾村,俗姓张。自幼出家,拜潞州紫团山慈云院僧道荣为师。金大安年间,买度牒具戒,时二十六岁。此后四处挂单求学,年仅三十已声名雀起。在三十五六岁时,闻万松行秀道行高深,遂以教入禅,服膺于报恩门下。丙申年(1236),德仁在镇阳嵒城开法,"万松、圣安、海云皆杜丰坛"①,圣安当指圣安澄公,系云门宗,耶律楚材曾向他问道②。万松、圣安澄公、海云印简是当时名满天下的大禅师,分别为曹洞、云门、临济诸宗的代表性人物。德仁开堂演法,三大禅老同去助阵,可知德仁在当时的影响力也不小。出世,先后入主南宫洪济寺、东原灵泉寺,后迁嵩山少林寺。数年后,退居洪济寺。不久,复奉旨入主燕京万寿寺。至元三年(1266)三月二十二日圆寂于方丈室,世寿七十,戒腊五十八。至元五年(1268)四月十三日,门人立塔于嵩山少林,龙兴福汴撰写碑铭,此碑现存少林寺塔林。

2. 雪庭福裕

福裕(1207~1275),字好问,自号雪庭,因任持过万寿寺,故在僧传中亦称其万寿福裕。俗姓张,年十四五岁失去双亲,无所怙恃,道遇一僧,遂入佛门。福裕拜见万松行秀是在壬午年(1222),据《宗统编年》卷二十五记载,行秀一见便视为珍宝,

---

① 福汴:《少林乳峰仁公禅师塔志铭》,载吕宏军《嵩山少林寺》,河南人民出版社2002年版,第372页。
② 见耶律楚材:《〈万松老人评唱天童觉和尚颂古从容庵录〉》序》,其序云:"昔予在京师时,禅伯甚多。唯圣安澄公和尚,神气严明,言辞磊落,予独重之。"

许为入室弟子,在万松门下从学十年①。时少林虚席,由万松行秀推荐,福裕入主少林,少林寺面貌为之一新。乙巳年(1245),福裕应请为尚在潜邸的忽必烈在少林寺举行资戒大会。元定宗三年(1248),奉诏北上和林,住持兴国寺。在海云印简去世后,又继任"总领释教",管理全国的佛教事务。福裕在元初的释道之争中,是佛教方面的核心人物。在他的率领下,在两次全国性的大辩论里,战胜了道教②。福裕于和林、燕京、长安、太原、洛阳五处分建少林。以后又住持燕京万寿寺十四年。元至元十二年(1275)去世,俗寿七十三,僧腊五十二。福裕在元初的佛教界影响很大,其嗣法弟子三十人,度弟子千余人,奉戒者不可计也。福裕去世后,门人两次为之建碑,一次是至元十二年,即福裕死后当年,此碑除碑顶篆书"少林开山住持裕公禅师之碑"十二字可识外,正文已不可识,只能依稀可辨认百余字。此碑现立于少林寺塔林裕公塔之前③。另一碑立于元延祐元年(1314)十一月,由程钜夫奉敕撰文,题为"大元赠大司空开府仪同三司追封晋国公少林开山光宗正法大禅师裕公之碑",碑现在少林寺碑林院中,碑文收录于《嵩阳石刻集记》卷下。④

3. 从伦

报恩从伦,是万松行秀得意弟子,开悟得法后在燕京万寿寺任住持,后入主报恩寺。从伦参与了元初著名的释道大辩论。从

---

① 纪荫:《综统编年》卷二十五,《续藏经》第86册,第379页。
② 有关福裕在元初佛道之争中的作用,可以参考杨曾文《少林雪庭福裕和元前期的佛道之争》,载《法音》2005年第3期。
③ 参见吕宏军:《嵩山少林寺》,河南人民出版社2002年版,第220页。
④ 参见吕宏军:《嵩山少林寺》,河南人民出版社2002年版,第226~227页。

伦是元初的僧道之诤中佛教方面的 17 个主要辩论人之一。至元十八年十月二十日奉忽必烈旨意，在大都悯忠寺主持焚烧道藏①。从伦生卒年无考。他在元贞二年（1296）时写过一篇《〈临济慧照玄公大宗师语录〉序》，其身份是大都报恩禅寺住持，说明在元贞年间（1295~1297）时任报恩禅寺住持。从伦著作颇丰，著有《林泉老人评唱投子青和尚颂古空谷集》六卷、《林泉老人评唱丹霞淳禅师颂古虚堂集》六卷、《通玄百问》、《青州百问》，均收在《续藏经》第 67 册。

4. 华严至温

至温（1217~1267），字其玉，号全一，邢州郝氏子。年六岁之时，随母见寂照和尚于邢州净土寺，从寂照之弟子辨庵讷祝发。庚寅岁（1230），随无还富公至万寿寺。而此时，万松行秀正在万寿寺，于是跟从学法，年十五岁开始做万松行秀的侍者，并终得其法，成为嗣法弟子。至温与刘秉文是幼时朋友。刘秉文受到元朝重用后，向元世宗推存至温，受到召见，锡师号"佛国普安大禅师"，管理诸路佛教之事。至温一生住持大寺、官寺多所，如上都大龙光华严寺、大都资圣寺、真定府安国寺、汾阳开化寺、彰德府光天寺、固安兴化寺、三河莲宫寺等。元宪宗七年（1257），参加忽必烈召开的佛道辩论大会，成为佛教方面重要的出场人物。至元四年（1267）五月二十二日离世。世寿五十一，戒腊四十。虞集受命作《塔铭》。

---

① 《佛祖历代通载》卷二十二，《大正藏》第 49 册，第 719 页。

5. 圆照

圆照（1206~1283），字寂然，俗姓李，复庵自号也，祖籍上党。年十一出家于紫团山慈云寺，剃发之师为乳峰和尚。圆照年十六，受具足戒，此后游学山东，专攻义学，于各处讲学十几年。当时万松行秀在禅林声名显赫，号称当代龙门师，故投入万松门下，参学家三年既蒙印可，有"曹洞正宗，方圆静照"之颂。癸卯岁（1243），京师万寿寺建资戒大会，师自此开堂出世。先后住持德州天宁寺，齐河普照寺，鹊里崇孝寺，嵩山少林寺、法王寺，燕京万寿寺。圆照晚年退居普照寺，于至元二十年（1283）三月六日示寂，世寿七十八，僧腊六十二。

6. 耶律楚材

耶律楚材（1190~1244）字晋卿，号湛然居士，法名从源，系万松所取。耶律楚材出身世家，其父耶律履在金朝官至尚书左丞。他自幼习儒，精通天文、地理、历法、医学、数术。青年之时学佛学，始参圣安澄公，澄公将他推荐给行秀，从此成为行秀的在家弟子，并终得其法。1219年，成吉思汗西征，召耶律楚材扈从。在耶律楚材西游途中，连书九封，一再催促万松行秀著书《从容庵录》。耶律楚材回到大都后，得到忽必烈的信任，做到中书令，在元初恢复社会生产、发展文化方面作出了重要贡献。耶律楚材于甲辰年（1244）去世，世寿五十五。著有《湛然居士文集》《西游录》传世。

7. 从宽

从宽生平资料不详。万松自云："万松门人吾舍元帅从宽，临终问其次兄曰：'佛祖、父母，我今一箭射杀，二哥以为如何?'随整襟坐脱。"① 吾舍为号,元帅称谓表明从宽可能是当时一个地方武装首领,且可能与耶律楚材一样,是一位在家居士。

8. 和公

生卒年不详,平水人(今山西临汾),俗姓段,幼习儒学,年二十,弃俗出家,平阳大慈云寺僧宗言为其剃度。后游方,参学万松行秀,并得其法。丙戌(1286)夏六月,出世住大万寿禅寺,又住建州梨花道院。终于闾山崇福寺。世寿四十,僧腊十六。乙丑年(1289)弟子建塔于大万寿寺。见耶律楚材《和公大禅师塔记》,《湛然居士集》卷八。

另有从隆,生平无考,唯耶律楚材在《〈万松老人评唱天童觉和尚颂古从容庵录〉序》中言:"师平昔法语偈颂,皆法兄隆公所收。"此隆公即"从隆"。余者从祥、从瑀、从仝等生平皆无考。

二、 剃发弟子

一般来说,出家之人的法名由落发之师所取,有些人中途更改,有些沿用终身。而万松门下有"从伦、从正、从隆"等僧,这些人可能从初入佛门开始即以万松为师,因此法名中均有一个"从"字,是为剃发弟子。前文所论及诸如从伦、从隆、从祥、从宽等,即为剃发弟子,又为嗣法弟子,而从正、从檀仅为剃发弟子,而未能嗣其之法。

1. 从正(1180~?),俗姓杨,良乡广阳人,生于金朝大定

---

① 行秀:《万松老人评唱天童觉和尚拈古请益录》卷二,《续藏经》第117册,第871页。

二十年（1180），曾住持燕京开阳里观音院。据元朝至元三十一年《观音院碑》记载，从正号兴福禅师，礼万松行秀为师，以后来到燕京开阳里观音院，经营缔构，创建一新①。

2. 从檀（1208~1285），姓武氏，单州人（今山东单县）。从檀年十二岁即拜中都报恩禅寺万松行秀为师，当时万松行秀尚在燕京报恩禅寺，为其训名曰"从檀"。从檀成年后，试经受具足戒，遍参丛，在沛县芒阳山紫盖和尚处得法。紫盖为曹洞宗青州希辩的七世孙。从檀先于后开堂芒阳山开堂讲法，以后居中都大万寿禅寺。不久，住持昌平县云峰山龙泉禅院及虎谷龙兴禅寺。在龙兴禅寺起废扶颓，几经建设，佛殿山门，为之一新。至元二十二年（1285）十二月十二日辞世，俗寿七十八，僧腊五十六，门人在三处建塔，僧本琏撰塔铭。塔铭尚存。

三、参学众弟子

万松行秀是金元之际著名禅师，在其门下参学问道之人不计其数，但因年代久远，资料湮灭，仅梳理如下数条：

1. 普净。据《元一统志》记载："天宁禅院在旧城阳春关。寺有创建碑记，谓开山住持沙门普净，本平阳姚氏儒家子。至燕京礼万松和尚，遍住大刹，有斋僧万人愿。于至元十四年罄衣钵之资，得广济废址，大兴土木，造佛宇以毕万僧凤愿。至元二十二年师弟子为立石纪其事。"② 可知普净曾参学万松行秀。

2. 洪倪。生平不详，参学万松十五年，出世住万寿寺，后

---

① 《元一统志》卷一，第39页。
② 《元一统志》卷一，第39页。

住圣寿禅寺①。

3. 智公,比丘尼,参万松,出世住报先寺,生平无载②。

4. 善和(1194—1275),是金末元初的一位著名禅师,以精湛的外科医术为忽必烈所礼遇。善和自幼出家,礼曲阳慈济院义公为师。义公圆寂后,将院事付诸善和。当时,万松行秀名重一时,善和前往参学,任大万寿寺首座僧。善和以医术长,其《塔铭》称"外科家传",说明医术来自家传,且擅长外科。有学者研究认为,善和就是《卫生宝鉴》中提到的刘禅师。至元十一年(1274)七年,受忽必烈召见,但善和专心医术与佛法,并无出仕之意,遂返家乡。至元十二年五月,善和在慈济院入寂,享年八十二岁,僧腊三十九岁③。

---

① 元好问:《圣寿禅寺功德记》,《遗山集》卷三十五。
② 耶律楚材:《请智公尼禅开堂疏》、《代刘帅请智公尼禅住报先寺》,《湛然居士集》卷八。
③ 庞雪平、魏敏《元代〈宣授善和大师塔铭〉碑浅析》,载《文物春秋》2009年第6期及同作者《元代〈宣授善和大师塔铭〉碑补缺》,载《文物春秋》2014年第5期。

附录四

万松行秀弟子塔铭资料汇编

一、耶律楚材

中书令耶律公神道碑[①]

宋子贞　撰

国家之兴,肇基于朔方,惟太祖皇帝以圣德受命,恭行天罚,马首所向,蔑有能国。太宗承之,既怀八荒,遂定中原,薄海内外,罔不臣妾。于是立大政而建皇极,作新宫以朝诸侯,盖将树不拔之基,垂可继之统者也。而公以命世之才,值兴王之运,本之以廊庙之器,辅之以天人之学,缠绵二纪,开济两朝,赞经纶于草昧之初,一制度于安宁之后,自任以天下之重,屹然如砥柱之在中流,用能道济生灵,视千古为无愧者也。

公讳楚材,字晋卿,姓耶律氏,辽东丹王突欲之八世孙。王生燕京留守政事令娄国,留守生将军国隐,将军生太师合鲁,合

---

① 苏天爵:《元文类》卷五十七,四部丛刊景元至正本。

鲁生太师胡笃，胡笃生定远将军内剌，定远生荣禄大夫、兴平军节度使德元，始归金朝。其弟聿鲁生履，兴平鞠以为子，遂为之后。以文章行义受知于世宗，擢翰林待制，再迁礼部侍郎。章宗即位，有定策功，进礼部尚书、参知政事，终于尚书右丞，谥曰文献，即公之考也。妣杨氏，封漆水国夫人。公以明昌元年六月二十日生。文献公通术数，尤邃《太玄》，私谓所亲曰："吾年六十而得此子，吾家千里驹也，他日必成伟器，且当为异国用。"因取《左氏》之"楚虽有材，晋实用之"以为名字。

公生三岁而孤，母夫人杨氏诲育备至。稍长知力学，年十七，书无所不读，为文有作者气。金制，宰相子，得试补省掾，公不就。章宗特赐就试，则中甲科。考满授同知开州事。贞祐甲戌，宣宗南渡，丞相完颜承晖留守燕京，行尚书省事，表公为左右司员外郎。越明年，京城不守，遂属国朝。太祖素有并吞天下之志，尝访辽宗室近族，至是征诣行在入见。上谓公曰："辽与金为世雠，吾与汝已报之矣。"公曰："臣父祖以来皆尝北面事之，既为臣子，岂敢复怀贰心，雠君父耶？"上雅重其言，处之左右，以备咨访。己卯夏六月，大军征西，祃旗之际，雨雪三尺，上恶之。公曰："此克敌之象也。"庚辰冬，大雷，上以问公，公曰："梭里檀当死中野。"已而果然。梭里檀，回鹘王称也。夏人常八斤者以治弓见知，乃诧于公曰："本朝尚武，而明公欲以文进，不已左乎？"公曰："且治弓尚须弓匠，岂治天下不用治天下匠耶？"上闻之喜甚，自是用公日密。

初，国朝未有历学，而回鹘人奏五月望夕月食。公言不食，及期果不食。明年，公奏十月望夜月食，回鹘人言不食，其夜月食八分。上大异之,曰:"汝于天上事尚无不知,况人间事乎?"壬午夏五月,长星见西方,上以问公。公曰:"女直国当易主矣。"逾年而金主死。于是每将出征,必令公预卜吉凶。上亦烧羊髀骨以符之。行次东印度国铁门关,侍卫者见一兽,鹿形马尾,绿色而独角,能为人言曰:"汝君宜早回。"上怪而问公。公曰:"此兽名角端,日行一万八千里,解四夷语,是恶杀之象。盖上天遣之以告陛下,愿承天心,宥此数国人命,实陛下无疆之福。"上即日下诏班师。

丙戌冬十一月,灵武下,诸将争掠子女财币,公独取书数部、大黄两驼而已。既而军士病疫,唯得大黄可愈,所活几万人。其后燕京多盗,至驾车行劫,有司不能禁。时睿宗监国,命中使偕公驰传往治。既至,分捕得之,皆势家子。其家人辈行赂求免,中使惑之,欲为覆奏。公执以为不可,曰:"信安咫尺未下,若不惩戒,恐致大乱。"遂刑一十六人,京城帖然皆得安枕矣。

己丑,太宗即位,公定册立仪礼,皇族尊长皆令就班列拜。尊长之有拜礼盖自此始。诸国来朝者多以冒禁应死,公言:"陛下新登宝位,愿无污白道子。"从之。盖国俗尚白,以白为吉故也。时天下新定,未有号令,所在长吏皆得自专生杀,少有忤意,则刀锯随之,至有全室被戮,襁褓不遗者,而彼州此郡动辄兵兴相攻,公首以为言,皆禁绝之。

自太祖西征之后,仓禀府库无斗粟尺帛,而中使别迭等佥言:"虽得汉人亦无所用,不若尽去之,使草木畅茂,以为牧地。"公即前曰:"夫以天下之广,四海之富,何求而不得?但不为耳。何名无用哉？"因奏地税、商税、酒醋盐铁、山泽之利，周岁可得银五十万两，绢八万匹，粟四十万石。上曰："诚如卿言，则国用有余矣，卿试为之。"乃奏立十路课税所，设使副二员，皆以儒者为之，如燕京陈时可，宣德路刘中，皆天下之选，因时时进说周孔之教。且谓："天下虽得之马上，不可以马上治。"上深以为然。国朝之用文臣，盖自公发之。

先是诸路长吏兼领军民钱谷，往往恃其富强，肆为不法。公奏："长吏专理民事，万户府总军政，课税所掌钱谷，各不相统。"遂为定制。权贵不能平。燕京路长官石抹咸得不激怒皇叔，俾专使来奏，谓公悉用南朝旧人，且渠亲属在彼，恐有异志，不宜重用。且以国朝所忌，诬构百端，必欲置之死地。事连诸执政。时镇海粘合重山实为同列，为之股栗曰："何必强为更张，计必有今日事。"公曰："自立朝廷以来，每事皆我为之，诸公何与焉？若果获罪，我自当之，必不相累。"上察见其诬，怒逐来使。不数月，会有以事告咸得不者。上知与公不恊，特命鞫治。公奏曰："此人倨傲无礼，狎近群小，易以招谤。今方有事于南方，他日治之亦未为晚。"上颇不悦，已而谓侍臣曰："君子人也，汝曹当效之。"

辛卯秋八月，上至云中，诸路所贡课额银币及仓廪米谷簿籍具陈于前，悉符元奏之数。上笑曰："卿不离朕左右，何以能使钱谷流入如此？不审南国复有卿比者否？"公曰："贤于臣者甚多，以臣不才，故留于燕。"上亲酌大觞以赐之。即日授中书省印，俾领其事，事无巨细，一以委之。

宣德路长官太傅秃花失陷官粮万余石，恃其勋旧，密奏求免。上问:"中书知否?"对曰:"不知。"上取鸣镝,欲射者再,良久叱出。使白中书省,偿之。仍敕今后凡事先白中书,然后闻奏。

中贵苦木思不花奏拨户一万,以为采炼金银、栽种蒲萄等户。公言:"太祖有旨,山后百姓与本朝人无异,兵赋所出,缓急得用。不若将河南残民贷而不诛,可充此役,且以实山后之地。"上曰:"卿言是也。"又奏诸路民户今已疲乏,宜令土居蒙古、回鹘、河西人等与所在居民一体应输赋役,皆施行之。

壬辰,车驾至河南,诏陕洛秦虢等州山林洞穴逃匿之人,若迎军来降,与免杀戮。或谓此辈急则来附,缓则复资敌耳。公奏给旗数百面,悉令散归。已降之郡,其活不可胜数。国制:凡敌人拒命,矢石一发,则杀无赦。汴京垂陷,首将速不?遣人来报,且言此城相抗日久,多杀伤士卒,意欲尽屠之。公驰入奏曰:"将士暴露凡数十年,所争者,地土人民耳。得地无民,将焉用之?"上疑而未决。复奏曰:"凡弓矢甲仗金玉等匠及官民富实之家皆聚此城中,杀之则一无所得,是徒劳也。"上始然之,诏除完颜氏一族外,余皆原免。时避兵在汴者户一百四十七万,仍奏选工匠儒释道医卜之流散居河北,官为给赡。其后攻取淮汉诸城,因为定例。

初,汴京未下,奏遣使入城,索取孔子五十一代孙袭封衍圣公元措,令收拾散亡礼乐人等,及取名儒梁陟等数辈。于燕京置编修所,平阳置经籍所,以开文治。时河南初破,被俘虏者不可胜计。及闻大军北还,逃去者十八九。有诏停留逃民及资给饮食者皆死,无问城郭保社,一家犯禁,余并连坐。由是百姓惶骇,虽父子弟兄，一经俘虏，不敢正视。逃民无所得食，踣死道路者踵相蹑也。公从容进说曰："十余年间存抚百姓，以其有用故也。若胜负未分，虑涉携贰，今敌国已破，去将安往？岂有因一俘囚罪数百人者乎？"上悟，诏停其禁。金国既亡，唯秦、巩等二十余州连岁不下。公奏："吾人之得罪逃入金国者，皆萃于此，其所以力战者，盖惧死耳。若许以不杀，不攻而自下矣！"诏下，皆开门出降。期月之间，山外悉平。

甲午，诏括户口，以大臣忽睹虎领之。国初方事进取，所降下者，因以与之。自一社一民各有所主，不相统属，至是始隶州县。朝臣共欲以丁为户，公独以为不可。皆曰："我朝及西域诸国莫不以丁为户，岂可舍大朝之法而从亡国政耶？"公曰："自古有中原者未尝以丁为户，若果行之，可输一年之赋，随即逃散矣！"卒从公议。时诸王大臣及诸将校所得驱口往往寄留诸郡，几居天下之半。公因奏括户口皆籍为编民。

乙未，朝议以回鹘人征南，汉人征西，以为得计。公极言其不可，曰："汉地、西域相去数万里，比至敌境，人马疲乏，不堪为用。况水土异宜，必生疾疫。不若各就本土征进，似为两便。"争论十余日，其议遂寝。

丙申，上会诸王贵臣，亲执觞以赐公曰："朕之所以推诚任卿者，先帝之命也。非卿，则天下亦无今日。朕之所以得高枕而卧者，卿之力也。"盖太祖晚年屡属于上曰："此人天赐我家，汝他日国政当悉委之。"其秋七月，忽睹虎以户口来。上议割裂诸州郡分赐诸王贵族，以为汤沐邑。公曰："尾大不掉，易以生隙，不如多与金帛，足以为恩。"上曰："业已许之。"复曰："若树置官吏，必自朝命，除恒赋外，不令擅自征敛差可久也。"从之。是岁始定大卜赋税，每二户出丝一斤，以供官用。五户出丝一斤，以与所赐之家。上田每亩税三升半，中田三升，下田二升，水田五升。商税三十分之一，盐每银一两四十斤。已上以为永额。朝臣皆谓太轻。公曰："将来必有以利进者，则已为重矣。"

国初盗贼充斥，商贾不能行，则下令凡有失盗去处，周岁不获正贼，令本路民户代偿其物，前后积累，动以万计。及所在官吏取借回鹘债银，其年则倍之，次年则并息，又倍之，谓之羊羔利。积而不已，往往破家散族，至以妻子为质，然终不能偿。公为请于上，悉以官银代还，凡七万六千定。仍奏定今后不以岁月远近，子本相侔，更不生息，遂为定制。

侍臣脱欢奏选室女，敕中书省发诏行之。公持之不下。上怒，召问其故。公曰："向所刷室女二十八人尚在燕京，足备后宫使令，而脱欢传旨，又欲遍行选刷，臣恐重扰百姓，欲覆奏陛下耳。"上良久曰："可。"遂罢之。又欲于汉地拘刷牝马，公言："汉地所有，茧丝五谷耳，非产马之地。若今日行之，后必为例，是徒扰天下也。"乃从其请。

丁酉，汰三教僧道，试经通者给牒受戒，许居寺观；儒人中选者则复其家。公初言："僧道中避役者多，合行选试。"至是始行之。始诸王贵戚皆得自起驿马，而使臣猥多，马悉倒乏，则豪夺民马以乘之，城郭道路，所至骚动。及其到馆，则要索百端，供馈稍缓，辄被箠挞，馆人不能堪。公奏给牌札，仍定饮食分例，其弊始革。

因陈时务十策：一曰信赏罚；二曰正名分；三曰给俸禄；四

曰封功臣；五曰考殿最；六曰定物力；七曰汰工匠；八曰务农桑；九曰定土贡；十曰置水运。上虽不能尽行，亦时择用焉。

回鹘阿散阿迷失告公私用官银一千定。上召问公。公曰："陛下试详思之，曾有旨用银否？"上曰："朕亦忆得尝令修盖宫殿用银一千定。"公曰："是也。"后数日上坐万安殿，召阿散阿迷失诘之，遂服其诬。太原路课税使副以赃罪闻。上让公曰："卿言孔子之教可行，儒者皆善人，何故亦有此辈？"公曰："君父之教，臣子岂欲陷之于不义，而不义者亦时有之。三纲五常之教，有国有家者莫不由之，如天之有日月星辰也，岂可因一人之有过，使万世常行之道独见废于我朝乎？"上意乃解。

戊戌，天下大旱蝗，上问公以御之之术。公曰："今年租赋乞权行倚阁。"上曰："恐国用不足。"公曰："仓库见在可支十年。"许之。

初，籍天下户得一百四万，至是逃亡者十四五，而赋仍旧，天下病之。公奏除逃户三十五万，民赖以安。燕京刘忽笃马者，阴结权贵，以银五十万两扑买天下差发；涉猎发丁者，以银二十五万两扑买天下系官廊房地基、水利、猪鸡；刘庭玉者以银五万两扑买燕京酒课；又有回鹘以银一百万两扑买天下盐课；至有扑买天下河泊桥梁渡口者。公曰："此皆奸人欺下罔上，为害甚大。"咸奏罢之。尝曰："兴一利不若除一害，生一事不若减一事。人必以为班超之言盖平平耳，千古之下，自有定论。"

上素嗜酒，晚年尤甚，日与诸大臣酣饮。公数谏不听，乃持酒槽之金口曰："此铁为酒所蚀，尚致如此，况人之五脏，有不损耶？"上悦，赐以金帛，仍敕左右日进酒三钟而止。

时四方无虞，上颇怠于政事，奸邪得以乘间而入。初，公自庚寅年定课税所额每岁银一万定。及河南既下，户口滋息，增至二万二千定。而回鹘译史安天合至自汴梁，倒身事公，以求进用，公虽加奖借，终不能满望。即奔诣镇海，百计行间。首引回鹘奥都刺合蛮扑买课税增至四万四千定。公曰："虽取四十四万亦可得，不过严设法禁，阴夺民利耳！民穷为盗，非国之福。"而近侍左右皆为所啗，上亦颇惑众议，欲令试行之。公反复争论，声色俱厉。上曰："汝欲斗搏耶？"公力不能夺，乃太息曰："扑买之利既兴，必有蹑迹而篡其后者。民之穷困将自此始，于是政出多门矣！"

公正色立朝，不为少屈，欲以身徇天下。每陈国家利病，生民休戚，辞气恳切，孜孜不已。上曰："汝又欲为百姓哭耶？"然待公加重。公当国日久，每以所得禄赐分散宗族，未尝私以官爵。或劝以乘时广布枝叶，固本之术也。公曰："金币资给足以乐生，若假之官守，设有不肖者干违常宪，吾不能废公法而徇私情。且狡兔三穴，吾不为也。"

辛丑春二月，上疾笃脉绝。皇后不知所以，召公问之。公曰："今朝廷用非其人，天下罪囚必多冤枉，故天变屡见，宜大赦天下。"因引宋景公荧惑退舍之事以为证。后亟欲行之，公曰："非君命不可。"顷之，上少苏，后以为奏，上不能言，颔之而已。赦发，脉复生。冬十一月，上勿药已久，公以太一数推之，奏不宜畋猎。左右皆曰："若不骑射，何以为乐？"猎五日而崩。

癸卯，后以储嗣问公。公曰："此非外姓臣所当议，自有先帝遗诏在，遵之则社稷甚幸。"

奥都剌合蛮方以货取朝政，执政者亦皆阿附，唯惮公沮其事，则以银五万两赂公。公不受，事有不便于民者辄中止之。时后已称制，则以御宝空纸付奥都剌合蛮，令从意书填。公奏曰："天下，先帝之天下，典章号令自先帝出。必欲如此，臣不敢奉诏。"寻复有旨，奥都剌合蛮奏准事理，令史若不书填，则断其手。公曰："军国之事，先帝悉委老臣，令史何与焉？事若合理，自是遵行，若不合理，死且不避，况断手乎？"因厉声曰："老臣事太祖、太宗三十余年，固不负于国家，皇后亦不能以无罪杀臣。"后虽怨其忤己，亦以先朝勋旧，曲加敬惮焉。

公以其年五月十有四日以疾薨于位，享年五十五。蒙古诸人哭之如丧其亲戚。和林为之罢市，绝音乐者数日。天下士大夫莫不茹泣相吊。以中统二年十月二十日葬于玉泉东瓮山之阳，从遗命也。以漆水国夫人苏氏祔。先娶梁氏，以兵乱隔绝，殁于河南之方城。生子铉，监开平仓，卒。苏氏，东坡先生四世孙威州刺史公弼之女，生子铸，今爲中书左丞相。孙男十一人，曰希征，曰希勃，曰希亮，曰希宽，曰希素，曰希周，曰希光，曰希逸，曰希囗，曰希囗，曰希囗。女孙五人，适贵族。

公天姿英迈，迥出人表，虽案牍满前，左酬右答，咸适其当，又能以忠勤自将。尝会计天下九年之赋，毫厘有差，则通宵不寐。平居不妄言笑，疑若简傲，及一被接纳，则和气温温，令人不能忘。平生不治生产，家财未尝问其出入。及其薨也，人有谮之者曰："公为相二十年，天下贡奉皆入私门。"后使卫士视之，唯名琴数张，金石遗文数百卷而已。笃于好学，不舍昼夜。尝诫诸子曰："公务虽多，昼则属官，夜则属私，亦可学也。"其学务为该洽。凡星历、医卜、杂算、内算、音律、儒释、异国之书，无不通究。尝言西域历五星密于中国，乃作《麻答把历》，盖回鹘历名也。又以日食躔度与中国不同，以《大明历》浸差故也，乃定文献公所著《乙未元历》行于世。

既葬公七年，今丞相持进士赵衍状以铭见属。国家承大乱之后，天纲绝，地轴折，人理灭，所谓更造夫妇、肇有父子者，信有之矣。加以南北之政，每每相戾，其出入用事者又皆诸国之人，言语之不通，趣向之不同，当是之时，而公以一书生孤立于庙堂之上，而欲行其所学，戛戛乎其难哉！幸赖明天子在上，谏行言听，故奋袂直前，力行而不顾。然而其见于设施者十不能二三，而天下之人固已钧受其赐矣！若此时非公，则人之类又不知其何如耳！

铭曰：

帝王之兴，辅弼是赖。谁其尸之，不约而会。阿衡返商，尚父归周。风云一旦，竹帛千秋。赤气告祥，龙飞朔野，义师长驱，削平天下。儒服从容，左右弥缝。克诚厥功，惟中令公。令公维何，代掌燮理。太师之孙，文献之子。白璧堂堂，维国之华。帝曰斯人，天赐我家。重明耀离，大命既革。乾旋坤转，如再开辟，内外畴咨，付之钧司。吾国吾民，汝翼汝为。公拜稽首，曰敢不力。权与帝坟，草创人极。郡国相师，以杀为嬉。阴盗赤子，弄兵潢池。涣号一方，捷于风雨。指麾群雄，圈豹槛虎。贤哲深藏，固拒牢关。潜行公卿，求活草间。随材择用，郁为桢栋。网罗四方，狩麟搜凤。府库填充，粟帛流通。公于是时，萧何关中。台阁讨裁，典章灿焕。公于是时，玄龄贞观。逋俘累累，蔽野僵尸。我燠而寒，我饱而饥。围城惴惴，假息寸晷。我解其缚，我生其死。生息长养，教诲饮食。民到于今，家受其赐。惟天虽高，其监则明。乃祚元子，再秉枢衡。勋在盟府，名昭国史。富贵寿考，哀荣终始。莓莓新阡，浩浩流泉。不朽载传，尚千万年。

二、和公

和公大禅师塔记①

耶律楚材　撰

师本平水人，俗姓段氏。幼习儒业，甫冠，应经义举。因阅《春秋左氏传》悟兴衰之不常，慨然投笔，退居山林。年二十，弃俗出家，礼平阳大慈云寺僧宗言为师，受戒披剃，颇习经论。

后闻教外别传之旨，乃倾心焉，遍谒诸方，因缘不契。师知万松老人之声价照映南北，直抵燕然而见之。居数载，师资道契，始获密许，人颇知之。

丙戌夏六月，故劝农使王公为功德主，作大斋。又蒙行省相公泊以下僚佐专使赍疏，劝请开堂出世，因住持大万寿禅寺。师素刚毅寡合，未期退居渔阳之盘山报国寺。建州元帅葛公、权府朱公、弹压樊公闻师之名，飞疏敦请。辞不获已，杖锡北行，诣

---

① 耶律楚材：《湛然居士集》卷十三，第289~290页。

建州梨花道院以塞其命。未几示微疾，移居闾山之崇福寺养病。

一日忽召门人普净辈谓之曰："生死去来，犹空花水月，何足为讶？"遂净发更衣，端坐而嘱后事。乃作颂曰："临行一句，当面不讳。皓月清风，不居正位。"颂毕右胁而寂。

师将顺世，有本寺传戒大师临，谓之曰："善为道路。"师笑而不答，令众且去勿喧。众皆出，闻师咄一声，众惊视之，师已寂矣。三日神光不变，荼毗之日，颇有祥异。数州士民焚香拜礼者络绎于路。师俗寿四十六，僧腊一十六。其徒迎其灵骨藏于万寿祖茔之侧。

噫！师之处万寿也，每闻诵经之声，形不怿之色，由是人皆讥之。临行之际，命其徒讽《尊胜咒》者，何哉？殊不知大善知识临机应物，一抑一扬，一夺一纵，若珠之走盘，千变万化，讵可以一途而测邪？至于巨川海和尚平日亦行此令。执相者讽之，而谓毁梵行；掠虚者讃之，而谓无碍禅。皆失之矣。后之学者当以此为诫。已丑清明，其徒属予为记，遂以所闻之语，信笔记之。湛然居士云。

三、从檀

大元国大都路昌平县昭圣禅寺故先师云峰檀公禅师道行石幢之记[1]

住持仰山大栖隐禅寺传法嗣祖沙门本琏撰并书丹

原夫历历像临镜，亭亭月运空。镜空非有意，月像自其中。月运空而空原不动，像临镜而镜本寂。然故知生死交易，体绝去来，物像迁流，心何起灭。堂之高以其基之崇，水之长以其源之深。真迹力久，其所由来渐矣。

而我檀公长老者，俗姓武氏，本贯东原单州人也。母王氏夜梦白光入室，遂生师焉。幼而不茹荤，长而不嬉戏，龆龀就学，日诵千言。见僧入室，合掌顶礼，心乐出家，父母不夺其志，年十二礼中都报恩禅寺万松长老为师，训名曰从檀。试经受戒，担簦负笈，遍历丛林，挂锡沛县芒阳山，紫盖和尚处得法。紫盖乃青州七叶孙也。

本处官吏具书疏请出世开堂。后居中都大万寿禅寺。未几，有本路昌平县白虎涧众檀越请住持云峰龙泉禅寺。不十数年，填沟塞壑，负土担石，创建三门，经之营之，不日成之。又住虎谷龙兴禅寺，起废扶颓，佛殿三门，廊庑次第，厨库落成。及本县

---

[1] 麻兆庆：《昌平外志》卷四，中国方志丛书，据清光绪十八年刊本影印，成文出版社（台湾）1969年版。

昭圣禅寺创建转角佛殿五间，雕木佛像两坛，瓦砾荆棘场，变作青莲宇。日食一饭，身衣百衲，长坐不卧，肋不霑席，计其相状，必枯悴尪劣，及见其形容，凛然丰硕，眉目秀拔，气和如春。禅观之余，四方仕庶睹师之苦行，敬而畏之。寒温之外，手不释卷。惟看经念佛，持课而已。真丛林之标表，实法门之龙象也。

至元二十二年十二月十二日微疾而化，荼毗之日，顶骨、舌根、膝盖不灰，五色烟焰凝空翳日，盖师之道业之所致也。大野兮凉飚飒飒，长空兮疏雨蒙蒙，祖送者万人。俗寿七十八，僧腊五十六夏。三处起塔，以旌其德。有门弟子宗主僧正德、提点僧正慧持师行状，徒步入山，求文于素庵。老衲洗手焚香，援笔书之以纪其实。其铭曰：

同气连枝老弟兄，邻封接境与云平。顶存宝盖留金地，舌卷红莲动玉京。半世未曾怀愠色，一生长是念经声。万人祖送天垂象，飞者悲鸣走者惊。紫盖亲传第一机，万松门第名当世。龙泉昭圣瓦砾场，佛殿三门焕金碧。仲谦作赞已多时，仰山援笔重为记。云峰积雪白峨峨，晓色破烟昏幕幕。石槽无复野猿啼，龙虎台边鬼神泣。阿师德量若穹苍，浩浩清风无尽极。至元二十三年四月望日。

四、 圆照

嵩山大法王寺禅寺第九代复庵和尚塔铭并序[①]
阎复　撰

　　师讳圆照，字寂然，姓李氏，复庵自号也。其先上党人，幼颖悟，不嗜荤茹，父母异之，谓宿有善缘。年十一，送之紫团山慈云寺，从乳峰和尚侍巾拂。十六，登坛受具。遂游山东，传义学于璨、达二坛主。研精覃思，积数十年之久，乃主法席，讲《唯识论》《楞严》《圆觉》诸经。所居学者云集，虽耆年宿德，靡不悦服。时万松老师主盟宗教，权衡人物，号称当代龙门师。一入丈室，甚器重之。服膺三年，即蒙印可，有"曹洞正宗，方圆静照"之颂。

　　皇朝癸卯岁，集诸路僧，建资戒大会于京师万寿寺。师自此开堂出世，住德州之天宁，齐河之普照，鹊里之崇孝，嵩山之少林、法王。诸方礼聘，殆无虚岁。金季杨礼部仲明，杜处士仲梁，风节蔼然，一代名士也，咸以文章道艺缔交于师。中书右丞严公，镇国上将军、德州总管刘侯，及其子奉国上将军、淮西道

[①]《嵩山大法王寺禅寺第九代复庵和尚塔铭并序》与《少林寺禅寺第四代住持复庵和尚碑铭》拓片见《中国文化史迹》卷二，第173页（浙江人民出版社2017年版）。并参阅赵长海《少林寺第四代住持复庵圆照史事考》，见网页：http://blog.sina.com.cn/s/blog_4f94fb100100zimx.html

宣慰使复亨,其孙中奉大夫、荆湖宣慰使泽,皆杰魁人也,为师护法始终,寅奉余四十年。其道业尊严,从可知矣。京师万寿,本宗禅刹也,师晚年居之。以寺之恒产为前人所废,力为兴复,敝者新之,质者还之,坠者举之。居数岁,仓廪有储,府库有积。寺业既完,以年当谢事,将求归宿之地。追惟普照故居,奉国刘侯无恙时,施田百五十亩,足供斋厨之费。于是杖锡南来,燕处凡四载。以至元癸未三月六日示寂,寿七十八,僧腊六十二。

师平生志行卓然,力学无倦,以为佛理不可以不明也,故讲经以明义;佛性不可以不悟也,故参禅以悟性;行道不可以不广也,故随缘以应物;应物不可以忘返也,故言归以逸老。变通不失其宜,动静不失其时。岂非丛林之孤凤,法海之玄珠乎?若夫耽嗜儒素,游艺辞翰,高风逸韵,论者谓,可以方驾木庵英公,龙兴汴公。至于内典咏洽,深入壸奥,则师真积之力为胜。所度弟子至百人,嗣法者三十。振厉宗风,有若泰山灵岩复公;文行超卓,有若上都华严叔仁。其他升堂演法,皆至纲领一方。

师之葬也,士庶倾城来会。临座有鹤百数,盘旋其上,观者无不叹息。明年叔仁状师之行,致书于复,请为塔铭。复自弱冠,熟师之名。且叔仁乎,方外友也,义不可辞。既诺其请,尘冗相夺,因循积年,铭成。一付叔仁,一付普照,一付法王上石。

其辞曰:

如来灭度,化行千载。孰教孰禅,孰分内外。万法川流,同归渤澥。景散千江,月体无昧。是理谁明?是言谁解。万松一枝，曹溪正派。虎啸禅林，鹏搏觉海。儒释并行，不相留碍。度六十腊，跨三千界。玄鹤舞空，白云归岱。性复一真，体还四大。是塔何有？须弥纳芥。是铭何有？虚空绘彩。沧海尘飞，昆明劫坏。觉海圆融，寂然自在。

元贞二年七月自恣日，香山住持嗣法小师福海，法王住持嗣法小师觉亮，提点僧小师觉定，监寺僧小师觉成同立石。洛阳刘庭秀刊。龙门奉先首座法弟圆敏助缘，山门知事，首座明昌，维那明智，书记思言，副寺信妙，典座海福、直岁、智山、了撤。修造提典僧小师觉旨。

少林寺禅寺第四代住持复庵和尚碑铭
少林禅寺嗣祖传法住持沙门永达　撰

详夫静以虚其应，动以利于物。有时万重山里转大法轮，有时十字街头壁立千仞。拽转今人鼻孔，坐断化佛舌头。取舍何心，兴夺有则。以大事为己任，视利禄若浮云。委寿夭于毫端，致生灭于度外者。予于复庵老师而见之矣。

师讳圆照，字寂然，复庵其号也。其先上党李氏之子，童年颖异，父母许出家，遂礼紫团山慈云寺乳峰和尚为师。巾瓶累年，不辞寒暑。年至十六，登坛受具足戒。乃杖锡观方，研穷教典，遇山东口、达二坛主，见而异之，依止数年。《唯识》《大论》《楞严》《圆觉》，目击道存。乃主法席，学者云屯。次闻万松老师道价轩昂，只钵单瓶，直造室中。服勤数年，遂蒙印可。

明年癸卯岁，奉朝廷集诸路龙象丁京师大万寿寺，建制普度资戒大会，众命出世。既而德州天宁、齐河普照、鹊里崇孝，嵩山少林、法王，专使继踵命住持事，前后数十余年，曾无懈倦。旧者新之，碎者完之，不令而偃草之风，不化而归源之水，寺风益盛，学者云臻。当时，杨礼部、中书右丞东平严公、德州刘侯，齐河刘侯，皆与师方外友也。名公硕德，寅昏承侍，不可尽举。一日，大都万寿寺虚席，众命主之，师忻然从诺。一居数载，其间，兴坠起替，举废扶倾，纲领昭然，门庭大振。暮年退居于齐河之旧隐，经营院务，不数年间，颇就大概。

迨至元癸未三月初，示有微疾，至初六日怡然而逝。俗寿七十八，僧腊六十三。嗣法小师二十余人，落发门人一百余人。义总统等乃塔葬于寺之坤隅。

门人觉善，乃汝洲梁县东庄保斜桥村人氏，不舍法乳之恩，欲铭师行实于少林，不果如愿，亦去世矣。伊之俗弟郭二、俗侄郭伯亨，状师行政，不远数百里，躬诣祖庭丈室，谒予求铭。予谓复庵老师素非等列，岂可以文字语言而能发扬老师之万一耶？正如以管窥天，以瓢酌海。辞至于再，不获已，乃为之铭曰：

开大解脱门，居大解脱位。若真知有人，无物堪为累。果佛祖之命脉，人天之机智。逆行而顺化，扬真而掩伪。唯我复庵师，出伦而拔萃。于世出世间，忘他亦忘自。童年弃俗居，不与同徒类。度水而穿云，遍历诸讲肆。复扣万松轩，平生方□地。双眼既圆明，爪牙皆具备。数处狻猊筵，诸方龙众器。拨草瞻风者，接踵而联辔。得皮得髓者，自利而兼利。一月印千江，光光体无二。百川归一海，源源本一致。海墨书功名，难穷其一字。

河沙数行实，难尽其一义。愿我身为碑，广行师法施。愿我舌为铭，广勒师实志。怡然而告寂，示有□终事。少室竖丰碑，今古应无坠。

五、德仁

少林乳峰仁公禅师塔志铭[1]
龙兴福汴　撰

师讳德仁，字仲山，道号乳峰老人，生于路州上当之贾村张氏。幼禀聪慧，少长眉宇靖深，仪容端审。自童卯弃家从佛，师事之紫团山慈云院僧道荣。性利谨，气象挺然不凡。大安间买戒受具，时年方二六，已有四方之志。后辞师，邀游讲肆，洞晓《金刚》《圆觉》《唯识》大义，机辩冠众，未三十称大法师。四方之学侣，如鸟宗凤者，十年自以为雄飞高举矣。及闻万松之洪慈博施，遂撤席散众，服膺于报恩门下。积久功，多业就，水到渠成。盖渠脑后开眼，胸中之物，瀑然落去。大凡舍义学，开宗眼，如永嘉到曹溪，德峤访龙潭，珉上座再见圆悟，出幽谷迁乔木者，盖甚夥。虽异代同风，其机缘相挈，一等是恁么时节，岂容定优劣于其间哉！

丙申年，开法于镇阳之鄗城，万松、圣安、海云皆杜丰坛，

---

[1] 录自吕宏军：《嵩山少林寺》，河南人民出版社2002年版，第372~373页。

秉铖竖拂拈椎，开大口谈禅，焚宝香祝寿。出世，初住南宫之洪济，次住南宫之庆吁、东原之灵泉，又迁嵩山之少林寺。罹兵革，殿宇崩毁十七八，庄园物产称是，师悯念祖师道场，竭诚幹蛊，俾坠者起之，故者新之，下逮竹木之尯廘，恶杂者植之、秾之，数年间几还旧观。其功费未易以一二数，故边院有颂云："达摩面壁，山僧住院，彼此九年，东移西转。"闲居南宫，日與其下究析古贤道义。俄奉诒旨，俾领燕京之万寿，未几，赐以正宗兴教大禅帅之号，帅以年迈固辞，不许。忽感微恙，而泊然终于丈室，至元三年丙寅三月二十有二日也，春秋七十，僧腊五十有八。荼毗送终者，缁素万余人。火后，门人以灵骨分造四塔于燕京，于南宫，于少林，晖州山阳。落发小师七十余人，嗣祖者一人，曰圆照。圆明偕照书记，自少林以弊，走东原入方仲矩，求铭勒石。顾以惭笔猷靡之辞恶足，以发扬师之心万一。然则师之生平之行已，为人面目严冷，不矜名誉，不贪渎货赂，不趋炎附势，不以艰苦所得佛祖正法眼藏，而妄为传授。余不知其他复何愧。为铭曰：

报恩门下，英流杂还，师独超轶，卓冠雄拔。眼高四海，气吞诸方，逆流洞水，倒仰浮幢。五坐道场，高提祖印，血指汗颜，吹毛砺刃。功就转身，归源返真，二株嫩桂，万古长新。

至元五年四月十三日，门人等立。

六、 福裕

大元赠大司空开府仪同三司追封
晋国公少林开山光宗正法大禅师裕公之碑[①]
程钜夫　撰

皇庆元年春，集贤大学士荣禄大夫臣陈颢奏请封赠少林开山住持光宗正法大禅师福裕，制赠大司空开府仪同三司，追封晋国公，命词臣文之碑，臣钜夫奉职惟谨。

佛法相传有信具，至达摩持以航海，梁武帝问道不契，去之魏，隐于嵩山少林寺，面壁九年，为禅宗鼻祖。六传而至大鉴，复派而为五，师所居达摩处也。其宗以湛然常寂为真，空洞不虚为实，广大不荡为际。其教人亦惟曰性善。其论曰：推一而万，则事无非真；混万而归一，则真无非事。故曰：当仁，又曰：能仁。阴有以格君心而赞皇猷，未尝以福田利益。嘐嘐语人，而慈云法雨，阴覆潜被。历代帝王意欲清心静治，使万姓蒙福，谓浮图言可底行，奉之深至。此其大略也。

岁乙巳，世祖潜邸，命师少林大作资戒会，俾建精舍于故里，曰报恩，给田若物以饭众。戊申定宗诏住和林兴国，未期月，宪宗召诣帐殿，奏对称旨，俾总领释教，授都僧。省之符

---

① 录自吕宏军：《嵩山少林寺》，河南人民出版社2002年版，第377~382页，标点有改动。

优,复僧尼,得废寺二百三十有七区。庚申,世祖即祚,因论辨伪经,驰骍以闻,火其书,仍袭爵,赐光宗正法之号。时万寿祖席无可当之者,众请师主之。计以堂钵之费,未免经茸,得都南柳林闲田二百顷余,辟玉泉北墅,观音别院,自余药室、浴宇、贾区拾其赢,以卒岁。寻分建和林、燕蓟、长安、太原、洛阳为五少林,始终万寿十四夏,主护之力居多。既老,倦于接纳,归栖嵩阳。未久示微疾,书偈告终。俗寿七十三,僧腊五十二。嗣法小师三十人,度弟子千余指,奉戒者莫可纪。呜呼,师去世已远。今上皇帝宠以赠典,言行而道大也。皇帝若曰:

洪惟世祖,神武不杀,本仁祖义,以一天下。朕欲昭我祖德,持盈守成,惟尔克绍乃初祖,永孚于仁,以弘济我兆民,顾先哲其逝,朕弗克见,于兹邈焉。虽去来梦幻,无得而名,封谥哀荣,岂不在我?其尊尔官,隆尔爵,以寄予思,以迪后人,以永誉于万世。

师之住世也,三阅藏典而成诵,诱掖后学无倦色,通群书,善翰墨,吟咏提唱普说,几十万言,播在丛林,而师未始以为能事。幼遭世变,茕然无依,道逢老比丘劝以学佛,曰:能诵《法华》足矣。师曰:佛法止是乎?比丘异之,与偕谒休林古佛于仙岩曰:此龙象种也,当为大器。即为祝发、授具,与双溪广公同执事者七年。游方来燕,亲炙万松师又十年,道益隆,名益著,学者日益广。其住少林也,万松老师实为之主属。嵩少煨烬之余,暂憩猴氏之永庆。已而兴仆起废,训徒说法,施者如丘山,来者如归市。嵩阳诸刹,金碧一新,洛阳白马,经筵不辍,皆师力也。师瞑目晏坐弥寂,默若无与焉。至元八年春,诏天下释子大集于京师，师之嗣法者居三之一，其盛哉。

师刚果强毅，公勤廉明，平居风神闲敞，襟度夷旷。复嵩山如祖师再出世，倡道垂教于天壤间，如鼓雷霆而揭日月，所谓大善知识标准斯世，没而不朽者欤。

师字好问，以雪庭自号，太原文水张氏子。九龄入学，日了千言，乡闾曰圣小儿。方娠，母有异梦，及生，家有吉征。其说法也，涸池出泉，古殿有光，瑞应非一端云。门人慧庆以师平昔著述刻梓。既寿其传，仍以道行碑，辄请于上。追念父师，少不失报效之义。是可铭。铭曰：

佛以仁传，圣以仁治。其仁伊向，此心而已。混未尝混，照彻大地。推未尝推，渊澄止水。梁皇有为，不谐其旨。谁直其宗，曹溪东逝。逮我裕公，道还北矣。师少不凡，见称州里。休林古佛，真源指示。至老游参，持戒律己。万松休林，合辞招致。参从渡河，几三百指。缁俗趋走，营施山委。嵩阳诸刹，金碧辉跂。洛阳大讲，经岁不弛。二百四区，群废尽起。僧无徭役，大众欢喜。曰：一佛出世，遇明天子。其人已灭，其道不死。不空不住，天地终始。帝命曰咨，章服是宜。百世其承之，四方其则之。惟尔法是依，惟尔言是师。臣拜稽首，圣敬不违。播为声诗，永之兹碑。

佛国普安大禅师塔铭[①]
虞集　撰

至顺二年夏，上都大龙光华严禅寺住持僧法琳言：昔在宪宗皇帝癸丑之岁，世祖皇帝尝命我开山温公统释氏于中原。后五年丙辰之岁始城上都。又三年戊午之岁作大龙光华严寺，寺于城东北隅，温公主之。温去世，而少林雪庭裕公主之。裕公去之二十年，竹斋谊公、屏岩颛公、云松微公，至于我先师筠轩寿公，六世矣。在寿公之时，英宗皇帝念兹寺为世祖所筑作而新之，加广大焉。命寿公为司徒以重其事。寿公以为温公昔事世祖，豪卓瑰异，有足称者，宜表见于兹，未及有所为而殁。盖自温公至于今八十年，岁月滋久，恐遂湮没，诚愿伐石纪事，以成先司徒之志，而不敢自专也。乃七月二十日，上在上都清暑于洪禧殿之便坐，侍臣有群玉内司亚尉阿儿思兰不花，以琳之言闻。且以臣某侍书奎章阁下，在从官中，请使属文以赐之。敕曰："可。"明日，阿儿思兰不花传敕至臣所。

臣从琳得温公事状云：师讳至温，字其玉，一号全一，邢州郝氏子也。幼聪敏异常儿，年六岁，其母携之至庞马村，见寂照和尚于净土院。寂照曰："汝其为释氏乎？"师心许之。会寂照避

[①] 虞集：《道园学古录》卷四十八，四部丛刊景明景泰翻元小字本。

乱，去隐辽西，乃礼寂照弟子辨庵讷而祝发焉。无还富公主净土，莅众甚严，师不以为忤。庚寅之岁，无还开法万寿，师与十僧同往佐之。万松某公以青州辨公宗旨开示法要，门庭高广，四方尊之。师见万松，始以才气过人，稍不容于众。然而博记多闻，论辨无碍，百家诸子之言多所涉猎，又善草书，有颠素之遗法。年才十有五，为万松侍者，凡万松偈颂、法语，一闻辄了之，遂得法焉。常以侍者代应对，谈锋迅利，不可犯，时人已深期之。故太保刘文贞公长师一岁，少时相好也。刘公厌世，故思学道，师劝之为僧，同参西京宝胜明公。既而为世祖知遇，侍帷幄为谋臣，荐师可大用，得召见，与语大悦，将授以官，弗受，曰："天下佛法流通，臣僧之愿，富贵非所望也。"留王庭多有赞益，居三岁遣还，出赐金资日用，不计其费。

时宪宗命海云主释教，诏天下作资戒会，师持旨宣布中外而辅成之。世祖征云南还，刘公请丞制锡师号曰佛国普安大禅师，总摄关西五路、河南、南京等路，太原府路、邢、洺、磁、怀、孟等州僧尼之事，刻印以赐。师锐意卫教，凡僧之田庐见侵于豪富及他教者，皆力归之。驰驱四出，周于所履，必获其志乃已。自其门人或劝之少憩，弗懈也。五台山清凉胜会凡百昼夜，既得请兴废于兵火数十年之后，师假贷以经始。既而四方云集响应，金谷之施与瓜果之供养，反有过承平之时。而山之真容等院因以完实而新美。若此者，特其材略之绪余也。

师既开山龙光，又作大都之资圣，真定之安国，汾阳之开化，彰德之光天，固安之兴化，三河之莲宫，余不能尽纪。宪宗末年，僧道士有净，各为违言以相危。上命聚讼于和林，剖决真伪。师从少林诸师辨之，道士义堕薙须发者十七人，道宫之复为僧者以千百计。中统建元，释教大盛，僧众赖之，甚思师之功焉。而师遂纳印辞职。每岁官赐金，修寺之外，世味泊如也。

至元丁卯五月二十二日，以疾终于桓州之天宫寺，西向右胁而化。当暑，仪形如生，更有异香。三日，火浴之，心舌牙不坏。众庶掊其地深数尺，犹得舍利云。寿五十一，僧腊四十。

师有草书、诗文传于世，可以观其人焉。其老也，将有所论撰，不及而殁。臣闻世祖皇帝圣度如天，善驭豪杰，自在潜邸，至于混一海内，天下之人材，小大毕至，以足其任使，故其功业之盛，巍巍然，赫赫然。三代而下帝王未有或之及也。浮图氏以寂灭为宗，而才器文辨如温公者，亦岂常人之流哉。敢叙而表之，以见夫兴王之运，其人如此。

铭曰：

维昔世皇，始理开平。作其潜藩，有宫有城。顾瞻东隅，泉甘土厚。蜿蜒来止，属垣负阜。命建仁祠，龙光是名。权舆来尸，僧有豪英。气如虹霓，辨若风雨。纵横凌厉，莫敢予侮。世皇有为，群策是稽。召见从容，出其端倪。善其利器，俾反初服。报德不回，屹若孤鹄。林林释徒，禀教以居。孰为纷更，入主出孥。天子有命，存完去驳。我驰我驱，立折其角。燕赵之间，至于陕关。我田我庐，来归匪艰。世皇御极，民用宁一。而释之门，既振既息。时龙光师，燕居弗驰。散其绪余，为书为诗。诗扬宗风，书纵逸趣。沛将有述，弃而遽去。维时名僧，至于公卿。有诔有辞，失之若惊。垂八十年，英标如在。谁知表之，嗣者七代。义举有闻，天子喜之。史臣属辞，以系遐思。

七、善和

敕赐慈济院宣授善和大师德行塔铭[1]
真定府十方大会禅寺住持嗣法沙门文灏　撰

耆婆揽百草，照腑藏症结；药王尝金石，起膏肓痼疾。《华严经》存应病之说，《金光明》有对证之方。自觉皇顾命，贤圣不明，浇醇散朴，道德不一。或习医禁，或导阴阳，方术殊，救世均也。至于破痈溃痤、生死肉骨之为，维和公其人也。生而岐嶷，七岁剃发，礼义公为童子师，授经法，不烦提训，日益月闻。暨受具，历游讲所，经论律学，无所不窥；而幽赞玄义，章分句析，尽得筌蹄之奥。憧憧往来，学徒辐凑。崇庆元年敕赐今额。俄义公圆寂，易箦之际，付师院事，兼嘱立碑，以著原委，皆成就之。金季贞祐初，北兵动，百姓匡惧，加以水旱兵戈，略无宁岁。垂十年间，河朔燕蓟，鞠为虚厉，盗贼充斥。父兄构祸，维母在堂，饘粥衣费，未尝有歉。未几，母李物故，僧服斩衰，启先父圹而祔焉。刺血书《随求》梵本等经，以荐冥福。

圣朝革命，抚定郡邑，流民稍集。万松老人名重一时，往焉。既而，首众僧于万寿，服勤累年，多所发药。辛卯秋，复回

---

[1] 录自庞雪平、魏敏：《元代〈宣授善和大师塔铭〉碑浅析》，载《文物春秋》2009年第6期及同作者《元代〈宣授善和大师塔铭〉碑补缺》，载《文物春秋》2014年第5期，标点略有改动。

故院。天资明敏，外科家传。精诣绝出，端策拂龟。占验休咎，所至风动。故裹粮襁负，不远百里求医，户外之屦常满。有贫不能自存者，给食设药，愈而遣之，不取其直，人以此多之。爰自兵乱，所在伽蓝例遭摧毁。先时本院四墙之外，皆为民有，资生恒产，略无孑遗。至是易而大之，占星揆日，鸠材僦役，经营不劳，智力并劝。不数年，佛殿云堂，厨庾廊庑，田园事产，无不具备。次建中山龙兴，上生高门，佛堂盖度，嘉庆崇雅，黜浮侈，俭中度，次第落成，不怼于素。

壬子夏五月，今上居藩邸，闻其名，诏使尚药，兼讲真乘，颇见爱重。越明年癸丑春三月，上方问罪云南，搜兵大举，讨其不庭，六师迭进。秋七月，师次巩昌，境接西戎，其地高寒。师从容言于上曰："夫沙门者，安禅息虑，养素颐神，此真祇也。今遐徼乡国，水陆万里，戎旅杂沓，军事鞅掌，非禅者与其间也。况臣年运已往，乞归故里，以饯残年，是所愿也。"上许焉。及丙辰夏四月，有旨赴阙，治理益明，礼亦有加。及期方回，益掌院务，提挈宗宇。平昔求生净土为己任，虽经涉夷险，藜羹土饮，斋如也。前后供讲斋僧近十万员。祁寒大暑，膜拜焚香，未尝衰替。

中统三年特旨免本院差役。至元十一年秋七月，上遣中使，安车旌币，征赴皇都，使驲护视，续食行李，皆出有司。上问治民之要，对曰："宗乘奥典，颇尝经心；利民之事，未之学也。臣无官守，无言责，敢贪名以速官谤？"未几，锡赉加等遣之。

十二年五月二十日示疾，召法孙洪玛等，付以院事，一一有序，枕臂右胁而寂，享年八十二，僧腊三十九。至二十四，颜貌如生，异香袭人，祥光顿现，观者耸动。四众会葬，不远百里。精皂帷裳，丹旐翩翩。香楼助祭，不啻百数。老幼啼哀，声动原野。全身葬于院之坎位，仍塔其上。瑀等状其迹以铭见托，余应曰：夫沙门之行有三：曰自利，曰利他，曰二利圆满。权舆细行，表襮威仪，刳心励志，担生安养，非自利欤！责贱等视，心无适莫，怜慈幼而哀茕独，非利他欤！□二行□，因故死生之际□□□去非二利满之鸿渐□师□□□□人颜□氏家世衣冠，曾□父□□□业，进士不第，六十二□代于□□□□生大父□□□□□□浮沉里，年七十，故□母李，生父寿□□少明经青鸟之非，五行推步之□，颇详□六十曰□□□□三子，长□，师次，□□□□□□父□其□□氏三□长徒□僧政兴季□皆有皆□□孙璃温□□从之子叔父□□□门资□□□□□□□有政降真□□□父之□有子□□□也。铭曰：

耆婆药王，助佛扬挥。洞鉴灵府，妙入神机。大圣超寂，正法浸微。象驾东驱，□还河洛。□□□□，精宝曰□。或学咒禁，或习医药。烈烈沙门，法号曰和。箕裘家传，世鸣外科。医门多□，□□□□。贫者设药，饥者与食。治□大罴，乃安乃息。乃敬乃德，远近益亲。今德日新，皆言大□。□□□□，道僧□增。声闻于□，朝三□□。赴□门赴，□驾乘轺。皇恩汪淩，三接终朝。世路纷纭，誓生安养。趣果行因，□持诸业。末后归真，白光呈祥。□□□□，德莫能量。深閟□至，其塔颢昂。真石□砻，□□词章。以后□极，千载之光。